一本有情怀、有温度的工作笔记

发行于《中共中央　国务院关于全面实施预算绩效管理的意见》颁布四周年之际

新时代市县预算绩效管理改革实践

——河北省廊坊市预算绩效管理试点工作纪实

廊 坊 市 财 政 局　联合课题组　著
北华航天工业学院

经济管理出版社
ECONOMY & MANAGEMENT PUBLISHING HOUSE

图书在版编目（CIP）数据

新时代市县预算绩效管理改革实践：河北省廊坊市预算绩效管理试点工作纪实 / 廊坊市财政局，北华航天工业学院联合课题组著 . —北京：经济管理出版社，2021. 11

ISBN 978-7-5096-8267-8

Ⅰ. ①新… Ⅱ. ①廊… ②北… Ⅲ. ①地方预算—经济绩效—财政管理—研究—廊坊 Ⅳ. ①F812.722.3

中国版本图书馆 CIP 数据核字（2021）第 232795 号

组稿编辑：王　洋
责任编辑：王　洋
责任印制：黄章平
责任校对：王淑卿

出版发行：经济管理出版社
　　　　　（北京市海淀区北蜂窝 8 号中雅大厦 A 座 11 层 100038）
网　　址：www.E-mp.com.cn
电　　话：（010）51915602
印　　刷：北京晨旭印刷厂
经　　销：新华书店
开　　本：710 mm × 1000 mm/16
印　　张：21.25
字　　数：337 千字
版　　次：2022 年 8 月第 1 版　　2022 年 8 月第 1 次印刷
书　　号：ISBN 978-7-5096-8267-8
定　　价：78.00 元

编 委 会

编委会主任

姚振辉

编委会副主任

王永来　万国民　程广翔　李　宁　于海滨

编委会委员

商　维　何子阳　王　琦　苗瑞耘　刘海鹏　王　辉　赵　勇　孔立国

张庆国　于立波　孙　东　王　巍　陈　琨　郭媛媛　张继臣　翟雅静

尹永强　李永朋　曹　宏　马东坡　王东坡　白瑞瑄　苏　晶

课题组成员

组　长

程广翔

副组长

刘海鹏　赵　勇

组　员

刘　振　刘春燕　徐　晶　石克景　张　派　刘文杰　戴　静

刘　炜　刘　洁　张华展　刘　舜

序　言

> 积极有为，开拓进取，勇当深化预算绩效
> 管理改革排头兵

　　全面实施预算绩效管理是推进国家治理体系和治理能力现代化的内在要求，是深化财税体制改革、建立现代财政制度的重要内容，是优化财政资源配置、提升公共服务的关键举措。2015年新《预算法》和2020年《预算法实施条例》将"绩效"列入相关法条，奠定了预算绩效管理的法理基础。2018年《中共中央、国务院关于全面实施预算绩效管理的意见》印发后，标志着全面实施预算绩效管理的顶层设计已经形成。

　　全面实施预算绩效管理改革正当时。近年来，经济增速放缓、收支矛盾加剧等问题逐渐突显，财政处于紧平衡状态，而一些预算部门的绩效意识还比较薄弱，"重投入、轻管理、少问效"的情况没有得到彻底改变，财政资金低效/无效、闲置沉淀、损失浪费的问题较为突出。从河北省的实践来看，全面实施预算绩效管理"恰逢其时"。2019年，河北省财政厅举办市县预算绩效管理工作调度会，厅领导强调"干绩效不能流于形式，要将预算与绩效相互融合，用绩效理念去推动预算管理工作"。廊坊市按照省财政厅总体部署，紧紧抓住全省预算绩效管理试点市的有利契机，建立了"全方位、全过程、全覆盖"预算绩效管理体系，市县一体、全域推进，从试点破题到扩面增量，从模式创新到流程再造，打造了符合廊坊市实际的现代预算绩效管理

模式。

廊坊市全面实施预算绩效管理改革有序推进。2019年以来，为集中破解改革的难点、痛点和堵点，廊坊市财政局以"优结构、提质效、促发展"为目标，立足"一核双驱"总思路，以"树牢绩效理念，重塑预算流程"为核心，将"推进预算与绩效一体，实现资金与效益统一"作为驱动力，全力扎好制度笼子、管好预算盘子、收紧支出口子，以绩效促管理、向绩效要财力，把"花钱必问效、无效必问责"的绩效理念落到实处，显著提升了资源配置效率，优化了支出结构，提高了资金效益，有力助推全市经济社会实现高质量发展。2020年，廊坊预算绩效管理改革被河北省委改革办确定为全省第一批复制推广的典型改革经验。

提质增效、更可持续财政政策目标日趋显现。2020年，廊坊市财政局开始组织编写《新时代市县预算绩效管理改革实践——河北省廊坊市预算绩效管理试点工作纪实》，今年在全国范围内正式出版发行。此书是财政部门将预算绩效改革逻辑、主要工作经历与业务操作流程紧密结合的不多见的成果，凝聚了廊坊市财政人近三年的全面实施预算绩效管理改革探索，特别是，通过信息量极为丰富的实践案例，诠释了全面实施预算绩效管理的核心理念、方式方法和主要成效，是可复制、可推广、可实践的"廊坊模式""廊坊智慧"，将有力助推"提质增效、更可持续"财政政策目标的顺利实现。

中国财政科学研究院研究员

中国财政学会绩效管理研究专业委员会副主任委员兼秘书长

2021年11月1日

目　录

第一章
廊坊市开展预算绩效管理试点工作的背景

上不失天时，下不失地利，中得人和而百事不废。

——《荀子·王霸篇》

　　我国自20世纪90年代后期引入预算绩效理念以来，经过20多年的实践探索，预算绩效管理改革工作稳步推进。2018年《中共中央　国务院关于全面实施预算绩效管理的意见》出台以后，改革进入快车道。到2020年底，中央部门和省级层面基本建成全方位、全过程、全覆盖的预算绩效管理体系。按照财政部的统一部署，到2022年底，市县层面要基本建成全方位、全过程、全覆盖的预算绩效管理体系，做到"花钱必问效、无效必问责"，大幅提升预算管理水平和政策实施效果。廊坊市市县两级预算绩效改革试点工作正是在这一大背景下全面铺开的。

一、我国预算绩效管理工作进入新时代

（一）我国预算绩效管理的发展历程

　　改革开放以来，随着我国财税体制改革的稳步推进，适应我国基本国情和国家现代化治理要求的财政制度日趋完善，财税管理体制在国家治理中的

基础和重要支柱作用愈加凸显，随着财税管理体制改革的深化和预算管理制度改革的全面推进，我国进入了全面实施预算绩效管理的新时代。

我国的预算绩效管理改革经历了一个逐步深化、不断推进的过程，其发展历程大体可以分成四个阶段：

1. 学习借鉴阶段（20世纪90年代后期至2002年）

我国在20世纪90年代后期引入预算绩效理念，并在实践工作中逐渐开始对预算绩效管理进行探索。2000年，湖北启动了支出绩效评价试点工作，随后北京、湖南、河北、福建等地相继开始了支出绩效评价的小规模探索。2002年财政部印发的《中央本级项目支出预算管理办法（试行）》第二十六条提出："中央部门和财政部要将项目完成情况和绩效考评结果，作为财政部以后年度审批立项的参考依据。"这一阶段为后续预算绩效管理的发展奠定了基础。

2. 试点探索阶段（2003~2010年）

2003年党的十六届二中全会提出要"建立预算绩效评价体系"后，财政部开始进行试点工作，先后印发了《中央级行政经费项目支出绩效考评管理办法（试行）》《中央政府投资项目预算绩效评价管理办法》《财政扶贫资金绩效考评试行办法》等政策文件。2005年，财政部制定了《中央部门预算支出绩效考评管理办法（试行）》。2008年，中央部门开展试点进行绩效评价的项目达到108个，资金超过20亿元。2009年，财政部印发了《财政支出绩效评价管理办法》。这个阶段的探索主要关注支出评价和事后评价，对资金使用效果的评价成为一项重点内容。

3. 稳步推进阶段（2011~2016年）

2011年第一次全国预算绩效管理工作会议在广州召开，会上首次提出"全过程预算绩效管理"的概念，同年财政部下发《关于推进预算绩效管理的指导意见》，明确提出要逐步建立"预算编制有目标，预算执行有监控，预算完成有评价，评价结果有反馈，反馈结果有应用"的预算绩效管理机制，这标志着我国预算绩效管理的理念得以确立。2012年，财政部印发了《预算绩效管理工作规划（2012—2015年）》，预算绩效管理工作进入了一个新的发展时期。2014年，中央部门确定的绩效评价试点项目涉及资金1020多亿元，地方纳入绩效目标管理的项目支出约3万亿元；25个省（区、市）开展了省级预算部门整体绩效目标申报试点，19个省（区、市）开展了部门整体绩效评价试点；31个省级财政部门建立了共性绩效评价指标体系，29个省级财政建立了个性绩效评价指标库，预算绩效管理工作的推进取得了积极进展。

4. 全面实施阶段（2017年至今）

基于之前二十多年的探索和实践，我国已初步具备全面实施预算绩效管理的现实条件与支撑。党的十九大报告中提出："要加快建立现代财政制度。建立全面规范透明、标准科学、约束有力的预算制度，全面实施绩效管理。"

2018年7月6日，中央全面深化改革委员会第三次会议审议通过《中共中央　国务院关于全面实施预算绩效管理的意见》，要求"力争用3~5年时间基本建成全方位、全过程、全覆盖的预算绩效管理体系，实现预算和绩效管理一体化"。李克强总理在2019年的政府工作报告中更是明确指出，下一步要"加大预算公开改革力度，全面实施预算绩效管理"。从中央到地方陆续出台了关于全面实施预算绩效管理的实施意见和相关细则，健全和完善了各项体制机制，加快推进了全方位、全过程、全覆盖的新时期预算绩效管理机制。截至2018年，我国预算绩效管理目标基本实现全覆盖，运行监控范围扩大到所有中央部门本级项目，地方对中央专项转移支付全面开展绩效自评，重点绩效评价和绩效信息公开力度得到大力推广。中国特色的预算绩效管理模式逐步形成，新时期预算绩效管理格局正在构建。

（二）开展预算绩效管理工作的必要性

全面实施预算绩效管理是推进国家治理体系和治理能力现代化的内在要求，是深化财税体制改革、建立现代财政制度的重要内容，是优化财政资源配置、提升公共服务质量的关键举措。

党的十八大以来，在以习近平同志为核心的党中央坚强领导下，各地区各部门认真贯彻落实党中央、国务院决策部署，财税体制改革加快推进，预算管理制度持续完善，财政资金使用绩效不断提升，对我国经济社会发展发挥了重要支持作用。但也要看到，现行预算绩效管理仍然存在一些突出问题，主要是：绩效理念尚未牢固树立，一些地方和部门存在重投入轻管理、重支出轻绩效的意识；绩效管理的广度和深度不足，尚未覆盖所有财政资金，一些领域财政资金低效无效、闲置沉淀、损失浪费的问题较为突出，克扣挪用、截留私分、虚报冒领的问题时有发生；绩效激励约束作用不强，绩效评价结果与预算安排和政策调整的挂钩机制尚未建立。

当前，我国经济已由高速增长阶段转向高质量发展阶段，正处在转变发展方式、优化经济结构、转换增长动力的攻关期，建设现代化经济体系是跨越关口的迫切要求和我国发展的战略目标。发挥好财政职能作用，必须按照全面深化改革的要求，加快建立现代财政制度，建立全面规范透明、标准科学、约束有力的预算制度，以全面实施预算绩效管理为关键点和突破口，解决好绩效管理中存在的突出问题，推动财政资金聚力增效，提高公共服务供给质量，增强政府公信力和执行力。

二、全国预算绩效管理工作的全面实施

（一）中央财政预算绩效改革由浅入深、全面实施

按照党的十九大关于"建立全面规范透明、标准科学、约束有力的预算制度，全面实施绩效管理"的要求，中央财政加快预算绩效改革步伐，着力完善预算绩效管理顶层设计，推动财政资源配置效率和使用效益不断提升。

1. 强化全面实施预算绩效管理顶层设计

按照党中央、国务院决策部署和预算法规定，针对预算绩效管理中存在的突出问题，财政部在认真调查研究，并充分征求意见的基础上，组织起草了《关于全面实施预算绩效管理的意见》（以下简称《意见》），经中央全面深化改革委员会会议审议通过后，由中共中央、国务院于2018年9月正式印

发。《意见》以习近平新时代中国特色社会主义思想为指导，全面贯彻党的十九大和十九届二中、三中全会精神，按照高质量发展的要求，对全面实施预算绩效管理进行统筹谋划和顶层设计，是新时期预算绩效管理工作的根本遵循。《意见》明确要求，创新预算管理方式，更加注重结果导向、强调成本效益、硬化责任约束，力争用3~5年时间基本建成全方位、全过程、全覆盖的预算绩效管理体系，实现预算和绩效管理一体化，着力提高财政资源配置效率和使用效益，改变预算资金分配的固化格局，提高预算管理水平和政策实施效果，为经济社会发展提供有力保障。

全面实施预算绩效管理是政府治理方式的深刻变革，对加快建立现代财政制度意义重大，标志着我国历经十几年探索和推动，全面实施以结果为导向的预算绩效管理模式正式确立。财政部出台了《关于贯彻落实〈中共中央 国务院关于全面实施预算绩效管理的意见〉的通知》（财预〔2018〕167号，以下简称《通知》），对中央部门和地方财政部门全面实施预算绩效管理提出具体要求。

作为推动和引领预算绩效管理的主管部门，财政部党组高度重视党中央、国务院全面推进预算绩效管理的重大决策。刘昆部长多次专题研究部署，明确提出"深入推动预算和绩效管理一体化、尽快制定预算绩效指标和标准体系、抓紧建立绩效评价结果和预算安排挂钩的激励约束机制"等具体要求。许宏才副部长多次主持召开专题会议研究有关工作，并召开地方全面实施预算绩效管理座谈会充分听取意见，研究确定预算绩效管理重点工作任务。

财政部2019年初印发的《2019年预算绩效管理重点工作任务》，围绕全方位、全过程、全覆盖实施预算绩效管理，明确了2019~2020年计划修订或出台的预算绩效管理制度清单。随后，《中央部门预算绩效运行监控管理暂行办法》《财政支出绩效评价管理暂行办法》等文件陆续出台，修订后的《中央对地方转移支付绩效管理办法》《预算绩效管理工作考核办法》也即将出台。

财政部还主动与全国人大预工委、审计署沟通，建立绩效管理工作三方协调机制，落实人大预算审查监督重点向支出和政策绩效拓展的相关要求；组织开展中央部门和地方年度预算绩效管理工作考核，对先进部门和单位公开通报表扬，并加强与中组部沟通，推动预算绩效管理工作考核结果纳入干部政绩考核体系。

2. 深化预算绩效管理改革的多措并举

（1）预算绩效目标管理基本实现全覆盖。

2018年，预算绩效目标管理已经覆盖一般公共预算、政府性基金预算中所有中央部门本级项目和中央对地方专项转移支付，以及部分中央国有资本经营预算项目，初步建立了比较全面规范的绩效指标体系。同时，将绩效目标随同预算批复和下达，强化资金使用单位的主体责任和效率意识。

（2）扩大绩效运行监控范围。

在前两年试点的基础上，2018年绩效目标运行监控范围扩大到所有中央部门本级项目，跟踪查找薄弱环节，及时堵塞管理"漏洞"，纠正执行偏差。

（3）全面实施绩效自评。

继续组织中央部门对上年所有本级项目开展绩效自评，首次组织地方对中央专项转移支付全面开展绩效自评。

（4）大力推进预算绩效重点评价。

2016年开始建立重点绩效评价常态机制，每年选择部分重要民生政策和重大项目组织开展绩效评价工作，已经对100多个项目（政策）开展了绩效评价。同时，不断强化绩效评价结果反馈及应用，督促部门及地方进行整改，并推动将部分绩效评价结果应用于预算安排和政策调整。

（5）加大绩效管理信息公开力度。

将中央部门本级36个重点项目和所有中央对地方专项转移支付绩效目标、15个重点项目绩效评价报告、93个中央部门182个项目绩效自评结果，提交全国人大常委会参阅或审议，并稳步推动上述绩效信息向社会公开。

3. 推进扶贫资金等重大政策项目绩效管理示范效用

与此同时，财政部对中央部门项目支出及整体支出的绩效评价力度进一步加大，并以政府最重大的民生项目之一——扶贫项目资金绩效管理为重点进行示范性操作。

为推动打赢脱贫攻坚战，提高脱贫质量和实现精准脱贫目标，按照党中央、国务院关于加强扶贫资金绩效管理相关要求，财政部会同相关部门研究起草了《扶贫项目资金绩效管理办法》（以下简称《办法》），并报请国务院办公厅转发（国办发〔2018〕35号），对全面实施扶贫项目资金绩效管理工作提出明确要求。之后，财政部又相继印发了《关于贯彻落实〈扶贫项目资金绩效管理办法〉的通知》《关于进一步加强扶贫项目资金绩效管理工作的通知》等文件，进一步明确责任、细化要求。

为确保《办法》各项措施落实到位，财政部搭建"财政扶贫资金动态监控平台"，贯通中央、省、市、县、乡五级政府，覆盖28个有脱贫攻坚任务的省份，旨在实现扶贫项目资金绩效信息的在线填报和动态监控分析。制定绩效指标模板、对832个贫困县开展培训、加强全程督导，确保扶贫项目资金绩效管理扎实推进，通过组织培训班、召开视频会议、现场调研、微信群等多种方式，加强对地方的动员部署和培训指导，要求市县将扶贫项目资金绩效目标录入扶贫资金动态监控平台，对扶贫项目资金预算实施全过程绩效管理。

下一步，财政部将按照党中央、国务院关于全面实施预算绩效管理的重大部署，切实发挥牵头组织作用，加强制度建设，明确绩效管理责任，建立预算安排与绩效目标、资金使用效果挂钩的激励约束机制，提升公共服务质量和水平，增强政府公信力和执行力，提高人民满意度。

（二）各地各部门预算绩效管理改革主动作为、方兴未艾

1. 不断深化以考核促落实推进预算绩效改革

为深入贯彻落实《中共中央 国务院关于全面实施预算绩效管理的意见》，根据《预算绩效管理工作考核办法》，财政部对2018年度中央部门和地方预算绩效管理工作进行了考核。

2019年7月，财政部发布通报，对2018年度预算绩效管理工作考核先进单位给予表扬。根据考核结果，20个中央部门被评为优秀，包括水利部、海关

总署、卫生健康委、工业和信息化部等，20个中央部门被评为良好，包括国家文物局、国家自然科学基金委员会、中共中央党校（国家行政学院）、中国邮政集团公司等。同时，10个省级财政部门被评为优秀，包括广东省、四川省、北京市、河北省等，10个省级财政部门被评为良好，包括湖南省、山东省、安徽省、江西省等。

财政部要求，各中央部门和省级财政部门要坚决贯彻党中央、国务院决策部署，将全面实施预算绩效管理各项措施落到实处、发挥实效。受到表扬的中央部门和地方要再接再厉，未受到表扬的要努力追赶，采取有力措施提高预算绩效管理水平和政策实施效果。

根据财政部公布2018年度预算绩效管理工作考核结果，广东省获得优秀等次，位列全国第一名。2018年度广东省预算绩效管理工作，落实党的十九大关于"全面实施绩效管理"的要求，坚持全面贯彻落实习近平总书记对广东重要讲话和重要指示批示精神，围绕"全覆盖、定标准、强应用、深融合、多创新"，努力做细做实做好。一是积极拓展预算绩效评价范围，实现全覆盖。组织省直部门开展绩效自评，并将项目支出自评范围扩大到所有专项资金，将部门整体支出自评范围扩大到全部省直预算单位；开展到期专项、乡村振兴等264项、约1700亿元资金的重点绩效评价。除一般公共预算支出项目外，还将地方水库移民扶持基金、省级体育彩票公益金、国企改革发展资金、省本级工伤保险基金支出等其他三本预算中的部分项目列入评价范围。二是率先构建预算绩效指标和标准体系，实现同标准。制定印发了《广东省财政预算绩效指标库》，收录52个子类、277个资金用途、2589个绩效指标，在全国率先建立较为领先的预算绩效指标和标准体系。财政预算指标和标准体系架构清晰、内容齐全、信息完整、指标量化、使用灵活、高效智能、动态管理、科学规范，为全面准确反映各级政府、各部门绩效提供了必要的基础条件。三是建立绩效结果硬约束机制，实现真应用。2019年的预算安排，根据绩效重点评价结果对13项资金采取了压减、调整结构等措施，强化了绩效评价结果硬约束；督促主管部门公开绩效自评报告，并将重点评价报告在省财政厅门户网站公开；提供298项2019年预算一级项目绩效目标申报表和50项2018年重点项目绩效评价报告给省十三届人大二次会议代表参阅。四是强化预算绩效目标申报审核，实现深融合。落实绩效目标不合格不得纳入预算要求，进一步完善"部门自审+第三方机构初审+财政部门复审"的审核机制，创新建立"绩效处—业务处—主管部门"的专人沟通对接机制，确保客观性与专业性的高度结合，实现绩效与预算的全面融合；组织制定37项省级扶贫资金绩效目标参考模板，借助第三方机构采取点面结合方式对14个地市进行分类指导，确保绩效目标按时保质完成。截至2018年底，广东省扶贫项目资金绩效目标申报完成比率和审核比率两项均已达到100%。五是省市县三级联动探索创新，实现多特色。在"全省预算绩效管理一盘棋"的框架下，广东省所辖的20个市121个县区结合本地实际，从事前绩效评估、绩效目标、绩效监控、绩效评价、结果应用、绩效标准体系、第三方管理、信息化建设等方面探索适合本地的预算绩效管理模式，逐步形成了省市县三级"百花齐放、各有颜色"的预算绩效管理新局面。

2. 齐抓共管预算绩效管理改革全面铺开

2019年初，随着财政部《2019年预算绩效管理重点工作任务》的印发，一场关于加快落实《中共中央　国务院关于全面实施预算绩效管理的意见》（以下简称《意见》）精神，围绕用好预算绩效管理"指挥棒"，为财政资金使用效益做"加法"的战役在全国铺开。

在财政部制定发布的诸多制度办法，特别是各项资金管理办法中，常常可以看到"实行绩效管理""全过程绩效管理"等新规。

全国各省、自治区、直辖市党委、政府按照中央《意见》精神，纷纷制定发布本地《关于全面实施预算绩效管理的意见》，明确全面实施预算绩效管理的时间表、路线图、任务书，各项制度建设和改革探索密集展开。

从中央到地方，从制度到实践，一步一个脚印，各级财政工作者用实际行动传递着推动《意见》落地的坚定信念。

一是系统构建预算绩效管理制度框架。按照《意见》明确提出的用3~5年时间基本建成全方位、全过程、全覆盖的预算绩效管理体系，财政部印发了《中央部门预算绩效运行监控管理暂行办法》《项目支出绩效评价管理办法》《政府和社会资本合作（PPP）项目绩效管理操作指南》等多项制度办法，逐步构建起预算绩效管理制度框架。

二是加快构建全方位预算绩效管理格局。夯实政策和项目绩效管理基础，组织对中央本级项目、中央对地方专项转移支付、中央与地方共同事权转移支付全面实施绩效管理。研究开展部门整体绩效管理，推行地方财政绩效管理工作考核。

三是着力建立全过程预算绩效管理链条。加强绩效目标管理，实现绩效目标与预算同步申报、同步审核、同步批复下达；组织中央部门对项目实施绩效运行监控；加强绩效自评结果规范性审核，提升绩效自评质量；建立财政评价常态化机制，选择重点民生政策和重大项目开展绩效评价，2016年以来共计200多项，涉及年度预算金额约2万亿元。

四是不断完善全覆盖预算绩效管理体系。2017年以来绩效管理范围已涵盖一般公共预算、政府性基金预算、国有资本经营预算，覆盖中央本级项目、中央与地方共同财政事权转移支付以及专项转移支付，并逐步向政府投资基金、政府购买服务、政府和社会资本合作（PPP）项目、政府性融资担保机构等领域延伸。

五是大力推动绩效结果应用。组织各中央部门将绩效目标审核、绩效自评、财政和部门评价结果作为预算安排的重要依据，压减低效无效资金。在研究制定或修订各项转移支付资金管理办法时，将转移支付资金分配与绩效评价结果挂钩。

六是加大绩效信息公开力度。将绩效目标、绩效自评结果、重点绩效评价报告等绩效信息提交本级人大，并稳步推动绩效信息向社会公开，主动接受社会监督，促进部门和资金使用单位提高绩效管理水平。

3. 积极作为共创全面预算绩效管理新局面

在财政部的全力推进下，各地区、各部门高度重视积极作为，将这一先进的管理理念推向深入，让改革落地生根。中央组织部、海关总署、审计署、商务部等39个中央部门印发了贯彻落实意见和实施方案，中国地震局、农业农村部制定了2018~2020年预算绩效管理工作计划。截至目前，已有北京、河北、山西、浙江等29个省份出台《关于全面实施预算绩效管理的意见》（以下简称《意见》），同时，山东、福建、甘肃、新疆等18个省份的80多个地市、110多个县出台了市县级的贯彻落实意见。四川、浙江等省还制定了全面实施预算绩效管理的中期工作规划。

据了解，有不少省份的党政主要领导对绩效管理工作做出了批示。"太重要！"三个字表明了山东省委书记刘家义对绩效管理工作的重视程度；"预算绩效管理要长牙齿，要发挥绩效'利剑'作用"。江西省委书记刘奇这样要求；北京市市长陈吉宁多次强调，要加强绩效管理，严把成本管控，减少无效支出，提高资金效益。

围绕《意见》的贯彻落实，各部门、各地方抓紧制定完善预算绩效管理各环节制度办法，部分省份率先出台了政府投资基金、政府和社会资本合作（PPP）项目、政府债务等领域的绩效管理办法。部分中央部门也细化了本部门预算绩效管理操作规范和实施细则，如国家发展改革委印发《关于加强中央预算内投资绩效管理有关工作的通知》；中央网信办、卫生健康委、生态环境部、中国民用航空局等10多个部门制定了预算绩效管理办法或规程。

在《意见》的指导与推动下，各地加快预算绩效管理改革的积极性空前高涨，涌现出了一批可借鉴、可复制的新举措、新方法。

北京市首创绩效成本预算改革，以公共产品和服务为对象，运用成本效益分析法实施全成本核算，推动建立"预算安排核成本、资金使用有规范、综合考评讲绩效"的新型预算资金分配与管理模式，评价结果已应用于2019年预算安排。

浙江省通过系统重构，建立集中财力办大事的财政政策体系，从宏观战略层面统筹优化财政资源配置，有效解决了长期存在的财政资金碎片化、分配方式简单、支出结构固化等问题，实现了做实中期财政规划、硬化政府预算绩效管理的实质性突破。

广东省建立完善绩效指标体系，按照可比可测、动态调整、共建共享的思路，构建了比较完整的共性和分行业、分领域绩效指标和标准体系，为全面准确反映政府部门职能绩效、实现标准科学的预算绩效管理打下了坚实基础。

（三）全方位全过程全覆盖的预算绩效管理机制初步形成

在各级各部门的共同努力下，预算绩效管理改革稳步推进，"花钱必问效，无效必问责"成为共识，中央和省级层面全过程预算绩效管理框架初步建立。

中央层面取得实质进展。绩效管理范围已经覆盖一般公共预算、政府性基金预算和国有资本经营预算。所有中央本级项目、中央与地方共同财政事权转移支付以及专项转移支付实行绩效目标管理，并与预算同步申报、同步审核、同步批复下达，资金规模超4万亿元，强化了资金使用单位的主体责任和效率意识。预算执行中，中央部门对所有本级项目预算执行情况和绩效目标实现程度实行"双监控"，及时纠正偏差，堵塞管理漏洞。

绝大多数省份的省本级预算绩效管理已经从事后绩效评价扩展到事前和事中绩效管理。近60%的省份基本实现了省本级一般公共预算项目绩效目标管理全覆盖。北京、四川、广东等地探索实施事前绩效评估，严把预算编制关。河北、云南、浙江、广东、陕西、黑龙江等地组织开展绩效目标"面对面"集中审核，绩效目标质量逐步提升。

市县层面扶贫资金绩效管理取得实质突破。在各级财政和有关部门共同努力下，基本摸清了全国扶贫项目支出"底数"，首次实现了扶贫项目资金绩效目标和绩效自评全覆盖，涉及11万个项目、8000多亿元财政资金。通过扶贫资金动态监控平台，可以对每个扶贫项目绩效信息进行"一竿子插到底"的动态监控，基本实现了扶贫项目产出和效果的在线分析，为推动实现精准扶贫、精准脱贫提供了有效抓手。

三、河北省预算绩效管理工作的全面推进

（一）印发《实施意见》统领预算绩效管理工作

全面实施预算绩效管理是党中央、国务院做出的重大战略部署，是优化

财政资源配置、提升公共服务质量的关键举措。2014年起,河北着重在部门预算和项目预算两个层面开展了绩效预算管理改革试点,积累了一定经验。为进一步深化预算管理制度改革,加快建立现代财政制度,按照中央和省委省政府决策部署,2018年底,河北省委省政府印发了《关于全面实施预算绩效管理的实施意见》(以下简称《意见》)。《意见》提出,2019年省市县三级要全面实施预算绩效管理,到2020年,全面建成全方位、全过程、全覆盖的预算绩效管理体系。

《意见》提出,科学构建预算绩效管理机制,建立"五个体系",即政府预算绩效管理体系、部门预算绩效管理体系、政策和项目预算绩效管理体系、管理支撑体系、管理责任体系,形成系统整体的预算绩效管理框架。坚持全方位,构建政府预算、部门预算、政策和项目预算三位一体的绩效管理格局;坚持全过程,打造事前、事中、事后有机衔接的管理链条;坚持全覆盖,对一般公共预算、政府性基金预算、国有资本经营预算、社会保险基金预算等所有财政资金,全部实施绩效管理。

《意见》强调,全面提高政府预算配置效率,将各级政府收支预算全面纳入绩效管理,构建政府预算绩效管理体系。实施政府财政运行综合绩效评价,省级要研究制定对市级财政运行综合绩效评价的具体实施办法,重点评价收支预算编制、年度预算执行、财政收入质量、支出结构优化等情况,综合评价结果报省政府审定后在全省通报。

《意见》明确,将部门和单位预算收支全面纳入绩效管理,赋予部门和资金使用单位更多的管理自主权,结合重大发展战略、部门和单位职责、行业发展规划,以预算资金管理为主线,衡量部门和单位整体及核心业务实施效果,推动提高部门和单位整体绩效水平。各部门在年度预算编制时,要科学设定部门年度整体绩效目标,并对绩效目标实现程度和预算执行进度实行"双监控"。年度预算执行终了,各部门各单位要对预算执行情况开展绩效自评,各级财政部门要逐步开展部门整体绩效评价。

《意见》强调,将政策和项目全面纳入绩效管理,从数量、质量、时效、成本、效益等方面,综合衡量政策和项目预算资金使用效果。对实施期超过1年的重大政策和项目实行全周期跟踪问效，建立动态评价和调整完善机制。建立重大政策和项目事前绩效评估机制，评估结果报本级政府作为决策依据，并作为申请预算的必备要件。在部门全面自评基础上，各级财政部门要建立重大政策、项目预算绩效重点评价机制，重点评价政策和项目实施的精准性、有效性、科学性。

围绕绩效结果应用，意见提出"三挂钩、两纳入"，即对下级政府财政运行综合绩效与财力补助分配挂钩，将部门整体绩效与部门预算安排、特别是专项业务经费安排挂钩，将政策、项目绩效评价与预算安排和政策调整挂钩；同时，将预算绩效结果纳入政府绩效和干部政绩考核体系，作为领导干部选拔任用、公务员考核的重要参考，以进一步强化激励约束作用。

《意见》还明确，各级政府和各部门各单位是预算绩效管理的责任主体。各级党委和政府主要负责同志对本地预算绩效负责，部门和单位主要负责同志对本部门本单位预算绩效负责，项目责任人对项目预算绩效负责，对重大项目的责任人实行绩效终身责任追究制。

当前河北正处于历史性窗口期和战略性机遇期，全面实施预算绩效管理对更好地发挥财政政策效用、推动财政资金聚力增效至关重要。《意见》明确提出，加快推进实施预算绩效管理。2019年省市县三级全面实施，2020年各项管理举措全面落地，全面建成全方位、全过程、全覆盖的预算绩效管理体系，形成制度完善、管理规范、运转高效的预算绩效管理机制。

（二）多管齐下推进"三全"预算绩效管理新格局

1. 出台《推进方案》统筹预算绩效管理工作

为了贯彻落实《关于全面实施预算绩效管理的实施意见》，对标对表中央和省委省政府部署要求，河北省财政厅2019年3月印发了《全面实施预算绩效管理推进工作方案》（以下简称《方案》），要求按照深化财税体制改革、加快建立现代财政制度的总体要求，全面强化绩效理念，科学构建管理机制，更加注重结果导向，突出强调成本效益，切实硬化责任约束，推动预算绩效管理扩围升级，将绩效管理覆盖所有财政资金，延伸到基层单位和资金使用终端,贯穿预算管理全过程,着力打造政府预算绩效、部门预算绩效、政策和项目预算绩效、绩效管理支撑、绩效管理责任五大体系,2019年在省市县三级全面推进,2020年在各级全面落地,基本建成全方位、全过程、全覆盖的预算绩效管理体系。

以前河北省预算绩效管理主要在项目和部门层面开展,属于微观层面。这次改革,将政府预算、部门预算、政策和项目预算全面纳入,包含政府性基金预算、国有资本经营预算等所有财政资金,突出实施事前、事中、事后全过程管理,是个重大突破。

《方案》从工作目标、建立预算绩效管理制度体系、建立预算绩效标准体系、推动各项举措全面落地、抓好重点培育示范引领、推动市县改革落地提质、强化预算绩效管理支撑、加强组织保障等八个方面提出改革举措,聚焦工作重点难点,系统谋划综合管理、绩效监控、绩效评价等4方面16项制度办法。《方案》同时提出了预算绩效管理制度清单、省级推进重点示范单位名单、省级部门预算绩效管理重点专项资金清单、市级预算绩效管理重点突破领域。

2. 精心谋划推进方案

河北省财政厅精心谋划推进方案,确定了12个省级重点联系指导单位,形成了"三个一"思路,即每个省级部门突出抓好一个专项资金,每个市突出抓好一个支出领域,每个县突出抓好一个预算部门,确保预算绩效管理延伸至基层单位和资金使用终端。

突出制度设计,让"怎么干"更清晰、更精准。河北省财政厅陆续出台实施转移支付、绩效评估、绩效监控等七项配套制度办法,从操作层面对预算绩效管理进一步细化和规范。

同时,研究建立17类共性绩效指标框架,开展省级分行业分领域绩效指标和标准体系建设,组织专家开展专题审核论证,建立了涵盖73个部门的4300余项绩效指标和标准,构建起多维度的绩效指标网。

为确保考出压力和动力,避免出现"平时不算账、年终算总账"等问题,省财政厅组织开展了48项省级专项资金中期绩效评估,同时选取十方面

29项重大支出政策项目开展财政评价，对评估评价中发现的问题及时提醒部门整改。

3. 审时度势及时出台预算绩效管理新规

2019年底，经河北省政府同意，河北省财政厅印发了《河北省省级部门预算绩效管理办法》《河北省省对下转移支付资金绩效管理办法》，从操作层面对预算绩效管理业务流程进行了规范，以提高财政资源配置效率和使用效益。

本次出台的两个办法，是河北省预算绩效管理方面出台的首批制度性文件，从资金管理层面讲，分别在横向上对省级部门预算绩效管理、在纵向上对省市县开展转移支付绩效管理做出了规范，形成纵横交叉的预算绩效管理"坐标轴"，确保绩效管理覆盖到部门管理使用的所有预算资金、全部预算环节，确保预算绩效管理延伸至基层单位和资金使用终端。

首批出台的还有《河北省省级部门事前绩效评估规范》《河北省省级部门预算绩效运行监控工作规程》，它们将与后续出台的预算绩效目标设定规范、绩效评价管理办法等，一并构建起全方位、全过程、全覆盖制度体系，为两个坐标轴逐步标划出科学精准的数值，最终形成全面实施、统筹兼顾、科学规范、有序推进、约束有力的整体"坐标系"。

《河北省省级部门预算绩效管理办法》（以下简称《办法》）首次在部门层面上对预算绩效管理做出整体规定，厘清了财政与部门绩效管理的职责边界，让各部门各单位明确干什么、怎么干、达到什么目标和要求。

目标怎么设？《办法》提出，以预算资金管理为主线，将省级部门绩效目标细分为部门整体、专项资金、预算项目三个层级，更加清晰地展现部门预算绩效管理框架，为编制部门预算绩效文本奠定了基础。

流程有哪些？《办法》提出，将部门预算绩效管理流程分为五个环节，包括事前评估、目标管理、运行监控、绩效评价和结果应用，构建起全过程管理闭环系统。

结果如何用？《办法》提出，对开展部门预算绩效管理所形成的绩效目标、绩效监控、绩效评价等绩效信息，采用反馈整改、与预算安排挂钩、信息公开、激励约束四种方式进行管理，以提高财政资金使用绩效。对整体绩效好、支出进度快的合理增加预算安排，对整体绩效较差、支出进度慢的相应减少部门专项业务经费预算安排。对绩效较好的专项资金和项目优先保障，对绩效一般的督促改进，对交叉重复、碎片化的政策和项目予以调整。

《河北省省对下转移支付资金绩效管理办法》提出，省级新设转移支付必须开展事前绩效评估，出具绩效评估报告，评估结果报省政府作为决策依据。规定了转移支付绩效目标的具体分类、设定标准、审核程序、下达时间等，解决了以往各类转移支付绩效目标管理不统一、不规范的问题。

《河北省省对下转移支付资金绩效管理办法》实施后，跟以往不同，省级在下达转移支付预算时，原则上应同步下达区域或项目绩效目标；市级在细化下达转移支付预算时，同步分解下达相应的绩效目标。这保证了转移支付资金与绩效目标的一致性、同步性，确保项目选择不跑偏，资金安排不脱靶。

4. 部门联动稳步推进

为规范和加强专项资金管理，支持中小企业创业创新，促进中小企业健康发展，2020年9月，河北省财政厅、省工信厅联合出台《河北省中小企业发展专项资金管理办法》（以下简称《办法》）。

按照《中小企业促进法》等相关要求，围绕省委省政府重点工作，《办法》对专项资金使用范围、分配方式等内容进行了细化和完善，明确了各级财政和工信部门在资金预算管理、绩效评价等方面的职责，以更好地发挥专项资金对中小企业的扶持和引导作用。

《办法》提出，专项资金重点对中小企业创业创新、公共服务体系建设、融资服务体系建设及优化发展环境四方面给予支持，主要支持中小企业"专精特新"发展和集聚发展、小微企业创业创新载体建设、中小企业公共服务示范平台和公共服务平台网络建设与运营、金融机构多渠道多方式融资等。

专项资金分为省本级和对下转移支付资金。省本级资金，按照国库管理制度有关规定及时拨付，属于政府采购范围的，应当纳入政府采购预算；对下转移支付资金以项目法分配为主，支持方式分为以奖代补、后补助等。

项目单位收到专项资金后，要建立项目台账、设立单独账册或账页，严格按照相关财务制度、会计制度做好账务处理。

河北省工信厅要对专项资金实施全过程预算绩效管理。在编制预算时，全面设置专项资金及项目绩效目标。建立预算执行"双监控"机制，对绩效目标实现程度和预算执行进度开展监控，发现问题及时纠正。年度预算执行终了，省工信厅按规定程序和要求将绩效评价结果报送省财政厅，作为改进预算管理、优化调整支出安排的重要依据。

由于工作效果显著，在财政部组织的2020年全国预算绩效工作考核中，河北省名列前茅。

第二章
廊坊市预算绩效管理试点
工作的推进过程

千里之行，始于足下。

——《老子》

成为河北省市县两级预算绩效管理改革试点以来，廊坊市高度重视，牢固树立"讲绩效、重绩效、用绩效"的管理理念，进一步增强支出意识和效率意识。经过两年来的扎实开展，从完善顶层设计、搭建制度框架，强化目标管理、构建指标体系、系统提质增效，保障重点评价、深化结果应用等方面入手，剖析全面实施预算绩效管理的可行路径，探索并建立了较为健全的预算绩效管理工作机制，创新工作方式方法，市县两级的预算绩效管理工作得到有序推进。

一、整合机构，配备人员，加强顶层设计

廊坊市成为全省预算绩效管理设区市试点以后，廊坊市财政局迅速成立一支学习考察组，由主管副局长带队，赴广州、中山、绍兴、徐州四个城市进行学习考察。学习考察组在短短十天内与四个城市的财政部门就全面实施预算绩效管理的思路、政策、机制、举措等方面充分沟通交流，认真学习取经。通过此次考察学习，系统性地了解了四个城市在全面预算绩效管理改革

方面的先进经验和做法，同时也为廊坊市后续开展全面预算绩效管理工作提供了相关经验和借鉴。

"青山座座皆巍峨，壮心上下勇求索。" 2019年4月，廊坊市全面预算绩效管理改革在这春意盎然的季节里拉开了序幕。

（一）调兵遣将，成立预算绩效管理委员会

为保证绩效预算管理改革工作的顺利开展，廊坊市财政局作为改革牵头单位，高度重视对相关组织机构的设置，于2019年成立了"廊坊市财政局预算绩效管理委员会"及办公室，其目的是加强廊坊市预算绩效管理的组织、领导和协调工作，以及全面推进预算绩效评价各项工作。

预算绩效管理委员会由市财政局局长任主任，五名副局长任副主任，预算科（预算审核中心、预算绩效科）、办公室、人教科、机关党委、国库科、行政政法科、教科文科、社会保障科、农业农村科等21个科室（单位）主要负责同志为委员会成员。

预算绩效管理委员会的主要职责包括：统一组织领导财政局全面实施预算绩效管理工作，部署全面推进预算绩效管理制度建设的相关工作，指导和协调各部门各单位、各县（市、区）落实预算绩效管理各项要求。

预算绩效管理委员会下设办公室，主管副局长兼任办公室主任，与预算科合署办公，进一步理顺了工作机制。办公室全过程参与预算绩效管理工作，工作内容包括：第一，研究制定各项政策，构建制度体系，开展宣传和培训，督导各部门各单位、各县（市、区）、局内各科室（单位）落实各项工作要求；第二，实现预算和绩效一体化，构建绩效指标库，补齐各项工作短板，开展全过程的预算绩效管理；第三，引入和管理第三方机构参与预算绩效管理工作，构建专家库、学者库、中介机构库等。

成为试点以来，预算绩效管理办公室工作任务相当繁重，经常加班加点甚至到深夜，但每个人都是乐在其中，无怨无悔，尽职尽责，为廊坊市预算绩效改革做出了应有的贡献。

（二）统筹规划，推动预算绩效管理顶层设计

体制不顺，机制难行。顶层制度建设是全面推进工作坚实的制度保障。廊坊市2019年出台了《关于全面实施预算绩效管理的实施意见》（廊发〔2019〕23号），从完善顶层设计、搭建制度框架，强化目标管理、系统提质增效，保障重点评价、深化结果应用等方面入手，指明了未来工作的发展方向和着力点，从政府层面确立了预算绩效管理的重要地位。

为了切实推进预算绩效管理的工作，市财政局按照构建"全方位、全过程、全覆盖"预算绩效管理体系的总体要求，制定了《全面实施预算绩效管理推进工作方案》，明确了预算工作"任务书"，绘制了绩效改革"路线图"，定好了具体任务"时间表"。

九层之台，起于垒土。意见和工作方案从一开始就高屋建瓴，真正做到了预算绩效管理工作统筹谋划、分步实施、重点突破，并且强调要进行过程监控和管理，定期进行阶段总结，当年年终考核实施效果，为廊坊市推动预算绩效改革的高质量发展打下基础。

1. 构筑"三全"绩效管理体系

按照河北省委、省政府提出的"全面强化绩效理念，更加注重结果导向，突出强调成本效益，科学构建管理机制，切实硬化责任约束"总体思路，力争到2022年基本建成"全方位、全过程、全覆盖"的预算绩效管理体系。

（1）在管理模式上拓展，实现"全方位"。

一是将廊坊市政府收支预算全面纳入绩效管理。这也是全面实施预算绩效管理在管理模式上的示范先行，即将预算绩效管理拓展到政府预算收支层面，重点关注预算收入绩效、预算支出绩效和预算绩效管理水平等。二是将部门和单位预算收支全面纳入绩效管理。在保证合规性基础上，赋予部门和资金使用单位更多管理自主权，加强部门预算绩效管理，逐步形成部门职责引领预算支出的导向，实现预算和绩效管理一体化。三是将政策和项目全面纳入绩效管理。从数量、质量、时效、成本、效益、满意度等方面，综合衡

21

量政策和项目预算资金的产出和效果。对实施周期超过一年的重大政策和重大项目实行全周期跟踪问效，对达到有效期限的政策和项目进行绩效评价，评价结果作为政策和项目保留、调整、清退的重要依据。

（2）在管理链条上延伸，实现"全过程"。

一是探索建立事前绩效评估机制，对新出台重大政策和项目开展事前绩效评估，评估结果作为申请和安排预算的必备条件和重要参考。二是强化预算绩效目标管理，全面设置部门和单位整体绩效目标、政策及项目绩效目标，根据绩效目标设置情况测算资金需求和审核预算安排，同时建立以公开为常态的绩效目标信息公开机制。三是对政策和项目预算运行情况实行"双监控"，即要监控绩效目标实现程度，也要监控预算支出进度，发现问题及时纠正，确保绩效目标如期实现。四是加强预算绩效评价和结果应用，通过建立预算绩效目标完成情况分析报告制度，实现绩效自评全覆盖，通过加强第三方管理不断提升重点政策和项目的绩效评价质量，健全绩效评价结果反馈整改机制、信息公开机制，不断强化绩效评价结果应用刚性。

（3）在管理范围上扩面，实现"全覆盖"。

一是覆盖四本预算，不断加强四本预算之间的衔接。二是覆盖其他使用财政资金的投融资活动，探索开展政府投资基金、政府和社会资本合作（PPP）、政府采购、政府购买服务、政府债务项目等绩效管理工作。三是覆盖各级财政，通过选取部分县、乡作为政府财政运行综合评价试点，推动部分县、乡率先形成较为成熟的经验做法，为2023年政府财政运行综合评价覆盖全市所有县、乡镇政府打好基础，逐步解决县、乡绩效管理基础薄弱、地区发展不平衡等问题。

2. 压实"三大支撑"的管理基础

（1）健全的制度支撑。

逐步建立以实施意见、推进方案、管理办法、实施细则为主体的层级分明、相互协调的制度体系。在顶层设计方面，2019年7月廊坊市委、市政府印发了《关于全面实施预算绩效管理的实施意见》；同年市财政局印发了《全面实施预算绩效管理推进工作方案》，对市级层面全面实施预算绩效管理提出具体工作部署和要求。在管理办法层面，廊坊市财政局先后出台了《廊坊市市级部门预算绩效管理办法》《廊坊市市级部门整体绩效评价管理办法（试行）》等，同年又出台了《廊坊市市级事前绩效评估管理办法（试行）》，强调对预算申报项目立项必要性、投入经济性、绩效目标合理性、实施方案可行性、筹资合规性等方面进行客观、公正的评估。事前绩效评估是绩效目标管理的拓展与深化，其在绩效目标审核的基础上，扩大了参与主体、拓展了论证与评估的方式方法、细化了审核内容，进而增强了事前绩效管理的科学性与客观性。同时，事前评估与事中监控、事后评价相衔接，完善了廊坊市全过程预算绩效管理链条。为了提升廊坊市预算绩效管理水平更重要的是规范第三方参与行为，市财政局制定了《廊坊市第三方参与预算绩效管理工作办法（试行）》，对第三方中介机构准入条件、参与预算绩效管理工作范围、确定原则和委托方式、工作程序、管理与考核等内容做出具体规定，进一步规范第三方参与预算绩效管理工作行为，切实提高绩效管理的服务质量。与此同时，为加强预算绩效管理工作，理顺市财政局预算绩效管理内部工作关系，廊坊市财政局编制了《廊坊市财政局预算绩效管理内部规程》，在财政系统内进一步明确职责分工，提高工作效率，搞好协调配合，形成部门科室之间的合力。另外，廊坊市财政局印发了部门预算绩效管理办法参考模板，加快推动市级部门预算绩效管理的深入开展，促进各部门建立健全内部预算绩效管理工作机制，明确了部门内部职责分工和流程要求，方便预算部门实际操作。

（2）完善的预算绩效指标体系支撑。

系统、科学地开展预算绩效管理必须以科学合理的指标体系为支撑。因为只有能找到一套科学度量绩效的指标体系，才能准确地度量出预算支出的实际效果。所以，选择科学的指标体系也就成为整个绩效评价工作的核心和评价目标实现的关键。廊坊市财政局以政府收支分类科目为切入点，制定了共性项目支出评价参考指标，并结合近年来工作实践，不断细化、完善绩效指标体系，切实提高预算绩效管理科学性、权威性。

（3）广泛的智力支撑。

廊坊市财政局在绩效目标审核、预算绩效事前评估、预算绩效评价等技术性较强环节均积极引入外部专业力量，提升预算绩效管理专业化水平。2019年通过公开招标新入库中介机构30家，其中北京、深圳、山东等区外机构21家，旨在通过学习借鉴先进省市预算绩效管理工作经验，带动廊坊本土第三方中介机构成长，提高廊坊预算绩效管理质量；通过两次公开选聘新入库绩效专家接近300名，覆盖了教育、信息、财务、基建等数十个领域。

3. 推进"五个环节"的提质增效

（1）落实事前绩效评估制度。

针对近年来预算绩效管理工作中事前评估薄弱的情况，从2019年起，廊坊对市本级预算部门新出台的重大政策、重大项目开展事前绩效评估，评估结果报本级政府作为决策依据，并作为申请预算的前置条件；未开展事前绩效评估的，一律不予安排预算。

（2）强化预算绩效目标审核。

在强化预算单位绩效目标设定与主体责任的同时，不断优化财政部门审核方式。每年组织行业专家、绩效专家开展绩效目标专家审核，书面反馈审核意见；凡是没有编制绩效目标或绩效目标未通过财政审核的，一律不予安排预算。此外，市财政局组织预算部门编制以部门整体、政策和项目绩效目标为主要内容的指标库，与预算文本"同步提交、同步审议、同步批复"，推动绩效目标管理与项目设立、资金安排、预算管理有机融合。

（3）做实绩效运行监控。

要求所有预算部门对本部门纳入预算管理的全部政策和项目进行监控，并逐步开展部门整体绩效监控，财政部门根据实际情况定期开展跟踪监控。

（4）提升预算绩效评价质量。

积极推进市各级预算部门绩效自评全覆盖、重点绩效评价扩围提质。一是各级预算部门绩效自评实现全覆盖。预算执行后，各级预算部门要及时组织本部门及所属单位开展项目绩效自评。二是不断扩大重点绩效评价范围。委托第三方机构和评审专家对选取的重点政策和项目开展绩效评价，推动预算绩效评价质量进一步提升。

（5）硬化预算绩效评价结果应用约束力。

结合绩效管理实施意见的管理办法，开展了包括反馈整改、结果报告、与预算安排挂钩等形式多样的绩效评价结果应用方式，绩效评价结果作为预算编制、政策调整、绩效问责的直接依据。评价结果为"差"的政策和项目列入预算绩效"负面清单"，并严格按照有关要求做好结果应用。通过硬化评价结果应用约束力，督促被评价部门和预算单位及时整改，改进管理方法，提高资金管理水平，补齐工作短板。

4. 建立"多方联动"的职责分工机制

实施全面预算绩效管理是一项长期的系统工程，离不开各级各部门的协调联动和通力合作，廊坊市在机制上明确了各级各部门在全面绩效管理中的工作职责。作为预算绩效管理工作的牵头部门，廊坊市各级财政部门在市委、市政府统一领导下，主动做好与本级纪检监察、审计等部门的沟通协调工作。审计机关依法开展绩效审计和预算绩效管理工作抽查。纪检监察机关受理预算绩效管理违法违纪问题线索，及时依纪依法追责问责。预算部门按照全面实施预算绩效管理的要求，优化预算管理流程，完善内部管理制度，加强部门财务与业务工作紧密衔接，推动全面实施预算绩效管理常态化、制度化、规范化。通过明确职责和多方联动机制，逐步建立健全由财政部门牵头组织，主管部门和资金使用单位具体实施，审计、纪委监委等部门参与监督，社会公众广泛参与的预算绩效管理工作推进机制，形成齐抓共管、多方联动的工作格局。

（三）无怨无悔，树立坚定的理想信念

改革伊始，廊坊市财政局作为预算绩效管理改革牵头部门，清醒地认识到推行全面实施预算绩效管理工作任重道远，但他们依然坚定信念，先行先试，勇于探索，推动改革向纵深发展。

回想当初，廊坊市虽然作为全省预算绩效管理改革的试点城市，但相比南方一些地区，预算绩效管理工作开展较晚，处于一个起步阶段。很多部门

单位对预算绩效管理的认识上存在误区，依然停留在"重分配、轻管理、重支出、轻绩效"的理念中，视野不够宽广。与此同时，预算资金的使用需要符合事先设立的规则，资金使用的效率也需要经得起社会公众的检验，这就导致部门单位的领导对项目资金分配的影响力出现部分弱化，特别是部门领导的决策权威受到了挑战。预算绩效管理改革就不可避免地触动到了某些部门，特别是相关领导的权力，使之无法像以前一样拥有资金分配的绝对决策权，同时，改革提高了资金的使用效率，就会出现专项资金结余较大，从而使这些预算单位来年申请专项资金的难度加大。当改革触动较多部门利益的时候，就会引发各预算部门对改革的消极怠工，导致预算绩效管理工作不能顺利开展，阻力重重。

曾经就出现过某个部门领导因为一个项目的评价结果为"差"，绩效评估不予通过而大发雷霆，跑到财政局副局长的办公室拍桌子。还有预算单位在评审现场摔材料，与评审专家争吵。预算绩效办公室的工作人员在执行改革工作的过程中，也难免遇到预算部门单位的不理解和不支持。但是财政局上下一心，受再多委屈也不能击垮推进改革的决心，以更加昂扬的斗志和更加饱满的热情开展预算绩效改革工作。

也正是因为有了坚定信念的支撑，才会有高效的工作作风。"今日事，今日毕"，不把问题留到第二天，这就是财政局的工作作风。2021年1月初的一天晚上，廊坊市财政局组织召开了2021年预算管理专题研讨会，财政局全部科室负责人和预算专管员都到会参加。首先是由参与绩效评审的专家通过在线视频的方式讲解近一段时间内评估过的比较典型的案例。专家讲解后，市财政局长亲自部署与会人员现场进行自查自纠及整改。根据典型案例暴露出的问题，各预算专管员认真反思了以往工作中出现的问题，提出自己的改进思路。各科室负责人也反省工作中的不足，并将专家提出的相关建议进行认真总结。同时针对典型案例剖析出的共性问题，会议当场责成资产管理科、债务债券科、政府采购科、财政投资评审中心四个科室在四个方面进行规范和突破。其中，资产管理科负责制定资产管理制度办法，杜绝随意占用、资产闲置等现象；债务债券科负责制定政府债务绩效管理制度办法，加强一般债券、专项债券、特别国债等方面绩效管理；政府采购科负责制定政府采购制度办法，解决采购预算编制不细、执行慢的问题；财政投资评审中心负责有序建立与公共服务质量标准相契合的系列支出定额标准，确保标准在预算管理中的作用。此次会议一直开到第二天凌晨，当场发现的问题，当场总结，提出解决措施，不留尾巴。正是秉着这股勇于拼搏、攻坚克难的信念，财政局上下具有这么一支高效、有战斗力的队伍，才能取得预算绩效改革路上一个又一个的胜利。

二、参观学习，考察座谈，博引它山之石

取它山之石，博众师之长。闭门造车终究不行，必须考虑采取"走出去，请进来"的策略，而走出去的目的就是希望看看外地好的经验与做法，并与本地实际相结合，进行下一步实践，以此推进相关工作。

立下"军令状"，成为试点城市后，廊坊市财政局深知重任在肩，绩效改革时不我待。为更好学习先进经验，加快推进廊坊市预算绩效工作的开展，市财政局组织多次外出考察，包括广州、中山、绍兴、北京大兴等地。这些地方在预算绩效改革上起步早，成效显著，它们的发展经验也更具针对性和说服力。通过对这些预算绩效改革先行地区的考察学习，不仅有了直观的感性认识，而且认真对照先进、查找差距，静下心来理性思考、谋划发展，进一步解放了思想，理清了思路，明确了今后廊坊市预算绩效改革的发展方向，对于廊坊市预算绩效工作的开展起到积极的推动作用。

（一）南方之行，指导改革路径

市财政局组建学习考察组首先奔赴广州、中山、绍兴、徐州四个城市进行学习考察，围绕全面实施预算绩效管理的思路、政策、机制和举措进行充分的交流和学习。

1. 考察学习的收获与心得

南方之行，开阔了视野。市财政局考察组对整个学习考察活动进行了全

面总结，有以下六点收获与心得。

第一，成立专门的机构负责预算绩效管理工作。广州等四市的预算绩效管理工作开展的相对较早，2004年广州市和中山市成立了绩效管理机构，2005年绍兴市成立了绩效管理机构，2008年徐州市成立了绩效管理机构。特别是中山市，于2008年在政府层面成立了市财政支出绩效评价工作委员会。四个城市的绩效管理机构全面负责预算绩效管理各环节工作，从绩效评价开始，逐步向绩效目标、绩效监控等环节延伸，由点到面，实现"预算编制有目标、预算执行有跟踪、项目完成有评价、评价结果有应用"的全过程绩效管理。

第二，建立起完备的绩效管理制度体系。广州等四市先后出台了一系列文件，从绩效目标管理、绩效监控、绩效评价、评价结果应用、中介机构管理等方面建立起了相对完备的预算绩效管理制度体系。

第三，创新预算绩效管理方法。广州等四市在实现预算绩效管理全流程的基础上，结合当地实际情况，创新工作方法，提高绩效管理的效益。例如，广州市在绩效目标管理环节上，创立"三三"制绩效目标评审体系，即三个阶段评审和三种评审方式。中山市在绩效运行监控环节上，设置6月、9月、12月三个时间节点开展绩效运行监控工作，并将监控结果纳入部门预算支出通报全市。徐州市在重点项目绩效评价环节上，引进第三方和专家评审组，实施精准评价。绍兴市在绩效评价结果应用环节上，将绩效评价结果与下年度预算安排和年度绩效考核挂钩，同时也向社会公众公开评价结果。

第四，引进第三方参与预算绩效管理工作。广州等四市充分重视第三方机构和专家评审在预算绩效管理工作中的重要性，引入了专家评价机制，聘请第三方机构参与绩效目标审核、绩效评价和指标体系等相关工作。

第五，推动预算绩效信息公开化。为了加强社会公众对财政资金使用效益的监督，促进预算单位增强绩效责任意识，四市均积极推动绩效信息公开，选取不同范围的项目绩效信息随部门预算同步公开，同时积极向同级人大报告部门预算绩效执行情况，共同推进预算绩效管理工作。

第六，突出信息化建设对于预算绩效管理的促进作用。广州等四市在多年的实践过程中深刻认识到预算绩效管理信息化不仅有效提高了预算绩效管理工作效率，还提升了预算绩效管理工作质量。广州市和中山市依托省财政厅开发的部门预算项目库管理和预算管理系统平台，建立数据系统，成为部门预算管理重要参考信息。绍兴市运用预算绩效管理信息系统建立财政绩效数据分析模型，提高财政绩效数据分析和结果应用水平。徐州市通过自主研发的预算绩效管理信息系统，实现绩效目标管理与滚动项目库、部门预算编审、绩效跟踪评价与预算执行同步线上运行；并建立项目库、部门事权库、项目依据库、指标库、中介机构库、专家库等"六库一系统"，实现互联互通、资源共享。

除以上共同做法外，有的城市在预算绩效管理工作上还有自己独特的亮点。例如，广州市在健全以项目支出层面为主的预算绩效工作之外，还加强部门整体绩效管理工作，已对市级十多个预算部门实施了部门整体绩效管理，建立"部门职责—工作任务—项目目标"的部门整体绩效目标体系，初步形成了"部门整体绩效全闭环"管理模式；同时，广州市着力推动全过程预算绩效管理覆盖到全市各个区域，建立市、区、街镇三级联动机制，推动全市预算绩效管理深度覆盖。绍兴市一方面将预算绩效管理列入党建工作内容，促使党员干部牢固树立"绩效管理人人有责"的理念，强化预算绩效管理的政治意识和纪律意识。另一方面还组织编写了《预算绩效目标编审操作指南》，指导预算单位科学合理编制预算绩效目标，有效提升预算绩效管理质量。

2. 绩效改革的行动与部署

在总结考察学习的经验之后，廊坊市财政局迅速行动、狠抓落实，进一步明确了下一步工作思路，取得一定的成果。

第一，预算绩效改革造势，加强培训与宣传。首先，根据《廊坊市2019年预算绩效管理综合培训工作方案》，市财政局组织先后开展4期本地培训、4期外出培训、40期一对一辅导，基本完成2020年预算项目绩效目标指标填报申报工作。市财政局还邀请预算绩效管理资深专家，先后两次对全市及各县（市、区）相关部门和单位分管领导、财务负责人共计150余人次进行了专题培训。其次，新成立的预算绩效管理办公室面对新媒体时代的强势来临，以广大群众喜闻乐见的方式，基于微信公众号，开发了"寻绩问效在廊坊"公众号，以宣传全面实施预算绩效管理政策、预算绩效工作动态为主要内容，讲述廊坊市预算绩效改革成果。开设"实施绩效""学习绩效"和"参与绩效"三个专栏，同时管理办公室安排专人管理维护官方微信号，畅通与社会公众沟通、服务渠道。市财政局通过线上线下多种形式的培训与宣传，加快形成"全员绩效"氛围。

第二，完善预算绩效制度，补齐制度短板。市财政局结合广州等四市的制度经验，加快预算绩效制度建设，在2019年7月陆续出台了一系列预算绩效管理文件，为后续开展事前评估、绩效目标管理、试点教育领域竞争性资金分配等工作提供制度保障。

第三，引进第三方力量，打造中介库和专家库。通过考察，市财政局意识到依靠自身力量开展评价工作已经难以满足实际需求。通过借力引智及政府购买等方式，在绩效评价中大规模地引入独立于政府部门和项目承办单位的第三方力量势在必行。市财政局通过出台相关文件，细化合作模式，引进了多家中介机构，聘任了多名专家学者，初步建立起中介库和专家库，为后续开展绩效评价工作奠定基础。

第四，推行事前绩效评估，尝试源头管控。市财政局加强了绩效目标管理工作，并规定2020年预算申报时间提前，督促市直各部门尽快做好事前评估准备，同时对2019年追加项目150万元以上的开展事前绩效评估。

第五，开展预算绩效评价，树立绩效理念。市财政局选取2018年及以前的重点项目和重大政策开展绩效评价，并在各预算部门对2018年所有专项资金开展绩效自评价的基础上，选取其中的20%进行再评价。

通过广州等四市的学习考察，使市财政局对全面实施预算绩效管理理论有了新的认识，通过一系列工作举措，迈出了廊坊市预算绩效改革坚实的一步。

（二）大兴学习，狠抓工作落实

广州等四市考察回来后，市财政局凝心聚力，推动预算绩效改革工作不断前进。随着改革的深入，市财政局又遇到一些难题，如事前绩效评估工作不扎实、县（市、区）级部门单位对预算绩效理念理解不深、绩效工作推进渐缓等问题。因此，市财政局高度重视，由分管局领导带队，组织廊坊市管辖内的各县（市、区）财政局主管局长和预算股长共计30人，来到北京市大兴区财政局进行观摩学习，并对县级预算绩效管理进行了深入交流。

通过座谈交流，学习考察组了解到了北京大兴区在预算绩效管理制度建设、目标管理、事前评估、绩效跟踪、绩效评价、结果应用等方面的工作成果。同时，大兴区财政局预算科、绩效考评中心等相关负责人在交流中特别强调了事前绩效评估在预算绩效工作中的重要性，并通过大兴区某湿地公园事前绩效情况进行案例剖析，加深了学习考察组对事前评估的认识。

赴北京大兴区考察结束后，市财政局趁热打铁，对廊坊市管辖内的各县（市、区）的预算绩效管理工作进行了工作安排。

第一，加快工作进度，确保完成全年目标。市财政局要求各县（市、区）贯彻落实工作部署，在2019年底前完成试点工作，特别是要在2020年预算编制中全面落实绩效管理要求。

第二，打造样板工程，带动县域绩效改革。市财政局将全市分为北中南三个片区：三河市、大厂县、香河县为北片区；开发区、广阳区、安次区、固安县、永清县为中片区；霸州市、文安县、大城县为南片区。其中，大厂县、安次区和霸州市预算绩效改革工作发展较快、基础较好，被财政局选取用来打造样板工程。目前来看，这三个样板县（市、区）预算绩效管理工作做得扎实有序，成果显著。

三、消化吸收，因地制宜，建立规章制度

南方四地考察学习回来之后，市财政局在虚心学习、博采众长的基础上，融会贯通、消化吸收，并且坚持因地制宜、扬长避短，把所学所思所悟

转化为实用之策并加以实践，破解廊坊市预算绩效改革的发展瓶颈。

（一）预算绩效管理制度发展的建设历程

经过两年扎实开展，预算绩效管理制度日益完善，指标体系从无到有，绩效评价提质扩面，廊坊市的预算绩效管理工作有序推进。廊坊市全面实施预算绩效管理制度建设进程如表2-1所示。

表2-1　廊坊市全面实施预算绩效管理制度建设进程

建设进程	文件名称
起步阶段	《全面实施预算绩效管理推进工作方案》（廊财预〔2019〕26号）
发展阶段	《关于全面实施预算绩效管理的实施意见》（廊发〔2019〕23号）
	《廊坊市第三方参与预算绩效管理工作办法（试行）》（廊财〔2019〕72号）
	《廊坊市市级事前绩效评估管理办法（试行）》（廊财〔2019〕74号）
	《廊坊市市级预算绩效目标管理办法（试行）》（廊财〔2019〕75号）
提升阶段	《廊坊市市级部门预算绩效管理办法》（廊政〔2019〕34号）
	《廊坊市市级部门整体绩效评价管理方法（试行）》（廊财预〔2019〕47号）
	《廊坊市市级政策和项目绩效评价管理办法（试行）》（廊财预〔2019〕53号）
	《廊坊市预算绩效管理工作考核办法（试行）》（廊财预〔2019〕54号）
	《廊坊市市级部门绩效运行监控管理办法（试行）》（廊财预〔2019〕56号）
	《廊坊市××（部门）预算绩效管理办法（参考模板）》（廊财预〔2019〕64号）
完善阶段	《廊坊市市级绩效结果应用管理办法（试行）》（廊财绩〔2020〕6号）
	《廊坊市市级预算绩效信息公开管理办法（试行）》（廊财绩〔2020〕7号）
	《廊坊市市级第三方参与预算绩效管理工作办法》（廊财绩〔2020〕8号）
	《廊坊市财政局预算绩效管理内部规程》（廊财绩〔2020〕9号）

1. 起步阶段

接下绩效改革试点的军令状后，廊坊市财政局迅速成立了由局长为主任、分管局长为副主任，并从全局抽调业务骨干组建预算绩效管理办公室，负责贯彻落实全市预算绩效管理工作，明确职责分工，理顺业务流程，为预算绩效改革工作的顺利开展建立了机构保障，真正建立了预算绩效管理有人抓、有人管、有成效的工作机制。

2019年4月，市财政局制定了《全面实施预算绩效管理推进工作方案》，从全方位预算绩效管理对象、全过程预算绩效管理链条、全覆盖预算绩效管理体系三个方面分解目标任务；从部门预算绩效管理改革、绩效指标体系、事前绩效评估机制、绩效目标管理、绩效运行与预算执行双监控、绩效评价管理、绩效评价结果应用、第三方参与预算绩效管理、绩效管理信息化建设、绩效信息公开等方面设计改革任务的路线图和任务完成的时间节点。同时，以教育领域为突破口，探索教育领域开展竞争性分配工作。

2. 发展阶段

在征求28个市直部门意见建议后，市财政局拟定的《关于全面实施预算绩效管理的实施意见》呈报市委、市政府，于2019年7月获得批准公布。实施意见进一步加强了顶层设计。该意见创新了预算管理方式，更加注重结果导向、强调成本效益、硬化责任约束。具体措施包括：全面实施政府预算、部门和单位预算、政策和项目预算绩效管理；将绩效关口前移，加强新增重大政策、项目的事前绩效评估，以及经常性项目的定期评估，评估结果作为预算安排的重要参考依据。加强绩效目标管理，严格绩效目标审核，将绩效目标设置作为预算安排的前置条件。做好绩效运行监控，发现问题及时解决和整改。开展绩效评价和结果应用，健全绩效评价结果反馈制度和绩效问题整改责任制；另外，将一般公共预算、政府性基金预算、国有资本经营预算、社会保险基金预算全部纳入绩效管理，加强四本预算之间的衔接。

在实施意见的指引下，当月市财政局相继发布了《廊坊市第三方参与预算绩效管理工作办法（试行）》《廊坊市市级事前绩效评估管理办法（试行）》《廊坊市市级预算绩效目标管理办法（试行）》，搭建起了制度框架，为绩效目标管理、事前绩效评估、绩效跟踪评价、绩效结果运用等工作指引了方向。2019年8月，市财政局启动了市级部门2020年预算编制工作，将预算绩效管理纳入预算编制体系。

3. 提升阶段

在进一步深化改革的基础上，廊坊市陆续出台《廊坊市市级部门预算绩效管理办法》《廊坊市市级部门整体绩效评价管理方法（试行）》《廊坊市市级政策和项目绩效评价管理办法（试行）》《廊坊市预算绩效管理工作考核办法（试行）》《廊坊市市级部门绩效运行监控管理办法（试行）》《廊坊市××（部门）预算绩效管理办法（参考模板）》等文件，丰富了廊坊市预算绩效改革的制度建设。

2019年下半年，廊坊市财政局根据相关制度要求，规定2020年所有申报的政策和项目必须填报申报目标指标，以结果为导向，对照绩效目标，规范申报手续。同时，市财政局将事前绩效评估报告作为预算申报的必备条件，要求申报预算超过150万元的新政策、新项目必须开展事前绩效自评估。对绩效目标指标数量偏少、质量不高，未开展事前绩效自评估，不予进入预算编审环节。其中，对市生态环境局2020年市局层面67个申报项目开展整体项目绩效评估，以及对关注度较高、申报预算额度较大的32个信息化项目展开专项事前绩效评估，都获得良好的效果，改变了多年来申报管理不规范、预算安排不合理的现象。

根据推进工作方案和实施意见的具体要求，2019年教育领域竞争性资金分配是当年预算改革的工作重心。经过市财政局与教育部门、相关学校单位多方沟通协调，保证了本次教育领域竞争性资金分配工作的顺利进行。申报项目涉及金额总计14亿元，最终入围16个项目，为后续探索财政资金竞争性分配模式，进一步丰富预算安排方法手段提供了宝贵经验。

作为河北省设区市试点，廊坊市所辖11个县（市、区）也同步纳入试点范围。大厂县、安次区和霸州市作为样板县，推动县级预算绩效管理工作，辐射带动廊坊市北中南三个片区，确保市县同步。其中，大厂县财政局对申报的全部1888个预算项目进行了整体事前绩效评估，审减项目达到547个，审减金额23.49亿元；安次区财政局选取了5个重点项目开展事前绩效评估工作；霸州市财政局对59个2018年预算项目开展了重点绩效评价，涉及资金4.3亿元。

4. 完善阶段

进入2020年，面对疫情不利影响，市财政局克服重重困难，深挖潜能，查漏补缺，继续细化预算绩效改革工作，相继出台《廊坊市市级绩效结果应用管理办法（试行）》《廊坊市市级预算绩效信息公开管理办法（试行）》。以上文件对绩效结果反馈整改、报告通报、挂钩预算、调整政策等相关应用方式进行固化和明确，对绩效信息公开的内容、方式、渠道做出了严格规定。根据以往第三方参与预算绩效工作中出现的种种问题，市财政局通过修订的《廊坊市市级第三方参与预算绩效管理工作办法》进一步规范、完善和加强第三方管理，使之更好地为预算绩效工作服务。2020年市财政局将部门整体评估扩展到廊坊市生态环境局、廊坊市自然资源和规划局、廊坊市市场监管局三个重点部门，将事前绩效自评估范围扩展到所有新增项目。

当年出台的《廊坊市财政局预算绩效管理内部规程》，则是明确要求财政局各单位科室要树立大局意识，互相协调，通力配合，共同完成预算绩效管理改革工作。本制度更好地梳理了财政局预算绩效管理工作规则，进一步明确了各科室的工作分工，完善和细化了工作流程，加强了各科室之间的业务衔接，保证了预算绩效工作的高效率。其中，国库科牵头组织了绩效监控及所有部门、所有项目的半年绩效运行集中分析；评审中心、监督评价科精心选取了33个政策和项目深度开展重点绩效评价，进一步精准分析预算管理存在的项目谋划不细、与部门履职关联度不高，且管理弱化，资金测算不实，价格虚高等突出问题；行政政法科在向市政府提出相关资金落实意见时，多次汇报预算绩效管理工作要求和做法；综合科借助绩效管理，要求预算部门将项目细分，使项目管理更规范，资金更高效。

在事前评估中发现，有的项目花大价钱买的设备、建的系统长期不用，相关工作人员不懂操作，形同虚设；有的项目明显配置过高，凡事要求"顶配"；某些项目管理混乱，签订的合同没有具体内容没有验收标准；某些项目资金缺乏监管，用买酱油的钱买醋；某些项目依据已经严重超期，沿用的是十年前的政策，某平台项目几天才接一个电话；某展会每小时三十平方米内才一个观众，财政支出明显低效无效，等等。预算绩效管理正是破解这些问题的"利刃",必须用足用好。

（二）预算绩效管理制度的应用情况

1. 推进绩效目标管理，实现绩效理念与预算编制双结合

绩效目标管理是指财政部门、各部门及其所属单位以绩效目标为对象，以绩效目标的设定、审核、批复等为主要内容所展开的预算管理活动。财政部门和各部门及其所属单位是绩效目标管理的主体。绩效目标管理的对象是纳入各部门预算管理的全部资金，而不仅仅是财政性资金。设定绩效目标有一定的难度，必须以一定的依据为基础。

（1）预算绩效目标设立。

按照《廊坊市市级预算绩效目标管理办法（试行）》，在预算编制阶段，要求预算部门填报绩效目标，绩效目标分为项目绩效目标、政策绩效目标和部门整体绩效目标，对于三种绩效目标的设立，廊坊市进行了有益的探索。

绩效评价要关注资金使用的安全性、合法性，更重要的是依据科学的指标体系、合适的评价方法和系统的评价标准，对财政资金使用的政治、经济、社会等综合效果进行评判。在这种认识下，绩效目标的设定将更能反映预算资金的预期产出和效果，相应的绩效指标也更为细化，包括以下三个方面：一是预期产出目标，包括提供的公共产品和服务的数量目标、质量目标、时效目标，以及达到预期产出所需要的成本目标；二是预期效果目标，包括经济效益、社会效益、环境效益和可持续影响等；三是服务对象或项目收益方对产出和影响的满意程度。此外，还要求绩效目标要通过产出指标和效果指标来更好体现。其中，产出指标包括数量、质量、成本和时效等方面，效果指标由经济效益、社会效益、生态效益、可持续影响、满意度等方面细化。绩效目标尽量进行定量表述，无法量化的可采用定性的分级分档形式表述，至此，绩效目标的设定更为完善，目标内容更为丰富、明确。各预算部门绩效目标确认后，为保证预算绩效目标的实现，相应的主管部门将对部门本级和下级单位的绩效目标进行审核。

2020年，廊坊市财政局将绩效目标填报作为预算申报前置条件，当年所有申报的政策和项目，必须填报绩效目标，不填报绩效目标的政策和项目，不予申报。此外，为保证各部门能够合理安排预算目标，市财政局还针对绩效目标管理工作进行了培训工作，指导预算部门和单位合理填报绩效目标。同时，更加重视目标管理责任的认定，按照"谁申请资金，谁设定目标"的原则，预算部门及其所属单位还要对绩效目标的填报负责，将绩效责任明确到人。按照"谁分配资金，谁审核目标"的原则，建立预算部门和财政部门"双审核"机制，确保了绩效目标填报的完整性和准确性。

（2）预算绩效目标管理。

预算绩效目标管理的对象是绩效目标，管理环节包括设置、审核、批复、调整绩效目标，以绩效目标为对象开展的评估、监控、实施绩效评价等。

从"事前—事中—事后"全过程上看，在事前阶段上，绩效目标需随同部门预算一起上报，经市财政局审核后进入预算执行阶段。在事中阶段上，市财政局和预算部门都需要对绩效目标实施"双监控"（预算执行情况与目标实现程度），发生偏差时及时调整，确保绩效目标得以完成；在事后阶段上，以预算部门为主体对绩效目标开展绩效评价，反映其实现程度、反映项目直接产出和效果、提出绩效目标整改意见等。从全过程预算绩效管理流程来看，绩效目标就是整个管理的龙头，掌握着预算绩效管理的方向。从预算绩效目标管理流程上看，《廊坊市市级预算绩效目标管理办法（试行）》将目标管理分为绩效目标设置、绩效目标审核以及绩效目标批复和调整这几个阶段。

第一，在绩效目标设置阶段，秉承"谁申请资金，谁设置目标"原则，绩效目标设置由部门和预算单位设置。设置绩效目标主要解决两个问题，首先是预算部门（单位）作为申请预算的依据，其次是市财政局作为预算安排的重要参考。在编制绩效目标时要注意目标填写的准确性、指标选择的合理性、指标设置的科学性，做到绩效目标明确、细化、可衡量。

第二，在绩效目标审核阶段，遵循"谁分配资金，谁审核目标"原则，绩效目标审核由预算部门和市财政局逐级审核。审核主要内容包括完整性审核、相关性审核、适当性审核、可行性审核等。绩效目标的审核从流程来看，可以分为两个层面：一是预算部门审核层面。预算部门行使职责，对所属的预算单位编制的绩效目标进行审核。经审核，对于符合要求的绩效目标可以纳入部门绩效目标进行上报；对于不符合要求的绩效目标，应予以退回并要求其进行修改完善之后重新上报。二是财政部门审核层面。市财政局对由预算部门上报的绩效目标结合预算申报材料进行审核。对于不符合要求的绩效目标，应予以退回并要求其进行调整完善之后重新上报。原则上没有绩效目标就不安排预算。社会关注程度高、对经济社会发展具有重要影响、关系重大民生领域或专业技术复杂的重点项目和政策的绩效目标，由财政部门按照预算管理流程进行重点审核，并将审核意见反馈部门。

第三，在绩效目标批复和调整阶段，坚持"谁批复预算，谁批复目标"原则，绩效目标批复由财政部门按程序下达。财政部门在批复部门预算时，同步批复绩效目标。部门在批复所属单位预算时，也是同步批复绩效目标。预算批复后，部门和单位应按照政府信息公开有关要求，公开绩效目标，自觉接受社会监督。另外，财政部门向人大报送重要绩效目标与预算草案，同步向社会公开。批复之后的绩效目标原则上是不能调整的。如在实际开展过程中由于客观因素导致确实需要对绩效目标进行调整的，应按照相关要求，将调整修改后的绩效目标上报至市财政局进行再审核。

在改革进程的两年时间里，廊坊市财政局对全市申报的政策和项目进行了多轮次、多形式的辅导，让预算部门和所属单位都清楚知道"要钱不容易、花钱必问效"，不断强化预算绩效管理理念。当出现部分绩效目标指标设置不明确、预期效益不好的项目时，财政局直接不予申报，并严格将绩效目标指标作为项目入库的前置条件、预算审核的核心要件，填报不规范、质量不高的项目坚决不予入库，在"一上"阶段就将近30亿元的项目挡在库外，初步实现了预算收支平衡，预算编制效率相比改革之前得到大幅提升。同时，市财政局还将预算部门自己设置的绩效目标指标作为后期监控、评价的主要对象，压实预算部门支出责任、强化预算约束意识。2020年廊坊市首次实行全年预算编制机制，这样一来审核时间相对充裕。与此同时，市财政局组织相关机构对绩效目标进行了集中会审，审核更细、把关更严，使廊坊市预算申报工作更加科学规范。

2. 强化事前绩效评估，前移绩效管理关口

根据《廊坊市市级事前绩效评估管理办法（试行）》对事前绩效评估的界定，事前绩效评估的对象主要包括纳入市级部门预算管理并需要财政资金安排的政策、项目以及部门整体项目，事前绩效评估关注的重点既包括预算的民生类、城市管理服务和城市建设类等社会关注度较高、金额较大的项目及重大政策等，也包括拟新出台的重大政策和项目。评估过程中要遵循四项原则：一是客观公正原则，即事前评估应以相关法律、法规、规章以及财政部、河北省、廊坊市有关文件等为依据，按照"公开、公平、公正"的原则进行；二是科学规范原则，事前评估工作应通过规范的程序，采用定性与定量相结合的评估方法，科学、合理地进行；三是依据充分原则，在评估过程中，应收集足够的相关文件及材料，必要时通过现场调研，为评估结论提供充分的依据支持；四是成本效益原则，事前评估工作的重点是评估项目立项的合理性和预算的准确性，在开展事前评估过程中还要注意控制成本、节约经费，提高评估工作的效率与效益。实践中，事前绩效评估模式一方面是对预算部门项目支出绩效目标的细化，另一方面将支出项目绩效评价内容置于整个预算绩效管理的前端，更加强化了预算绩效管理项目的支出责任，也更加深入了"花钱必问效"的预算绩效管理理念。

目前，绩效评价也正从预算编报期前移到项目申报阶段，逐步开始建立事前评估审核机制，通过组织第三方服务机构、专家和人大参与的形式，依据部门战略规划、事业发展规划、项目申报理由，对各部门新增政策、项目的必要性可行性、绩效目标设置的科学性、申请资金额度的合理性、财政支持的方式等方面进行论证，评估结果作为当年追加和下一年度预算安排和部门决策的重要依据。

2019年作为全省试点，廊坊市财政局在2020年市本级预算编制中，将事前绩效评估作为突破口和发力点，明确要求所有新出台政策和新增150万元以

上项目必须开展事前绩效自评估。同年市财政局趁热打铁，针对信息化项目中普遍存在的立项依据不合理、决策程序不充分、实施方案可行性不强、预期效果不明显等突出问题，集中开展了信息化专项事前绩效评估，评估项目达到32个，资金1.92亿元，审减金额1.59亿元，审减率达83%。2020年市财政局再接再厉，通过信息化运维专项事前绩效评估对全市信息化系统进行了一次全面摸底排查，选取了30万元以上的67个运维项目，涉及资金1.15亿元。

在部门整体项目事前绩效评估方面，已经扩展至市生态环境局、市自然资源和规划局、市市场监督管理局三个重点部门。2020年三个部门整体评估涉及资金6.45亿元，项目341个，并对梳理出来的44个重点项目，2.6亿元资金组织开展事前绩效评估。其中，在对市生态环境局的事前绩效评估上，市财政局做了大胆的创新尝试，对该部门开展了既包括部门整体事前绩效评估，又包括信息化建设和医疗设备购置两个专项的多种形式事前绩效评估，总计评估资金8.32亿元，审减资金5.57亿元，审减率达到66.9%。

目前，事前绩效评估已成为廊坊市预算绩效改革的一个重点和亮点，市财政局加强事前评估工作，为政府相关决策及公共投资起到"把关"和"顾问"的作用，真正做到了为政府管好"钱袋子"。确保该花的钱花得好、花得值，不该花的钱一分不花。

3. 健全预算绩效监控，强化财政资金支出的责任及效率

预算绩效运行监控管理是预算绩效管理的重要环节。按照监控管理在预算绩效运行的时间不同，可分为预算执行中（事中）的绩效跟踪和预算执行后（事后）的绩效自评工作。预算执行中，各预算部门及所属单位应对资金运行情况和绩效目标预期实现程度开展绩效监控，及时发现并纠正绩效运行中存在的问题，以保证绩效目标的如期实现。廊坊市财政局和各预算部门会定期采集绩效运行信息并汇总分析，对绩效目标运行情况进行跟踪管理和督促检查，纠偏扬长，促进绩效目标的顺利实现。预算执行结束后，预算部门会对照确定的绩效目标开展绩效自评，形成相应的自评结果，作为预算部门预、决算的组成内容和以后年度预算申请、安排的重要基础。

2019年，廊坊市形成了预算执行中的部门自行监控和财政跟踪相结合的

绩效运行监控管理制度，实现了绩效目标与预算执行的"双监控"和政府行政工作"放管服"的要求。根据《廊坊市市级部门预算绩效管理办法》，廊坊市财政局建立绩效运行监控管理的具体做法如下：

第一，确立绩效运行监控的主体。根据《廊坊市市级部门预算绩效管理办法》，预算绩效运行监控管理是财政局和预算部门（单位）运用科学、合理的绩效信息汇总分析方法，对财政支出的预算执行、项目实施和绩效目标完成情况等重点内容进行跟踪管理和督促检查，及时发现问题并采取有效措施予以纠正的做法。按照管理办法，绩效运行监控管理涉及的主体包括两类：一是市财政局，具体负责绩效运行监控管理的工作规范指导，监督预算部门（单位）的绩效跟踪工作，并根据预算部门（单位）提交的监控结果和中期绩效评估结果，选择重大支出政策和项目进行重点监控；二是预算部门（单位），具体负责本部门（单位）整体及所有政策和项目的绩效运行监控工作，接受市财政局的监督，完善预算支出管理。

第二，确定绩效运行监控遵循的基本原则。按照《廊坊市市级部门预算绩效管理办法》，为加强预算绩效管理，强化支出责任，建立科学、合理的预算绩效运行监控管理制度，提高资金使用效益，要基于三项基本原则：一是目标管理原则。绩效运行监控管理应以绩效目标为中心，围绕绩效目标完成情况、政策和项目进展情况以及资金使用情况等开展工作，对发现问题及时纠正；二是权责统一原则。作为预算绩效管理主体，预算部门应具体负责组织实施本部门的绩效运行监控管理工作，承担部门主体责任并接受市财政局监督；三是突出重点原则。财政局选取以突出体现本部门职能、城市管理服务、城市建设、民生类等社会关注度较高、金额较大的项目及重大政策进行重点监控，发现资金使用和项目管理中存在的问题和绩效目标执行中的偏差，及时通报部门和单位进行整改并采取相应措施。

廊坊市财政局自2018年开始，每年筛选资金体量大、社会关注度高、落实全市发展方向的重点项目，每月督导预算执行进度并专题呈报廊坊市委、市政府，对进度慢的部门和单位发放"督办卡"并进行集中约谈，每个季度监控绩效目标实现程度，全程把控项目落地情况和资金使用效益。2020年选取了201个项目，并在7月对所有专项项目开展了半年绩效运行集中分析，选取5个项目开展中期评估，收回了低效无效资金2.3亿元，统筹用于其他急需保障的领域。

4. 完善绩效评价体系，提升财政资金的经济效益

绩效评价作为绩效预算的核心内容，是政府部门根据设定的绩效目标，运用科学、规范的绩效评价手段，对照统一的评价标准，按照绩效的内在原则，对财政支出行为过程及其经济、政治和社会效果进行科学、客观、公正的衡量比较与综合评判，并将考评结果融入预算编制的财政管理活动。根据《廊坊市市级部门整体绩效评价管理办法（试行）》，部门整体绩效评价是指财政部门和各部门各预算单位根据设置的绩效目标，运用科学、合理的绩效评价指标、评价标准和评价方法，以包括部门收入和部门支出在内的预算资金管理为主线，对运行成本、履职效能、核心业务产出、效果效益、可持续发展能力和服务对象满意度等内容进行客观、公正的评价。根据《廊坊市市级政策和项目绩效评价管理办法（试行）》，政策和项目绩效评价是指财政部门和各部门各预算单位根据批复的绩效目标，运用科学、合理的绩效评价指标、评价标准和评价方法，对政策和项目预算资金的经济性、效率性、效益性以及绩效目标的实现程度进行客观、公正的评价。其中政策是指在一定时间内，由本级财政预算安排，具有专门用途和政策目标的财政专项资金政策。项目是指具体的预算项目，包括部门预算项目和上级政府对下转移支付项目。由此可见，绩效目标的设立是开展绩效评价的前提和基础，绩效评价指标是绩效评价的工具和手段，财政支出的经济性、效率性和效益性是绩效评价的主要内容。

根据《廊坊市市级部门整体绩效评价管理办法（试行）》和《廊坊市市级政策和项目绩效评价管理办法（试行）》，部门整体政策和项目绩效评价的主要内容和做法包括以下三个方面：

第一，明确绩效评价的基本内容。整体绩效评价主要包括部门整体绩效目标的设置情况；资金投入、预算执行和管理情况；为实现整体绩效目标所制定的制度和工作措施；整体绩效目标实现情况及效果等方面。政策绩效评价主要包括政策制定情况、政策实施情况、政策产出情况、政策效果情况

等方面。项目绩效评价内容主要包括项目投入情况、项目管理情况、项目产出情况和项目效果情况。其中，无论是部门整体、政策还是项目绩效评价，工作的重点之一就是围绕绩效目标而展开，如绩效评价目标设立的充分性、明确性、合理性及细化程度，以及绩效目标是否符合客观实际并与部门（单位）的履职相一致，且绩效指标清晰、细化和可衡量；实现绩效目标制定制度和采取措施方面；绩效目标实现程度和效果方面，实现程度关注产出数产出质量、产出时效和产出成本，效果包括经济效益、社会效益、生态效益、可持续影响以及服务对象的满意度等。

第二，设立绩效评价指标体系。绩效评价指标要遵循相关性、重要性、可比性、系统性和经济性原则。绩效指标可分为共性指标和个性指标，其中，共性指标是适用于所有评价对象的指标，主要包括预算编制和执行情况、财务管理状况、资产配置、使用、处置及其收益管理情况以及社会效益、经济效益等，由市财政局统一制定并形成模板；个性指标是针对部门、政策或项目特点设定，适用不同预算部门、政策或项目的业绩评价指标，具体由财政局会同预算部门制定。绩效指标评价体系由分级指标、指标权重和评分标准构成，指标次级数量根据评价内容复杂度设定，一般最少为三级，根据实际情况进行增减调整；指标权重是具体指标所占的分值，反映具体指标在指标体系的重要性。那么，廊坊市在设计部门整体、政策和项目的绩效评价指标体系上也有区别。其中，廊坊市部门整体绩效评价指标体系细化到三级，其具体指标内容和权重比例也已设定，部门则根据三级指标内容填写目标值和实际值，最后形成评价分值；政策和项目绩效评价指标体系虽然也细化到三级，但预算单位可以根据各自运行的政策和项目实际情况，决定第三级指标具体内容及其权重占比，体现出一定的灵活性。

第三，形成绩效评价的三种形式。廊坊市对部门整体、政策或项目的绩效评价采用三种形式，即"自评价—再评价—重点评价"。首先，自评价阶段。财政部门下达自评通知后，部门和单位按要求收集有关资料进行评价准备。其次，对照绩效指标完成评价实施，如未达标，及时说明原因并整改。再次，各预算单位按要求将自评表和报告上报主管部门，主管部门汇总审核后，连同本部门的自评表和报告一并报送市财政局。最后，针对出现问题的政策或项目，主管部门和预算单位找出原因并进行改正，同时财政局也一并督促该部门和单位及时整改。

2019年，市财政局对全市所有预算项目开展绩效自评和全部公开，并在此基础上选取了33个政策和项目、5个领域开展重点绩效评价，涉及资金41亿元。

5. 丰富结果应用机制，深化预算绩效管理

预算绩效结果应用是绩效考核的难点和重点，只有加强绩效考评结果应用，才能体现绩效评价的意义。廊坊市的绩效评价结果应用体系是根据《廊坊市市级预算绩效结果应用管理办法（试行）》的相关规定，采用科学合理的评价指标、评价标准和评价方法，对预算支出进行绩效评价所形成的评价结论和意见等绩效评价结果，目的是构建绩效评价结果的应用体系。

绩效结果能否真正用到预算管理中，做到"真评价、真整改、真挂钩、真公开"，是预算绩效管理改革成败的关键。近年来，廊坊市财政局探索总结出了一系列行之有效的措施，通过形成制度文件，明确了绩效评价结果应用的主体责任，应用内容、方式与具体的实施办法，规范了财政支出绩效评价结果的应用体系，强化了绩效结果应用。应用的方式主要涉及反馈与整改，报告与通报、联动应用、挂钩预算和政策调整、绩效问责等。

一是反馈与整改。财政局应及时将绩效评价结果和整改要求反馈给被评价部门（单位），被评价部门（单位）自收到绩效结果反馈之日起三十日内根据评价结论及整改要求，制定整改措施，完成整改任务，并将整改结果报送至市财政局，而市财政局和主管部门对被评价部门（单位）的整改情况进行跟踪管理。

二是报告与通报。明确了预算部门的绩效评价报告随同年度预决算草案同步向市人大报告，市财政局将绩效评价结果向预算部门通报的同时，报送市委、市人大、市政府。转移支付类项目绩效评价结果和县级政府财政运行综合绩效评价结果报送省级财政部门。绩效评价结果按照政府信息公开的有关规定，在一定范围内逐步公开，绩效评价报告纳入依法申请公开文件目录。例如，遇预算部门在预算绩效管理工作中敷衍塞责，甚至拒不配合、弄

虚作假的，市财政局将形成专题向市委、市政府、市人大报告，并按照政府信息公开的有关规定在全市范围进行通报，必要时直接消减或取消该预算部门下年度相关预算。对于选取部门评价和财政评价结果较差，以及财政抽查复核发现问题较多的政策和项目，市财政局将及时向市纪委监委和市审计局通报相关情况。

三是联动应用。绩效改革之前，事后绩效评价结果应用滞后或者得不到应用，是困扰市财政局绩效管理的一大难题。市财政局根据实际工作情况，集思广益，推行联动应用方法，将绩效结果应用于全过程预算绩效管理的各个环节，变事后评价为全过程跟踪问效。首先，市财政局对预算绩效管理过程中存在问题的政策和项目进行重点跟踪。在预算绩效管理各环节上，当出现事前绩效评估结果为"中"，及绩效目标审核结果为"中"或80分（含）以下的政策和项目；在绩效运行监控环节，出现措施整改、预算调整等情况的政策和项目；部门评价和财政评价结果为"中"（含）以下的，以及财政抽查复核发现问题较多的经常性项目或一次性跨年度政策和项目，都将作为市财政局评价的优先考虑对象。其次，在事前绩效评估阶段，评估结果较差的政策和项目占比超过50%（含）的部门（单位），将扩大对该部门（单位）的政策和项目财政绩效评价范围，或由市财政局对该部门（单位）开展部门整体绩效评价。在财政评价中，评价结果较差的政策和项目占比超过50%（含）的该部门（单位），那么在事前绩效评估环节就要扩大对该部门（单位）的政策和项目财政评估范围，或由市财政局对该部门（单位）开展部门整体项目事前绩效评估。

四是挂钩预算和政策调整。在事前绩效评估环节上，评估主体为市财政局，评估结果与当年度预算安排挂钩，其中绩效评级为"差"的项目，不进入预算审核环节。在绩效目标审核环节上，市财政局要求与当年度预算安排挂钩，其中审核结果为"良"或"中"，评分在60分（含）到90分的，由预算部门（单位）完善绩效目标，才能进入下一步预算安排；审核结果为"差"或60分以下的，不得进入下一步预算安排流程。在绩效运行监控环节上，市财政局规定了预算绩效运行监控情况作为资金拨付、预算调整、资金分配的重要依据。在绩效评价结果应用环节上，财政局从四个方面规定了政策和项目的绩效评价结果直接影响预算部门（单位）后续预算安排，促使预算部门（单位）优化相关项目和政策。在部门整体绩效评价方面，市财政局将评价结果与部门专项公用经费挂钩，促使部门提升本部门预算管理水平。

五是绩效问责。部门（单位）的主要领导应对预算财政资金的绩效结果负责。绩效问责就是从机制上切实做到花钱必问效、无效必问责，不能花钱不问效、无效不问责，倒逼各单位部门绩效管理责任约束机制的建立。对预算管理考核结果排名靠后的预算部门或同一项目或政策连续两年绩效评价结果为"差"的，市财政局将启动约谈机制，根据实际情况对相关负责人进行工作约谈；同时加强绩效跟踪和再评价工作，督促整改落实。绩效结果应用中发现的违纪违法问题线索，及时移交纪检监察等相关部门。同时，预算绩效结果也纳入政府绩效和干部政绩考核体系，作为领导干部选拔任用、公务员考核的重要参考。

2020年市财政局对一个农业类专项资金和一个会展类专项资金进行绩效评价，其评价得分很低。市财政局提出相应整改意见，并且2021年不予安排相关项目资金。另外，某个信息化项目也是同样情况，根据管理办法规定，市财政局将此项目与下年度预算安排严格挂钩，不予安排预算。预算绩效结果应用管理办法的出台，开启了廊坊市预算绩效全周期跟踪问效模式，促进部门整体、政策或项目的绩效管理由"事后"向"全周期"拓展，解决"评完怎么用"的问题，完善廊坊市预算绩效管理的范围。

6. 探索全成本绩效管理，提升财政职能作用

当前，我国经济已由高速增长阶段转向高质量发展阶段，正处在转变发展方式、优化经济结构、转换增长动力的攻关期，这就要求地方政府要不断创新发展方式，发挥好财政职能作用，解决绩效管理中存在的突出问题，推动财政资金聚力增效，提高公共服务供给质量，增强政府公信力和执行力。开展全面实施预算绩效改革以来，廊坊市财政局按照"深耕北京、博采众长，对标'三全'、务求实效"的思路，不断创新发展机制，摸索推进全成本预算绩效管理，发挥绩效标准在预算管理的关键作用。

全成本预算绩效管理是公共管理中借鉴市场经济的基本理念和方法，基于成本效益分析，突出目标治理导向的新型预算资金分配与管理的模式，有助于准确、全面核算政府提供公共产品和服务所需成本和预期效益，促进各部门节约成本，提高预算决策的科学性、合理性，提升资金使用效益。

第一，有助于完善财政支出预算管理模式。传统预算管理中，预算支出侧重反映部门工作量而忽视完成工作成本，缺乏政府内在约束机制，不仅难以实现政府职能转变，还造成政府支出盲目扩张；而基于成本效益分析的全成本预算绩效管理，更加重视将成本费用分析法运用于政府部门的计划决策之中，以寻求在投资决策上如何以最小的成本获得最大的收益，从源头出发，进一步强调成本控制和政府内控机制，从而减少了预算支出决策的随意性和失误，进而优化财政资源配置效果，提高财政资金使用效益。近年来，一些地区财政收支矛盾加剧，财政支出基数固化、支出结构不合理问题的进一步凸显，迫切要求政府"花好每一分纳税人的钱"，廊坊市财政局推进全成本预算绩效管理就是为了更有效地配置廊坊财政资源，切实提高财政资金产出效率。

第二，提高了财政资金的使用效益。预算绩效管理改革，将对预算细节效益的追求贯穿到预算管理全过程。绩效目标的管理和项目支出的事前评估模式，使预算部门和相应的项目支出既要根据部门规划对预算资金取得的总体目标进行描述，又要以细化、量化、可实现的绩效指标为支撑，将部门预算与部门发展规划和年度工作计划有机结合，最大限度地将有限资源配置到效益最佳的部门并发挥最大效益，预算编制的合理性得到提高；绩效运行监控，在督促预算部门按照既定的实施计划开展工作，提高了预算执行进度外，还通过对预期目标实现程度的跟踪监控，促进了预算部门合理高效使用财政资金，减少了财政资金支出的随意性和盲目性；绩效评价实施，对预算资金实际绩效做出客观、公正的判断，将绩效成果明确地呈现在政府部门和社会公众面前，进一步提升了部门的责任意识。绩效评价结果的应用，不仅将绩效评价发现的各种问题得以解决，提高了预算管理水平，而且通过和以后年度预算编制的结合，通过向政府报告绩效结果等，既提高了预算决策的科学性，也为政府财政政策调整提供了参考，进一步整合了财政资源，优化了财政支出结构。

2020年廊坊市园林局申报的绿化养护项目就是一个典型案例。市财政局针对该项目预算绩效存在的问题，运用全成本预算绩效管理思路，不仅解决申报存在的种种难题，还确定了廊坊市绿化养护工作标准，在节省财政资金支出的基础上，保质保量完成绿化养护工作，真正做到将百姓的钱花得透明、高效。

以前，廊坊市的绿化养护工作目标不明、标准不清，造成树木灌丛应该浇多少水、施多少肥、剪多少枝，冬季如何防寒、夏季如何除虫等没有可供参考和遵照执行的行业标准，不仅导致园林部门的工作不规范，也造成预算项目申报审核时缺乏标准，资金测算不科学、不合理，影响财政资金使用效益。为此，廊坊市财政局运用全成本绩效预算方式，通过资料收集、现场调研、相关座谈等方式了解绿化养护业务，并组织熟悉园林局财务核算的财政专家、经常进行成本核算分析和定额分析的业务专家，以及多年从事园林绿化工作的行业专家等，共同进行研究探讨，制定出符合廊坊地质环境的绿化养护质量标准，该质量标准针对廊坊不同城区、不同的绿化植物在不同的季节时限里，指导绿化养护工作科学开展、精细实施；同时，还制定绿化养护项目经费定额标准，明确各类绿化区域养护费用组成，实现预算申报、审核、安排的科学精准；并且帮助园林绿化部门制定出绿化养护预算项目申报标准，最终实现部门职能项目化、项目绩效目标化、绩效目标数据化，进一步规范预算申报、提升资金绩效。

两年来借助全成本绩效预算管理思路，廊坊市实施预算绩效管理项目资金的使用效益比以往得到较大提高，也带动了预算资金整体效益的提高，并在一定程度上缓解了较为严峻的财政收支矛盾。

四、广招机构，引力借脑，确保高质高效

为了更好地推进全面实施绩效管理改革，财政部于2018年7月30日发布了《关于推进政府购买服务第三方绩效评价工作的指导意见》。文件指出，应

积极引入第三方机构开展绩效评价工作。之后部分省市于2018~2019年通过试点完善政府购买服务绩效评价指标体系，探索创新评价形式、评价方法、评价路径，稳步推广第三方绩效评价。当前，我国政府预算绩效评价工作由内部评价和外部评价两部分组成。其中，第三方预算绩效评价是一种典型的外部评价模式，也是我国政府预算绩效管理工作中不可或缺的一环。第三方参与预算绩效管理工作，是典型的外部制衡机制，具有独立、专业、客观、权威的特点，能够真实地反映预算的执行效果。

随着全面实施绩效管理改革的深入发展，第三方参与预算绩效管理工作的范围不断增加，作用不断提升，由当初的预算绩效评价延伸到事前评估、绩效目标管理、运行监控和中期评估等预算绩效管理链条的其他环节，对政府预算绩效工作做出有益补充，也有助于全面预算绩效管理的开展，推动政府职能转变，深化行政改革，促进透明、高效、服务型政府的建设，提升了政府公信力。

其中，第三方的独立性是第三方参与预算绩效管理工作的基础和灵魂，是保证预算绩效工作质量的关键。通过保证第三方评审主体和评审行为的独立性，使评审活动避免受到评价环境、委托人、评价者、被评价者和公众等利益相关者的干扰，确保评价结果的可信度、专业性和可靠性。

在学习考察南方四市和北京大兴区的先进经验之后，廊坊市财政局为了充分发挥相关领域专家和中介机构在预算绩效管理工作中的作用，将预算绩效评价专家库和中介机构库的建设，作为推进本市预算绩效管理的一项重要工作，从加强制度建设、严格准入门槛、规范选用管理等方面，积极探索和引入第三方力量参与预算绩效相关工作，努力增强预算绩效相关工作的客观性和公正性，促进预算绩效管理科学化和专业化水平的提高。

（一）建立健全制度文件，提升规范化管理水平

2019年4月，廊坊市财政局制定了《全面实施预算绩效管理推进工作方案》，明确要求当年出台关于第三方参与预算绩效管理的制度办法，并建立预算绩效管理专家学者智库和第三方服务机构库。同年7月，市财政局出台

了《廊坊市第三方参与预算绩效管理工作办法（试行）》。该管理办法解释了"第三方"特指参与廊坊市预算绩效管理工作的中介机构和专家，明确规定财政部门、预算部门和项目主管部门组织开展预算绩效工作时，可根据需要聘请经财政部门资质审查确认的专家、中介机构等第三方参与。该管理办法对第三方参与廊坊市预算绩效管理工作的范围做了明确说明，包括对财政支出绩效目标和预算安排的事前评估工作、对财政支出绩效目标的编制和审核工作、对财政支出执行进度和绩效目标实现情况的运行监控和中期评估工作、对财政支出运行过程和结果的绩效评价工作以及其他与预算绩效管理相关的工作。另外，管理方法在第三方准入条件、权利义务、过程管理、支付报酬方式以及退出机制等方面做出具体规定。进入2020年，市财政局根据一年以来第三方参与廊坊市预算绩效管理工作中出现的一些问题，补充修改管理办法，于2020年10月出台《廊坊市市级第三方参与预算绩效管理工作办法》。新的管理办法扩充了第三方参与预算绩效管理工作的范围，增补了"部门整体绩效管理相关工作"，同时在管理制度中新增对第三方监督管理的内容。新管理办法的出台，既增加了第三方参与预算绩效的参评范围，有助于提高预算绩效管理工作质量，提升社会各界对绩效管理结果的认可度和公信力，同时也在政府的监管基础上，加强第三方的独立性和客观性，保障第三方的工作质量，有助于第三方业务能力的提升。

（二）积极吸纳各界学者，助力预算绩效管理工作

第一，通过公开招标方式择优选择中介机构。2019年在项目年度预算申报过程中，市财政局经过统计，确定有180多个市级预算单位，近3000个项目需要申报。为此市财政局经过测算评审任务量，确定需要30家中介机构来满足最大工作负荷。市财政局根据试行办法的具体要求，通过政府采购平台公开进行招标，最终评选出30家机构进入中介库。入库机构来源地分布如图2-1所示。

随后，廊坊市财政局对入库的第三方机构开展一系列的培训工作。培训工作由市财政局预算绩效科主持，内容涵盖廊坊市预算绩效管理工作的开展情况和解读已经出台的预算绩效管理文件。

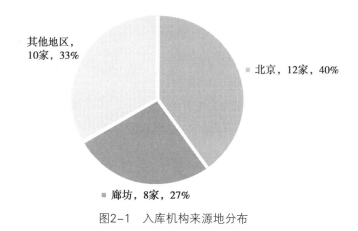

其他地区，10家，33%

北京，12家，40%

廊坊，8家，27%

图2-1　入库机构来源地分布

第二，多渠道吸引专家学者组建了预算绩效专家库。截止到2020年底，市财政局通过邀请、推荐、征集等方式，先后两批选取268名熟悉财政预算管理、具有较高政策水平和丰富经验的高校教师、行政事业和国有企业高端人才和社会机构专家学者，充实完善专家库。

（三）严格规范日常管理，建立动态跟踪机制

第一，市财政局要求入库中介机构应严格遵守廉政纪律的要求，签订并履行中介机构开展预算绩效评审业务的廉洁自律承诺书，不得提出与评审无关的要求，不得借评审之机承揽业务，确保预算绩效管理工作质量的客观性、公正性、合理性。

第二，组织中介机构填报入库申请表，掌握中介机构基本情况，专业技术人员构成以及相关工作的业绩情况，理清入库机构参与预算绩效管理的工作领域和工作环节，形成了中介机构数据库，并根据后续的具体工作开展和成果验收情况，动态更新数据信息，实现中介机构库的动态、科学、高效管理。

第三，根据预算绩效管理工作中的事前绩效评估、绩效目标辅导、绩效运行监控、绩效评价和指标体系建设等环节的工作要求，结合中介机构自身的专业资源和相关工作经验，市财政局安排具体工作任务，最大程度地发挥

中介机构的专业优势，确保预算绩效管理工作高质量完成。

第四，第三方机构工作结束后，市财政局评估该机构工作成果，并根据评估结果安排实际服务费用。另外，廊坊市财政局每年对第三方工作进行全程跟踪、动态考评，对考评优秀的第三方中介机构和专家学者通报表彰，对考核不合格的第三方进行黄牌警告。同时，在后续工作任务委托中，将优先考虑评定为"优秀"的第三方中介；而对于评定"优秀"的专家学者，市财政局建议第三方中介机构优先聘用，并对工作任务中聘用优秀专家的第三方中介机构在相应考核内容中加分。

五、大胆探索，稳步铺开，推进县级改革

党的十九大报告指出，要建立全面规范透明、标准科学、约束有力的预算制度，全面实施绩效管理。中共中央、国务院联合下发的《关于全面实施预算绩效管理的意见》，要求各级财政力争用3~5年时间基本建成全方位、全过程、全覆盖的预算绩效管理体系。无论是方针、政策还是具体的实施意见、方案，全面建立预算绩效管理势在必行。预算绩效管理的改革，上至中央部委，下到市级部门（单位），都做过积极探讨并取得了一定的成绩。随着京津冀协同发展深入推进，廊坊各县（市、区）抢抓发展新机遇，科学谋划新思路，依托独特的区位，在对接京津、服务京津中调整角色、找准自身定位加快自身发展。因此，各县（市、区）在公共服务、教育医疗、城市基础设施建设等领域的投入逐年增加，这就需要财政发挥更大的积极作用。然而，各县（市、区）存在财政资金投入粗放、产出不达标、监督评价不到位等一系列问题，均在一定程度上造成了县级财政资源的浪费，降低了财政资金的使用效率。为了使财政资源得到优化配置，市县配合，以上带下、上下联动，全力推动县级层面加快建成"全方位、全过程、全覆盖"的预算绩效管理体系，有着重要意义。

成为试点城市以来，廊坊市在推进县级层面预算绩效改革上，创新思路，打造县级样板工程，全力推进县级层面绩效改革，预算绩效管理工作取

得了较为明显的成效。

（一）综合篇：大胆探索，开拓预算绩效新思路

2019年以来，廊坊市各县（市、区）围绕预算绩效管理目标任务，不断完善制度机制，积极开展预算绩效管理工作，加快推进预算绩效管理体系建设。

第一，组织保障方面。各县（市、区）均已成立预算绩效管理工作委员会及办公室等专门机构，统筹安排预算绩效管理工作。其中，大厂回族自治县成立了由县长任组长的领导小组，为推进预算绩效管理工作强化组织保障。

第二，制度建设方面。各县（市、区）根据中央、省、市决策部署，出台了系列制度办法，涉及预算绩效管理工作方案、目标管理办法、部门整体评价办法、事前评估办法、运行监控管理办法等文件，制度建设毫不松懈。

第三，事前绩效评估方面。各县（市、区）扩大事前绩效评估范围，在预算申报源头上严格把控。目前，所有新增政策和项目均要开展事前绩效自评估，在自评估基础上，各县（市、区）根据各自实际情况进行重点事前绩效评估工作。例如，大厂回族自治县委托中介机构成立审核工作组，开展涉及106家预算单位和1888个项目的事前绩效预评估工作，其中事前评估合格的项目有1341个，通过率为71%，事前评估项目总金额444738.71万元，审减金额234932.77万元，审减率52.82%。

第四，绩效目标管理方面。各县（市、区）已将所有项目资金实施了绩效目标管理，同时单独编制部门预算绩效文本。例如，安次区要求辖区内各预算单位在申报2021年项目预算时，所有预算项目都要报送绩效目标指标情况表，并要求各绩效目标指标不低于5个，并组织相关机构、专家和人大代表对以上所有预算项目进行绩效目标审核，最后将预算绩效文本等情况呈报安次区人大。

第五，绩效运行监控方面。为加快县级财政执行进度，提高资金使用效益，各县（市、区）加强绩效运行监控的工作力度。从全面监控和重点监控方面，各县（市、区）根据各自区域实际情况，出台相应政策和措施。其

中，2020年永清县进行绩效运行监控过程中，发现有82个项目存在项目执行进度慢或年初不能全部支出的项目、项目预期目标完成难度大等问题，对上述项目进行了预算调减，共调减资金16709.25万元。文安县2020年选取了16个项目（含全部扶贫项目）进行重点项目绩效运行监控，涉及资金16881万元。

第六，绩效评价方面。目前，各县（市、区）在绩效评价工作上扎实，对照年初设定的绩效目标，能够及时开展政策和项目资金支出的经济性、效率性、效益性以及绩效目标的实现程度的自评工作，并根据各自县域实际情况，组织开展自评复核抽查及重点评价。例如，三河市在2020年6月已将2019年度各部门预算项目绩效自评工作全部完成，涉及自评项目累计2362个，金额526388万元，并委托第三方机构对三河市水务局、民政局、卫生健康局等部门的43个项目开展重点绩效评价工作，涉及资金96664.16万元。

第七，信息公开方面。目前，各县（市、区）将所有绩效目标、项目自评及重点项目评价结果向社会公开，接受社会的监督。例如，安次区2020年7月，就已将扶贫项目重点评价情况在政府门户网站进行了公开。霸州市通过"预决算公开专栏"这个信息窗口将预算绩效信息向社会公众公开。

（二）霸州篇：奋楫争先，构建全面绩效新体系

作为河北省预算绩效管理改革试点县，霸州市对照加快构建全方位、全覆盖、全过程预算绩效管理体系总体目标，初步实现了预算编制有目标、预算执行有监控、预算完成有评价、评价结果有应用、结果应用有问责的绩效管理闭环，全面推动财政资金聚力增效，构建了政府组织领导、财政部门牵头、各部门分工负责的预算绩效工作格局。

1.组织引领，增强绩效管理执行力

霸州市按照"统一领导、分级负责"的原则，构建了政府组织领导，财政部门牵头，各部门分工负责的预算绩效工作格局。首先，在全市层面成立了由市长任组长，相关部门主要负责同志为成员的预算绩效改革领导小组，统一组织领导全面落实预算绩效管理工作，强化了组织保障。其次，抽调8名业务骨干在财政内部组建工作专班，专项办公、集中攻坚，构建预算绩效事

前、事中、事后全过程"闭环"管理模式。同时，要求各预算部门成立由部门主要负责人任组长的预算绩效领导小组，实现部门财务与具体业务股室之间的协调联动。另外，各预算部门确定2名联络员，保持与财政部门的沟通。通过"政府—财政—部门（乡镇）"三级管理机构，霸州市将全面预算绩效管理推进到资金使用"最后一公里"。

2. 制度先行，打造绩效管理新体系

霸州市注重制度先行，首先从预算绩效管理范围、方法等方面制定具有概括性、综合性制度，如《霸州市全面实施预算绩效管理的实施意见》，经过市委常委会、市深化改革委员会批准，以市委、市政府名义联合印发，作为霸州市一定时期内的预算绩效工作总纲领。其次根据工作程序和流程制定如《霸州市全面实施预算绩效管理推进工作方案》《霸州市事前绩效评估管理暂行办法》《霸州市绩效目标管理暂行办法》《霸州市部门预算绩效管理办法》《霸州市预算绩效管理工作考核暂行办法》《霸州市部门整体绩效评价管理办法（试行）》《霸州市部门预算绩效运行监控管理暂行办法》《霸州市部门预算项目绩效自评办法》等程序性文件和具体办法，预算绩效管理制度体系在霸州市已基本建成。

3. 多点发力，完善绩效管理各环节

随着预算绩效管理实践的推进，霸州市的绩效理念日益普及，全方位、全过程、全覆盖的预算绩效管理体系逐步形成。

第一，在事前绩效评估方面。通过与北京大兴区财政部门的交流学习，霸州市强化事前绩效评估，将其打造成预算绩效改革的重点、亮点工作。霸州财政局根据县级实际情况，修订了《霸州市事前评估管理暂行办法》，进一步明确了事前绩效评估的内容、方式方法及工作流程。从编制2020年度预算开始，霸州市就已全面推行预算绩效事前评估制度。2020年，霸州市累计评估预算项目733个，涉及预算资金22亿元，其中60分以下"不及格"项目237个，审减不合理资金申请6.28亿元，审减率28.6%。

第二，绩效目标管理方面。首先，霸州市财政局十分重视预算部门绩效目标编制工作，委托第三方机构开展项目预算绩效目标指标"一对一"辅导审核工作，累计辅导审核55个部门单位的1186个项目中的2987条绩效目标以及6989条绩效指标，切实提高了项目预算绩效目标指标编制质量，强化了预算单位对项目绩效目标指标的认识，也对绩效自评做好了准备；其次，霸州市财政局推动部门整体绩效目标的构建工作。2019年霸州市财政局委托第三方机构对市财政局、市住房和城乡建设局、市市场监督管理局、市民政局等15个重点预算部门的部门整体绩效目标进行辅导编制。到2020年，霸州市实现了部门整体绩效目标编制全部门覆盖，为部门整体评价打好基础。

第三，绩效运行监控方面。一方面，加强了全面监控及结果应用。2020年霸州市对部门2020年预算全面梳理，对不具备实施条件，项目进展缓慢以及预计难以实现预期绩效目标的项目进行压减，共收回指标1.38亿元，全部调剂用于疫情防控、三保支出等重点支出领域。另一方面，重视重点监控及结果应用。霸州市选取了市教体局、市公安局、市民政局、市卫健局、市文广旅局等12个部门中的九年一贯制学校配套设施及教育教学仪器资金、交通管理协勤经费、高龄补贴资金、原"赤脚医生"养老补助资金、旅游发展专项资金等12个重点项目进行了绩效运行监控，涉及资金0.34亿元。

第四，绩效评价方面。一方面，从2020年初开始，霸州市要求对2019年度所有预算项目开展绩效自评工作。另一方面，按照霸州市2020年财政重点评价计划，财政局共选取12个重点部门和98个对经济社会发展有较大影响的项目开展了财政重点评价工作，既涉及一般公共预算资金，又涉及政府性基金预算资金。

第五，预算结果应用方面。霸州市建立"双挂钩"模式，强化预算绩效评价结果应用。一方面，绩效评价结果与预算安排挂钩，对评价结果好的项目优先保障，对低效、无效项目一律削减或取消。另一方面，绩效评价结果与部门行政绩效及干部考核挂钩。成为预算绩效改革试点之后，霸州市出台了《2019年度乡科级领导班子和领导干部绩效管理考评工作方案》，将"部门预算绩效管理"纳入2019年度市直单位绩效管理考核指标体系，分值为8分，由市财政部门提供考核分数。

第六，绩效信息公开方面。霸州市在政府信息网站开设"霸州市财政预决算公开专栏",向社会公开绩效信息。从2020年开始,霸州市就通过"预决算公开专栏"向社会公众公开所有预算部门整体绩效目标和所有预算项目绩效目标,以及所有预算部门绩效自评情况。

4. 强化培训,筑牢绩效管理新理念

霸州市积极组织专题培训和讲座,学习先进理念,并加强与先进地区的交流合作。霸州市财政局赴北京大兴区财政局调研学习市、区两级预算绩效事前评估、事中监控、事后评价等工作理念与成功经验,与大兴区建立友好合作关系。同时,霸州市财政局选派局内业务骨干赴上海参加上海市公共绩效评价协会组织的预算绩效青年学者训练营,4人成功考取《绩效评价师(初级)》证书,充实了专业力量。另外,霸州市财政局邀请浙江大学和中央财经大学知名教授开展讲座,讲解全面实施预算绩效管理政策与实践内容。不仅如此,霸州市财政局委托专业第三方机构,在北京大兴组织了两期"封闭式"实操培训班,通过"以训带练"方式,让各预算部门全面了解预算绩效实施过程和应用。2019年以来,霸州市已组织近10期预算绩效培训,累计培训1500余人/次,通过对各部门财务负责人、具体业务人员进行多期、反复的培训,帮助预算部门树立牢固的预算绩效理念。

六、高度重视,整合梳理,优化指标体系

预算绩效指标体系建设是廊坊市财政局加强预算绩效管理的一大特色,目前已取得一定成果。2018年《中共中央　国务院关于全面实施预算绩效管理的意见》出台以来,根据《中共廊坊市委廊坊市人民政府关于全面实施预算绩效管理的实施意见》(廊发〔2019〕23号)相关规定,按照廊坊市2020年预算绩效管理工作方案(廊财预〔2020〕14号)及试点部门整体绩效管理工作方案(廊财绩〔2020〕3号),廊坊市财政局组织对市市场监督管理局、市卫生健康委员会、市生态环境局、市农业农村局试点开展了分行业分领域绩效指标体系构建,在对近年绩效指标管理实践做法进行归纳总结的基础上,梳理近三年预算项目绩效信息,并在政府收支功能分类的基础上,积极

探索创新，通过广泛收集、归类整理、分类提炼形成了目前一般公共服务、卫生健康、节能环保、农林水4个行业领域中12个行业类别的绩效指标和标准体系以及15类共性项目绩效指标体系，为全面实施预算绩效管理发挥"塔基式"的支撑作用。

（一）高度重视，积极推动行业部门参与构建

围绕绩效评价的核心要求，设计、优化和凝练出相互支撑的预算绩效指标体系，这既是预算管理技术改进的要求，也是提升预算资源配置效率与使用效果的必由之路。2018年9月颁布的《中共中央　国务院关于全面实施预算绩效管理的意见》，明确提出"健全预算绩效标准体系"的改革要求，要求"各级财政部门要建立健全定量和定性相结合的共性绩效指标框架，各行业主管部门要加快构建分行业、分领域、分层次的核心绩效指标和标准体系"，并增设绩效指标共享机制。按照财政部相关标准，预算绩效指标体系包括共性绩效指标体系、分行业分领域绩效指标和标准体系两部分。

在预算绩效改革之初，廊坊市就高度重视共性绩效指标体系的建设工作。结合上级指标体系出台情况，市财政局建立健全定量和定性相结合的共性绩效指标框架，研究制定绩效目标指标模板，为预算部门提供指导参考。经过近年来的不断努力，市财政局预算绩效共性指标体系逐步完善，整体呈现出指标覆盖范围逐步扩展、指标体系级次逐步清晰等特征，在具体引导绩效管理方面发挥了重大作用。

在构建预算绩效评价共性指标框架的同时，廊坊市深刻意识到分行业分领域绩效指标体系的构建同样十分重要和紧迫。就未来发展而言，基于各部门的不同职责以及项目多样性的特征，尽快完善分行业分领域的核心绩效指标和标准体系是今后廊坊市全面实施预算绩效管理中急需突破的重要命题。

一方面，核心绩效指标是建立全方位、全过程、全覆盖的预算管理体系的一个重要因素。廊坊市财政局明确了核心绩效指标含义，是指结合部门职责（三定方案）、年度重点工作任务或工作计划、部门或行业规划，中央、省、市重大决策部署及政策文件等各方面因素，确定的部门重点工作任务及

重点项目涉及的相关绩效指标。根据全面实施预算绩效管理工作的要求，按照科学的规则体系，建立健全本部门（单位）的以核心绩效指标为中心的绩效指标体系是目前预算绩效管理的应有之义。

另一方面，构建分行业、分领域、分层次的核心绩效指标和标准体系是中央、省、市关于全面实施预算绩效管理的意见中对廊坊市行业主管部门明确提出的工作要求。构建起绩效指标丰富、评价标准体系完善的预算绩效指标库，既是廊坊市全面实施预算绩效管理的工作基础，也是该市各行业主管部门的重大使命和政治任务，对实现标准科学、程序规范、方法合理、结果可信、公开透明的预算绩效管理具有重要推动作用。

近年来，在分行业、分领域、分层次的核心绩效指标和标准体系建设的过程中，廊坊市努力推动市直各部门积极参与指标体系构建，促使市直各部门提高思想认识，充分发挥在各自行业领域绩效指标体系构建的主观能动性和工作积极性，在推动各自行业领域绩效指标体系构建工作中取得了丰硕的成果。

（二）整合梳理，优化构建预算绩效指标体系

在探索分行业指标体系的构建方面，廊坊市通过组织对市市场监督管理局、市卫生健康委员会、市生态环境局、市农业农村局开展试点工作，取得了显著的成果，积累了丰富的经验，制定了一套完善的预算绩效指标体系构建模式，试点部门参照该模式，在遵循"部门职责—工作活动—预算项目"的工作逻辑基础上，按照指定的填报模板及填报说明，全面梳理近三年部门（含下属单位）所有预算项目及部门整体绩效信息，以当年政府支出功能分类为框架，确定各部门行业领域及行业类别，结合各自项目支出方向设置相应的绩效指标、绩效标准、适用层级及类型等信息，并且对是否为核心绩效指标进行标记。四个试点部门初步形成本部门分行业分领域绩效指标库后再上报市财政局部门预算主管科室，主管科室汇总后统一报送至局预算绩效科。另外，四个试点部门指标库构建的及时性、内容完整性、认真程度等工作情况会纳入当年市直部门年度预算绩效管理工作考核，同时也会作为市委

组织部对市直部门领导班子年度考核的重要参考依据。

在共性指标框架方面，市财政局先后制定了《部门整体绩效评价共性指标体系框架》《政策绩效评价共性指标体系框架》《项目绩效评价共性指标体系框架》，并结合"高质量发展统计指标体系"设计了《廊坊市部门整体绩效产出和效果指标体系（参考）》；结合经常性项目和延续性政策梳理，构建了《政策性专项项目指标体系》和《政策性专项项目定额标准体系》。

截至2021年3月，廊坊市财政局已完成包含15类、216个指标的《共性项目绩效指标体系》，以及涵盖一般公共服务、卫生健康、节能环保、农林水四个行业领域的12个行业类别、800个指标的《分行业分领域绩效指标和标准体系》构建。文后节选部分分行业分领域绩效指标和标准体系指标表，具体如表2-2、表2-3、表2-4和表2-5所示。

2021年在四个试点部门取得成效的基础上，廊坊市财政局继续深化预算绩效改革，将预算绩效指标体系构建工作推广到全部市直部门，计划于2021年10月初步形成各部门分行业分领域绩效指标库。市财政部门审核通过后，也将会把各部门的绩效指标库纳入当年部门年度预算绩效管理工作考核中来。

与此同时，在定额标准体系方面，廊坊市财政局对市本级148个预算单位近三年历史数据进行收集分析，并充分借鉴其他地方相关做法及标准，对办公费等7类运转类公用经费科目进行了修订，重新出台定额标准；并对廊坊市110家物业公司开展走访，对44个行政事业单位物业合同进行梳理，同时参照中央及部分地方经验，探索研究出一套行政事业单位物业服务标准。

此外，市财政局还结合历年预算编制工作，借助绩效手段，研究制定了企业补助、政府购买服务、政府采购、工作专班运行、规划编制等11类项目支出预算申报规范，整体提升预算管理水平。

表2-2　共性项目绩效指标体系——会议培训类

指标编码	项目类型	绩效指标					指标解释
		一级指标	二级指标	三级指标			
				内容	性质	单位	
10101		产出指标	数量指标	组织培训次数（会议次数）	＞	次	反映组织培训次数（会议次数）情况
10102		产出指标	数量指标	内部培训次数	＞	次	反映内部培训次数情况
10103		产出指标	数量指标	培训参加人数	＞	人	反映参加培训的人数
10104		产出指标	数量指标	培训（会议）参加人数	＞	人	反映参加培训（会议）的人数情况
10105		产出指标	数量指标	培训（会议）天数	＞	天	反映培训（会议）持续的天数情况
10106		产出指标	数量指标	培训课程数量	＞	个	反映课程培训数量
10107	会议培训类	产出指标	数量指标	教学模式创新数量	＞	门	反映培训实施教学模式创新的数量
10108		产出指标	质量指标	培训（参会）人员出勤率	＞	%	反映培训出勤人数占培训（参会）总人数的比例
10109		产出指标	质量指标	培训人员合格率	＞	%	反映培训人员学习质量情况
10110		产出指标	时效指标	培训（会议）开展及时性	及时		反应培训（会议）开展时间情况
10111		产出指标	时效指标	培训计划按期完成率	＞	%	反映培训计划按期完成情况
10112		产出指标	时效指标	培训（会议）完成时间	月前		反映完成培训（会议）工作的时间节点
10113		产出指标	成本指标	人均培训（会议）成本	＞	元/人天	反应培训（会议）单位人员成本情况

续表

指标编码	项目类型	绩效指标					
		一级指标	二级指标	三级指标			指标解释
				内容	性质	单位	
10114	会议培训类	效益指标	社会效益指标	参加培训（会议）人员业务提升情况	有效提升		反映参加培训（会议）人员业务提升情况
10115		效益指标	社会效益指标	社会影响力	提升		反映社会影响力方面的变化情况
10116		满意度指标	服务对象满意度指标	培训（参会）人员满意度	＞		反应参加培训（会议）人员满意度情况

表2-3　共性项目绩效指标体系——政策研究类

指标编码	项目类型	绩效指标					
		一级指标	二级指标	三级指标			指标解释
				内容	性质	单位	
10201	政策研究类	产出指标	数量指标	完成调研报告数量	＞	篇	反映报告数量完成情况
10202		产出指标	数量指标	完成课题报告数量	＞	篇	反映上报课题报告数量
10203		产出指标	数量指标	完成专刊数量	＞	篇	反映专刊完成数量
10204		产出指标	数量指标	完成专著数量	＞	本	反映专著数量完成情况

续表

指标编码	项目类型	绩效指标					指标解释
		一级指标	二级指标	三级指标			
				内容	性质	单位	
10205		产出指标	数量指标	编发信息刊物数量	>	期	当年编发信息刊物的数量
10206		产出指标	数量指标	上报建议、意见完成数量	>	个	反映上报建议、意见完成情况
10207		产出指标	质量指标	研究成果评审合格率	>	%	反映研究成果评审合格情况
10208		产出指标	质量指标	领导批示圈阅次数	>	次	反映领导圈阅批示情况
10209		产出指标	数量指标	国内外核心期刊发表论文数	>	篇	反映在国内外核心期刊上发表的论文数量
10210	政策研究类	产出指标	时效指标	研究成果按时结题率	>	%	反映研究成果按时结题情况
10211		产出指标	成本指标	调研报告费用成本	<	万元或按相关支出标准规定执行	反映完成调研报告同费用等支出
10212		效益指标	社会效益指标	研究成果获奖数量	>	个	反映研究成果获奖情况
10213		效益指标	社会效益指标	研究成果刊发、媒体报道次数	>	次	反映成果刊发、媒体报道情况
10214		效益指标	可持续影响指标	研究报告成果利用率或转化率	>	%	反映研究报告成果对实际工作的促进作用
10215		效益指标	可持续影响指标	国内外核心期刊发表论文平均被引用次数	>	次	反映项目国内外核心期刊发表论文平均被引用次数

续表

指标编码	项目类型	绩效指标						指标解释
		一级指标	二级指标	三级指标				
				内容	性质	单位		
10216	政策研究类	效益指标	可持续影响指标	意见建议被采纳次数	>	次		反映意见建议被采纳情况
10217	政策研究类	效益指标	可持续影响指标	研究成果被引用次数	>	次		反映成果被引用情况

表2-4 分行业分领域绩效指标和标准体系——一般公共服务（市场监督管理事务）

指标编码	行业类别	资金用途	绩效指标					指标解释	绩效标准					关键词
			一级指标	二级指标	三级指标				计划标准	历史标准	行业标准	国际标准	其他标准	
					内容	性质	单位							
201380401	市场监督管理事务	市场主体监督管理	产出指标	数量指标	抽查企业户数	>	户	定向抽查市场主体年报公示信息和经营行为户数	100（2021年）					市场主体信用监管
201380402	市场监督管理事务	市场主体监督管理	产出指标	数量指标	全市跨部门双随机抽查户数	>	户	跨部门双随机抽查数量	30（2021年）					市场主体信用监管

续表

指标编码	行业类别	资金用途	绩效指标					指标解释	绩效标准					关键词
			一级指标	二级指标	三级指标				计划标准	历史标准	行业标准	国际标准	其他标准	
					内容	性质	单位							
201380403	市场监督管理事务	市场主体监督管理	产出指标	质量指标	外资企业专项审计覆盖率	＞	%	外资企业专项审计数量占抽查外资企业数量比例	5（2021年）					市场主体信用监管
201380404	市场监督管理事务	市场主体监督管理	产出指标	质量指标	行政处罚信息公示率	＝	%	年报信息公示率达到省定目标,行政处罚信息公示比例	100（2021年）					市场主体信用监管
201380405	市场监督管理事务	市场主体监督管理	产出指标	时效指标	抽检结果及时性	—	—	自抽查检查结束之日起20个工作日内,录入抽查结果	及时（2021年）					市场主体信用监管
201380406	市场监督管理事务	市场主体监督管理	产出指标	成本指标	抽查成本控制	＝	万元	考察抽查成本控制情况	56（2021年）					市场主体信用监管

续表

指标编码	行业类别	资金用途	绩效指标					指标解释	绩效标准					关键词
			一级指标	二级指标	三级指标				计划标准	历史标准	行业标准	国际标准	其他标准	
					内容	性质	单位							
201380407	市场监督管理事务	市场主体监督管理	效益指标	可持续影响指标	提高企业信誉度合格率	—	—	考察提高企业信誉度合格率情况	提高（2021年）					市场主体信用监管
201380408	市场监督管理事务	市场主体监督管理	满意度指标	服务对象满意度指标	市场主体满意度	≥	%	走访市场主体反馈	90（2021年）					市场主体信用监管
201380409	市场监督管理事务	市场主体监督管理	产出指标	数量指标	散煤管控督导检查出动人次	>	人次	散煤管控督导号检查预计出动人次	1200（2021年）					散煤管控

表2-5　分行业分领域绩效指标和标准体系——卫生健康（公立医院）

指标编码	行业类别	资金用途	绩效指标					指标解释	绩效标准					关键词
			一级指标	二级指标	三级指标				计划标准	历史标准	行业标准	国际标准	其他标准	
					内容	性质	单位							
210020101	公立医院	公立医院医疗服务	产出指标	数量指标	中医健康接受服务人数	≥	人	考核健康管理总体情况	预算绩效目标申报数	7690人（2018年）7712人（2019年）				中医健康服务
210020102	公立医院	公立医院医疗服务	产出指标	数量指标	孕妇筛查数	≥	人	考察孕妇筛查数量	8500人（2021年）					孕妇筛查
210020103	公立医院	公立医院医疗服务	产出指标	数量指标	新生儿筛查数	≥	人	考察新生儿筛查数量情况	54000人（2021年）	57550人（2018年）59768人（2019年）				新生儿筛查
210020104	公立医院	公立医院医疗服务	产出指标	数量指标	孕妇口腔保健人数	≥	人	市区内孕妇口腔保健人数	3000人（2021年）	3047人（2018年）3022人（2019年）				口腔保健

续表

指标编码	行业类别	资金用途	绩效指标						绩效标准					关键词
			一级指标	二级指标	三级指标			指标解释	计划标准	历史标准	行业标准	国际标准	其他标准	
					内容	性质	单位							
210020105	公立医院	公立医院医疗服务	产出指标	质量指标	孕妇筛查结果准确率	≥	%	筛查准确的结果/所有筛查总数×100%	95%（2021年）					孕妇筛查
210020106	公立医院	公立医院医疗服务	产出指标	质量指标	适龄儿童口腔检查率	≥	%	适龄儿童口腔检查人数/所有适龄儿童×100%	90%（2021年）	90%（2018年）90.8%（2019年）				口腔检查
210020107	公立医院	公立医院医疗服务	产出指标	时效指标	孕妇筛查及时率	≥	%	孕妇及时筛查人数/筛查人数总人数×100%	90%（2021年）					孕妇筛查
210020108	公立医院	公立医院医疗服务	产出指标	成本指标	孕妇筛查人均成本	≤	元/人	SMA筛查人均成本标准	400元（2021年）					孕妇筛查

续表

指标编码	行业类别	资金用途	绩效指标					绩效标准					关键词
			一级指标	二级指标	三级指标			指标解释	计划标准	历史标准	行业标准	国际标准	其他标准	
					内容	性质	单位							
210020109	公立医院	公立医院医疗服务	效益指标	社会效益	先心病筛查异常率	≤	%	筛查出的异常人数÷实际筛查人数×100%	10%（2021年）	6.2%（2018年）5.76%（2019年）6.80%（2020年）				先心病筛查
210020201	公立医院	对口支援	产出指标	数量指标	对口支援补贴人员数量	≥	人	考察对口支援补贴人员数量情况	26人（2021年）					对口支援
210020202	公立医院	对口支援	产出指标	数量指标	援助医院数量	≥	家	考察年度援助医院数量情况	5家（2021年）					对口支援

科学谋划　狠抓落实　坚决当好全省预算绩效管理"排头兵"

一、深入学习全省预算绩效管理推进会主要精神

3月22日，省财政厅召开全省预算绩效管理推进会，厅领导对全省预算绩效管理进行了全面安排部署。省财政厅的会议明确提出了建立制度体系、完善基础工作等要求，同时特别提出了要抓好示范引领，在全省范围内确定了1个省直部门、1个设区市，以及10个县（市、区）共12个单位，作为全省试点单位，负责探索经验，实现率先突破。廊坊市凭借过去扎实的工作基础，被选为全省唯一试点市。按照省财政厅的要求，不仅廊坊市本级是试点，下辖所有11个县（市、区）也是试点，全部纳入试点范围。总体来看，省财政厅召开推进会议，并制定《河北省财政厅全面实施预算绩效管理推进工作方案》，加上之前省委、省政府印发的实施意见，形成了一个系统、全面的预算绩效推进计划，构建了一个完整的管理体系。在省财政厅召开会议后，市财政局第一时间向市委、市政府提交了会议主要精神及我市贯彻落实意见的报告。市委主要领导对此做出重要批示，指出：省财政厅把我市作为试点，这是省财政厅党组对我市财政工作的重视、信任和支持。请市财政局党组认真落实省厅会议精神，精心安排，制定方案，强化落实，重在顶层设计，重在工作推进，重在求真务实，重在见到成效。当好预算绩效试点，既是上级部门对我市的信任和肯定，又是市委领导对我们的工作重托。我们一定要认真抓好落实，做到高点起步、有序推进，确保取得预算绩效管理的扎实成果。

二、充分认识预算绩效管理工作的重要意义

2018年党中央、国务院印发了《关于全面实施预算绩效管理的意见》，

明确指出：全面实施预算绩效管理是推进国家治理体系和治理能力现代化的内在要求，是深化财税体制改革、建立现代财政制度的重要内容，是优化财政资源配置、提升公共服务质量的关键举措。做好预算绩效管理工作意义重大，主要体现在以下三个方面：

（一）全面实施预算绩效管理，是提升政府执政效能的内在要求。党的十八大提出要推进政府绩效管理，《预算法》明确将"讲求绩效"作为各级预算应遵循的原则之一，党的十九大报告明确提出要"建立全面规范透明、标准科学、约束有力的预算制度，全面实施绩效管理"。近年来，按照中央和省委、省政府决策部署，各级各部门加快推进财税体制改革，持续完善预算管理制度，不断提升资金使用绩效，对促进经济社会发展发挥了重要支持作用。但现行预算管理仍然存在一些突出问题，亟须采取切实可行的措施加以解决。因此，我们必须按照全面深化改革的要求，加快深化财税体制改革、建立现代财政制度，以全面实施预算绩效管理为关键点和突破口，解决好预算管理中存在的突出问题，推动财政资金聚力增效，着力提高公共服务质量，增强政府公信力和执行力，推动政府治理能力不断提升。

（二）全面实施预算绩效管理，是推进高质量发展的重要举措。当前，我市经济已由高速增长阶段转向高质量发展阶段，随着北中南三大板块全面发展，发展机遇更加明显，发展潜力逐步释放。我市正处于难得的历史性窗口期和战略性机遇期，同时也是转变发展方式、优化经济结构、新旧动能转换的攻关期，需要进一步发挥财政调控和保障作用。全面实施预算绩效管理，将绩效理念和方法深度融入预算管理，实现全方位、全过程、全覆盖，根本目的就是进一步优化财政资源配置，提高财政政策的精准性、有效性，提升财政资金的使用绩效。因此，我们要将全面实施预算绩效管理作为重要抓手，进一步完善机制制度，将绩效理念和方法深度融入预算编制、执行、监督全过程，着力提高财政资源配置效率和使用效益，真正把有限的财政资源用在推进高质量发展的"刀刃上"。

（三）全面实施预算绩效管理，是保障财政经济平稳运行的有力手段。当前我市经济发展进入新常态，经济增速放缓，财政刚性支出不断增加。受规划管控、房地产限购以及新一轮的减税降费因素影响，2019年全市经济形势错综复杂，财政收入形势较为严峻。以预算编制为例，2019年市本级一般公共预算可用资金102亿元，但部门总支出需求达到151亿元，两者之间相差49亿元，收支矛盾十分尖锐。针对我市的实际情况，实施预算绩效管理，就是要"一分钱掰成两半花"，有助于我们进一步减少资金使用闲置浪费、压缩低效支出、缓解收支矛盾。

三、当前我市预算绩效管理工作存在的问题

虽然近年来我市预算绩效管理进行了一定的尝试探索和推广运用，相关工作走在了全省前列，但从目前来看，在组织实施、过程管理、结果运用等方面还存在着一些问题，主要体现在以下五个方面。

一是工作体系没有全覆盖。预算与绩效存在"两张皮"的现象。绩效管理没有融入预算管理的全过程以及预算编制、审核、执行、监督、评价等各个环节之中，绩效管理与工作的结合度不够，或者只是"物理结合"，没有实现"化学反应"。地方政府与预算管理单位主体责任不明确，出台政策和使用资金缺乏绩效管理的概念。

二是目标管理没有全覆盖。预算单位编报的绩效目标还不够科学全面，绩效目标形式大于内容，预算编制中没有充分考虑定性目标、定量目标、经济目标、社会目标、生态目标等目标与绩效的统一。绩效目标没有体现出政策要求，与中长期目标衔接不够。特别是个别一级预算管理单位审核把关不够认真仔细，缺少分析和量化目标，工作可考核性差。

三是执行监控没有全覆盖。去年省审计厅对我市2016年和2017年度财政收支决算进行审计，就部门预算执行率较低的问题出具了专项通报，指出2016~2017年执行率低于30%的项目1795个，涉及预算金额26亿元；执行率为零的项目1179个，涉及预算金额17亿元。审计报告特别指出，同一项目连续两年执行率为零的有127个，涉及预算金额1.9亿元。这些问题都能够通过绩效监控得到很好解决，但仍然存在这些问题，说明了我们之前绩效监控没有实

现全覆盖。

四是检查评价没有全覆盖。自我评价没有全覆盖，绩效自我评价面小项窄，评价项目选择不够科学，质量低成本高。评价缺乏专业性、权威性和客观性。对重大政策、重大改革和重大项目的绩效评价开展缓慢，力量不集中，重点不突出。专家库、中介库和指标体系库建设滞后。专业人才较少，遴选机制还不健全，缺乏相应退出机制。

五是结果应用没有全覆盖。评价结果应用得不够，奖优、罚劣、激励、问责、处罚工作做得不够到位，评价得分高与低差别不大。有的自评和再评没有向同级党委、人大、政府和财政部门报告，没有向社会公开，绩效管理的影响力和公信力不够，对第三方参与的绩效评价监督检查也不够有力，管理不到位。

四、我市预算绩效管理的重点工作

作为全省唯一的试点地级市，我市预算绩效管理工作任务十分艰巨，肩负着为全省工作探路子、定方向的重要使命。今明两年，我们要上下一致、团结一心，紧盯目标任务，加大推进力度，为全省当好工作先锋，探索出一条符合河北实际、体现廊坊特色的预算绩效改革之路。

（一）准确把握预算绩效管理体系要求。按照全省统一部署，要在2020年前基本建成全方位、全过程、全覆盖的预算绩效管理体系。**全方位，**就是构建全方位管理格局。将各级政府收支预算全面纳入绩效管理，不断提高收入质量，提升财政配置效率，增强财政可持续性。将部门预算收支全面纳入绩效管理，增强预算统筹能力，推动部门整体绩效水平提高。将政策资金和项目预算全面纳入绩效管理，实行全周期跟踪问效，建立动态评价调整机制，推动提升政策和项目实施效果。**全过程，**就是打造全过程管理链条，将绩效理念和方法深度融入预算编制、执行和监督各个环节，构建事前评估、目标管理、运行监控、绩效评价、结果应用全过程管理机制，形成事前、事中、事后绩效管理闭环系统，真正实现预算与绩效管理一体化。**全覆盖，**就是建立全覆盖管理体系，将一般公共预算、政府性基金预算、国有资本经营预算、社会保险基金预算全部纳入。同时，还要积极开展涉及财政资金的政府投资基金、政府和社会资本合作（PPP）、政府采购、政府购买服务、政府债务项目的绩效管理。

（二）**全面提升三个层级绩效水平**。此次预算绩效管理，要在政府、部门、政策和项目三个层面抓好绩效管理，确保全面整体提升预算绩效水平。**一是全面提高政府预算配置效率**。各级收入预算安排要坚持实事求是、积极稳妥、讲求质量；收入征管既要严格落实各项减税降费政策，又要坚持应收尽收、依法征收，更要严禁虚收空转、收取过头税费。各级支出预算安排，要坚持统筹兼顾、突出重点、量力而行、勤俭节约、收支平衡，紧扣重大决策部署，集中财力办大事。**二是全面提高部门预算整体绩效**。部门预算安排要按照综合预算要求，将所有收支纳入预算管理，保证预算的完整性；要强化内部资金统筹，打破条块分割，优化支出结构；要进一步细化预算编制，除必要的预留外，年初预算资金均要编制到具体项目，明确到具体承担单位，严禁虚编项目、"打捆儿"项目。**三是全面提高政策和项目预算绩效**。首先，要切实强化政策研究论证，凡是新出台财政政策，相关部门都要开展事前绩效评估，充分论证立项的必要性、投入的经济性、绩效的合理性、方案的可行性、筹资的合规性，评估结果作为政府决策依据，并作为申请预算的必备条件。其次，要切实加强预算项目研究论证，完善项目决策机制，提高预算项目安排的规范性、科学性。

（三）**抓好预算绩效全过程管理**。预算绩效管理要特别关注资金的使用过程，根据年度时间节点，抓住目标设定、运行监控、绩效评价这三个重点事项。**一是抓好绩效目标管理**。部门预算编制，要认真贯彻落实中央和省委省政府、市委市政府各项决策部署，分解细化相关工作要求，科学设置整体绩效目标、政策和项目绩效目标。绩效目标不仅要包括产出、成本，还要包括经济效益、社会效益、生态效益、可持续影响等绩效指标。目标指标要尽可能量化，达到可审核、可监控、可评价、可公开。财政部门要加强绩效目标审核，并作为预算安排的前置条件。**二是抓好绩效运行监控**。各部门要认真落实"双监控"要求，既要监控绩效目标实现程度，也要监控预算支出进度，发现问题及时纠正，确保绩效目标如期实现。财政部门要建立重大政策、项目绩效跟踪机制，探索实行中期绩效评估，对存在严重问题的，暂缓执行或停止拨款，督促整改落实；对支出进度偏慢的，按一定比例收回资金；对偏离绩效目标的，要全部收回，重新安排使用。**三是抓好绩效评价。**年度预算执行终了，各部门要对整体预算执行情况、政策和项目实施效果开展绩效自评。在此基础上，财政部门将加强重点评价，重点评价政策和项目实施的精准性、有效性、科学性；同时要做好部门整体绩效、下级政府财政综合绩效评价。市级重点评价各县（市、区）的收支预算编制、年度预算执行、财政收入质量、支出结构优化、财政可持续性、债务风险管控等情况，综合评价结果在全市范围内通报。

（四）**切实强化评价结果应用。**开展预算绩效管理，要建立挂钩机制，发挥各部门提高资金使用质量，发挥出绩效管理的激励约束作用。**一是**将下级政府财政综合绩效评价，与转移支付分配挂钩，根据评价结果，相应增加或扣减财力补助。**二是**将部门整体绩效评价结果，与部门预算安排挂钩。结合部门履职需要，对整体绩效好、支出进度快的，合理增加预算安排；对整体绩效较差、支出进度慢的，相应减少部门专项业务经费预算安排。**三是**将政策和项目绩效评价结果，与资金安排和政策调整挂钩。绩效好的优先保障，绩效一般的督促改进，交叉重复、碎片化的予以调整，低效无效的削减或取消，长期沉淀的资金一律收回。

（五）**加快构建预算绩效管理支撑体系。**全面实施预算绩效管理，是一项复杂的系统工程，要扎实推进基础性工作，为后续工作开展奠定基础。**一是**加快制度设计。谋划好管理路径、设计好制度体系至关重要。经过初步梳理，市级按照全省统一部署，在运行监控、绩效评价、信息公开等方面，研究制定12项管理办法，明年还要再出台8项，最终构建完整的制度体系，使各项工作推进有据可依、有章可循。各县（市、区）也要根据市级办法制定情况，结合本地实际情况抓紧推进制度体系构建工作。**二是**加快标准体系制定。财政部门要按照科学合理、细化量化、可比可测的原则，抓紧建立健全共性绩效指标框架；同时组织各行业主管部门，加快研究建立分行业、分领域绩效指标和评价标准体系，为实行目标管理、绩效评价奠定基础。三是加快工作信息化。以省财政厅预算管理一体化平台为依托，待省厅升级完善后，市财政局将及时把绩效管理流程全部融入信息系统，实现资金流、项目流、绩效流"三流合一"。同时，加强部门之间、上下级之间信息联网、数据共享，打破"信息孤岛""数据烟囱"，促进信息互联互通。

五、贯彻落实预算绩效工作的要求

根据省委的统一部署，今年是全面实施预算绩效管理打基础、抓落实、求突破的一年。这次我们召开推进会，就是要明确目标任务、时间节点、工作标准。下一步，市直各部门和各县（市、区）财政局要把预算绩效管理放在工作的重要位置，凝聚合力、协同配合、稳扎稳打、全力推进。

（一）强化组织领导。全面实施预算绩效管理，是党中央、国务院做出的重大战略部署，是政府治理和预算管理的深刻变革，是一种工作导向的重要转变。各县（市、区）财政局要高度重视、积极谋划，加强对全面实施预算绩效管理工作的组织协调，确保取得良好成效。各级预算单位要加强对本部门预算绩效管理工作的组织领导，切实转变思想观念，牢固树立绩效意识，充实预算绩效管理人员，完善预算绩效管理工作机制，确保预算绩效管理延伸至基层单位和资金使用终端。

（二）注重统筹协调。全市上下要坚持一盘棋思想，强化市县两级工作衔接，按照省财政厅提出的时间表、路线图，坚持上下联动，同步实施。市财政局将在做好省级制度文件消化吸收的基础上，结合廊坊实际，制定出台符合我市管理实际的制度文件，并及时将制度要求和相关工作经验、先进做法传达给市直各部门和各县（市、区）财政局，率先走出改革的"第一公里"。同时，强化工作指导，加强调查研究，及时帮助基层解决工作中遇到的困难和问题，切实打通"最后一公里"，努力构建分工明确、各司其职、齐抓共管的工作格局。

（三）**加强培训交流**。预算绩效管理的政策性、业务性、技术性都很强，涉及财政财务管理的各个环节。市财政局将根据工作开展情况，在关键时间节点组织各地各部门全面开展业务培训，使干部职工牢固树立绩效理念，熟悉管理流程，掌握工作方法，提升管理能力。特别是加强领导干部培训和财政财务管理人员业务培训，尽快形成上下一致、左右协调的管理体系，确保工作顺利推进。

（四）**强化工作考核**。中央明确，各级政府和各预算部门是预算绩效管理的责任主体，将预算绩效结果纳入政府绩效考核体系。目前，省委已经研究确定，将省直部门预算绩效管理列入2019年度绩效考评指标体系，对设区市的考核正在研究之中。市级也将参照省级的做法，加强对预算绩效管理的考核，并建立考核结果通报制度，发挥考核指挥棒的作用，调动各级各部门开展预算绩效管理的积极性。

同志们，全面实施预算绩效管理，意义深远、责任重大。作为全省试点市，我们一定要提高政治站位、强化责任担当，以高质量的工作成效，当好全省预算绩效管理工作的"排头兵"，向市委、市政府交出一份圆满答卷，为新时代全面建设经济强市、美丽廊坊做出新的更大贡献！

第三章
廊坊市预算绩效管理的重点举措

> 锲而不舍，金石可镂。
> ——《荀子·劝学》

廊坊市成为全省全面实施预算绩效管理设区市试点以来，积极推进预算绩效改革实践，在构建"预算新增有评估、预算申报有目标、预算执行有监控、预算完成有评价、评价结果有应用"的全过程绩效管理链条方面取得了明显成效。但是，仍然存在一些问题需要改进和提升。下一步应该在凝练提质，实现规范化、制度化、标准化；纵深推进，提高县级预算绩效管理质量；扩面辐射，有序推进全方位、全过程、全覆盖等方面深化改革与创新，向绩效要财力，以绩效促管理，以财政工作的积极有为促进全市经济社会持续健康发展。

一、凝练提质，实现规范化、制度化、标准化

（一）优化评价指标体系

建立健全符合工作实际的预算绩效评价指标体系，对规范和加强预算绩效评价工作有着重要的基础性作用。早在2013年，财政部印发了《预算绩

评价共性指标体系框架》，之后在预算绩效改革实践中，各级各部门据此制定了相应的指标体系。廊坊市财政局在推进预算绩效改革试点过程中，也分别制定了项目支出绩效评价指标体系和部门整体预算绩效评价指标体系等，对预算绩效管理工作的推进起到了积极的促进作用。但是具体指标的设定，特别是二、三级指标的设定还有值得改进的地方，应从以下三个方面加以完善。

1. **进一步突出指标体系的绩效主题**

预算绩效评价不同于审计，是针对财政资金投入、过程、产出、效果的评价，由财政部门统一组织管理，财政、主管部门、各职能单位分级实施；审计则是由审计机关依据有关法规和标准，运用审计程序和方法，对被审单位或项目的经济活动的合理性、经济性、有效性进行监督、评价和鉴证，提出改进建议，促进其规范管理、提高效益而进行的一种独立性的监督活动。两者既有相同之处，又有明显差异，互有侧重，互为补充。

预算绩效评价与会计审计不同，应牢牢把握财政资金投入产出效果这一主线，着眼于对于效果的评价。在当前使用的部分评价指标体系中，财务类、合规性评价指标偏多，所占比重过大，加之评审专家当中财务审计类专家较多，很容易把预算绩效评价混同于会计审计，偏离预算绩效评价的初衷。因此，应进一步对指标体系加以优化，突出绩效的主题。

2. **加大群众满意度调查范围和得分权重**

一个政策的优劣、一个项目的好坏、一个部门工作的效果，群众是最有发言权的，因此，预算绩效评价应该特别重视群众满意度调查，加大群众满意度调查的范围，加大群众满意度的得分权重，提高评价通过的满意度门槛。在实际工作中，有的地方没有做群众满意度调查，或者做了但不够细致、流于形式。今后应进一步明确，凡是没有做群众满意度调查，或者做了调查但范围不够大、人数不够多、满意度不高的，实行一票否决，坚决不予通过。要把落实好群众满意度调查工作作为预算绩效评价的基础、检验工作成果的有效手段，多措并举强化民意调查。

首先，制定调查方案，提升民调基础。召开联系服务群众工作调查培训会议，明确调查时间、调查方式、工作要求具体内容，确保调查工作开展有计划、有步骤、有重点、有目标。利用报纸、网络、政务宣传栏等渠道加大宣传，引导群众主动参与到满意度调查工作中。

其次，开展入户走访，创新民调方式。集中力量登门入户，发放调查问卷，详细询问并记录提出的意见建议，分类统计、筛选分析，通过面对面沟通交流，深入了解群众诉求，全面掌握社情民意情况。

最后，注重结果运用，强化民调提升。注重群情反馈，加强研究分析，强化民意调查结果运用，对群众反映集中的问题进行梳理，并及时通报有关部门和单位，拿出具体措施，整改落实办理，努力让民调结果实现"结果评价"与"问题发现"双结合，进一步促进工作效果落到实处。

3. 提高评价指标的针对性和可操作性

当前廊坊市在预算绩效评价工作中使用的项目支出绩效评价指标体系和部门整体预算绩效评价指标体系，都是在财政部印发的《预算绩效评价共性指标体系框架》基础上修订而成的，标准化程度较高，便于统一和规范。但是，由于不同类型的项目具有各自的特点，不同部门的职能也存在很大差异，因此，在坚持标准统一的前提下，不同类型项目和部门整体的预算绩效评价指标体系应根据实际情况，相互区别，各有侧重，体现各自不同的特点，具有更强的针对性和可操作性。

设定科学有效的绩效评价指标体系是开展绩效管理工作的关键环节，为此，应从以下三个方面加以优化：

（1）指标设置要有针对性、科学性和前瞻性。

只有指标体系的科学合理性被认可了，才能提高预算绩效管理的认同度，提高此项工作的公信力。因此，指标体系要坚持从实际出发，实事求是，既有经济指标，也有社会发展和环境建设的指标；既考核已经表现出来的显绩，也考核潜在绩效；既考虑当前，也考虑未来。部门整体评价要体现政府职能转变的要求，主要考核部门"该做的事"，考核履行法定职责的程度，越位、错位或缺位的工作不能纳入绩效范畴。指标体系要体现部门履行职能后产生的服务效果，既考核"怎样做"，也考核"做得怎样"，以指标促进工作，切实提高人民群众生活质量。同时，指标体系要体现部门组织的自身能力建设，将内部管理、依法行政等纳入绩效评估，促进其不断学习、不断完善、不断提高。

（2）评价指标要保持相对稳定性和承继性。

预算绩效评价指标是推动各项工作的标杆，也是调动行政管理资源的指挥棒。评价指标朝设夕改会导致管理目标混乱，甚至产生短期行为。每年可以根据工作重点对原指标体系进行适当的修订，但调整比例应限制在20%以内。但同时，指标体系也不能一成不变，注入新的内容是必要的，要把握一个度。属于常规性工作，设置评估指标后推动效果显著的，不宜作调整；对运动式、临时性或者推动目标已经实现的，就应该调整，加入新的评估指标，这样指标体系才能更好发挥其应有作用。

（3）可考虑引入一些纵向评价类的指标。

目前执行的预算绩效评价指标中，考虑到对不同项目、不同部门评价的一致性，更多设置的是横向评价指标，其目的是一把尺子更具有公平性，但是也可能导致实际上的不合理。如果把评价指标比喻为果子，有些被评估对象是"跳起来摘果子"，有些是"弯下身捡果子"，有些则"怎么跳也摘不到果子"，这样可能反而会导致实际上的不公平，挫伤部分被评估对象推动工作的积极性。因此下一步可以考虑引入一些纵向类的评价指标，以弥补横向评价指标的不足。

（二）严格第三方机构管理

《关于全面实施预算绩效管理的意见》明确提到"必要时可以引入第三方机构参与绩效评价"，财政部为此制定了《关于推进政府购买服务第三方绩效评价工作的指导意见》。由此可见，国家层面已经关注到第三方机构参与预算绩效管理的作用，这是第三方参与在制度上的准备。同时，财政部门人员不足、专业领域局限也需要引入第三方机构参与预算绩效管理，这是第三方参与在客观上的需求。在廊坊市的预算绩效管理工作中，各级各部门普遍引入了第三方机构参与到工作的大部分环节和过程。可以说，第三方机构在试点工作中发挥了不可替代的重要作用，为试点工作取得巨大成绩做出了重要贡献。但是同时应该看到，相当一部分第三方机构是由专业的会计师事务所、审计师事务所、资产评估事务所等组成，对于预算绩效管理工作还处于学习阶段，专业化水平亟待提升，工作质量亟待提高。

第三方机构参与已成为加强预算绩效管理的重要措施，未来也将成为绩效管理的"新常态"。如何发挥其专业性、提升其业务能力和服务质量、加强监管都是需要不断探索的问题。为确保委托工作的质量，必须加强对第三方机构参与的管理，并对其执业和履约情况进行追踪回访和监督落实。

1. 加强监督

廊坊市财政局修订印发了《廊坊市市级第三方参与预算绩效管理工作办法》，明确根据工作实际需要选择或者采购第三方机构服务，监督其履约情况，审核服务结果和工作报告；对于在工作中发生的执行障碍、争议、法律风险等情况，及时协商解决。各级各部门也应根据自身情况，尽快制定第三方参与预算绩效管理的规章制度，让第三方参与成为一项长期稳定的、有法可依的工作。强化第三方机构，尤其是专业公司型第三方机构在预算绩效管理中的作用，培育形成若干有公信力的社会性第三方评估机构。

针对第三方的监督，要着重从资格审查入手，把好入门关。参与预算绩效管理工作的第三方机构，除了要达到预算绩效管理的业务能力和工作水平以外，还要确保自身的独立地位，保证不与利益相关方发生利益输送。主体独立是第三方治理的根基，但由于我国体制机制等外部环境，尚不具备完全独立型第三方机构发展的"土壤"。开展服务的咨询研究机构（官方智库）、科研机构、大学等基本都是国家财政拨款的事业单位，具有很强的政府背景，天然地损失了一定的第三方独立性。对于专业公司型第三方机构，由于经费来源于政府，也可能损失一定的独立性。新型智库可持续发展的动力源自于民间，因此专业公司型第三方机构是未来第三方机构中最重要的力量，需要充分发挥其在全面预算绩效管理中的作用。但是，民营的第三方机构多以盈利为目标，且大多采取多种经营的方式，同时布局多个业务领域，这就更要严格资格准入，对其股东、实际控制人进行关联度穿透审查，完善回避制度，确保评价工作客观公正。

2. 加强培训

进一步对第三方机构参与预算绩效管理工作给予业务指导和培训，要让第三方机构更好地贯彻委托方的意图。目前参与预算绩效管理工作的第三方机构，大部分是原来提供会计、审计、资产评估服务的会计师事务所、审计师事务所、资产评估事务所，这些机构对于会计、审计、资产评估业务比较熟悉，但对于绩效管理和项目管理理论和实践相对匮乏，在实际工作中也往往偏重于财务审计方面。为此，廊坊市财政局引入了工程咨询和管理咨询类公司。这些机构拥有丰富的项目管理、绩效管理以及各方面的专家资源和工作经验，经过学习培训之后可以更快地适应预算绩效管理工作。但是无论哪种机构，都面临着学习提升的现实问题。

推动第三方机构提升专业水平，首先要优化第三方参与预算绩效管理的资金支持机制，提升第三方机构的独立性，支持专业公司型第三方机构的发展，培育独立型、具有公信力和专业性的第三方机构。其次要通过外部引进和内部培养两种途径加强第三方机构预算绩效管理相关人才队伍建设，形成高水平的第三方评估专家队伍。强化对大数据、人工智能等信息技术在预算绩效管理中的应用，创新预算绩效管理工具和方法。加强预算绩效管理领域"政府—高校/科研机构—专业公司型第三方机构"合作，集聚各方专业力量，形成合力。最后要采用倒逼机制，激励第三方机构提升自身水平。廊坊市在实际工作中，要求第三方机构每做完一个项目都提供一个完整的工作报告，以此方式来促使第三方机构及时总结工作中的经验教训，弥补不足，学习提高，为以后更好工作奠定基础。这一好的做法应形成制度并广泛推广。

3. 加强考核

要进一步完善第三方机构信用评价和管理制度，第三方机构完成服务项目后，就其工作情况、服务态度、职业道德、行业规范等事项作出考评。推动成立全市、全省乃至全国的预算绩效管理行业组织，加强行业自律，提升第三方评估的规范性，对第三方主体的要求、执业操作规程、结果管理及责任承担等作出明确的要求。

按照第三方机构参与预算绩效管理的服务类别，进一步优化《第三方中介机构参与预算绩效工作质量考核表》，从工作方案的可行性、人员投入的合理性、工作组织的有效性、服务完成的时效性、评价指标的科学性、服务结论的客观性、咨询建议的可操作性、成果的规范性和严谨性等方面，对第三方机构开展绩效管理工作情况实施全面评价。健全对第三方机构服务质量的年度考核机制，要求各级财政部门汇总当年第三方机构参与绩效管理工作得分情况，对咨询服务工作情况和业务质量进行考核排名。考核结果以发布文件的方式向所有同级业务主管部门和下级财政部门公示，并明确委托方可将考核结果作为向第三方机构付费的重要依据，以此形成对第三方机构的激励与约束，不断引导和规范第三方机构提高执业水平。

（三）提升专家队伍水平

挑选组建业务精通、敢于担当、客观公正的评审专家库是预算绩效管理改革的重中之重。自2019年3月，廊坊市被省财政厅确定为全省全面实施预算绩效管理设区市试点以来，廊坊市财政局先行先试，加快组建跨专业、多领域，具有广泛代表性、学术权威性、社会影响力的动态化管理的绩效专家库，为稳步推进预算绩效管理改革提供强有力的人才支持和智力保障。两年来专家组的工作得到各级主管领导和预算单位的认可。同时，对于相当一部分评审专家来说，预算绩效管理还是一个相对陌生的领域，专家队伍水平也有很大的提升空间。

1. 进一步充实专家队伍

在原有专家库的基础上，为充分发挥项目专家的引领、指导作用，应继续丰富专家库，为专家组后期熟悉相关申报项目，提高预算评审服务质量，促进各预算单位绩效管理水平不断提升，起到关键作用。

首先，与高校和科研机构合作。鼓励高校教师和科研人员加入预算绩效专家队伍。廊坊市现有十余所高等院校，还有若干科研院所，拥有高级职称的专家学者上千名，专业涵盖几十个领域，这是一个宝贵的专家资源，应充分开发。廊坊紧邻北京、天津，交通便利，距离北京大兴国际机场仅27公里，可以充分利用地域优势，吸纳京津乃至更大范围的专家学者。更可以利用现代化通信手段，通过远程会议等方式，调动国内其他地区的智力资源。

其次，与行业组织和社会团体合作。很多行业都建立了不同层级、不同范围的行业协会，如注册会计师协会、律师协会等，拥有众多业内会员。对此可以借鉴兄弟省份的先进经验。2020年8月，河南省"注册会计师杯"预算绩效管理知识竞赛颁奖仪式在郑州举行。本次竞赛由河南省注册会计师协会负责组织开展。经网上报名、初赛及复赛，共有1781个单位的5757人报名。此次竞赛旨在全省财政部门、预算单位及第三方评价机构中推广、宣传财政预算绩效管理知识和政策，并对全省绩效管理相关的人才储备、知识储备、政策掌握等情况进行全面摸底，竞赛表现突出的专业人才将充实到专家库中。类似做法其他地区也可以充分借鉴。

最后，鼓励第三方机构推荐。第三方机构在不同领域开展咨询、评估等服务，业务范围广，接触面、联系面广，很多第三方机构都拥有自身的专家库，应鼓励第三方机构积极推荐各类领域的专家学者，经过培训、考核以后，加入评审专家库，实现智力资源共享。

2. 优化专家团队的专业结构

廊坊市财政局建立专家库以来，先后吸纳了两批共计268位专家入库。从目前的专家结构来看，专家来自于本市的高校、机关和企事业单位，对专家入库也有明确的门槛要求。这些专家有相当一部分来自于评标专家库，会计、审计、造价类专家所占比例偏大。如前所述，预算绩效评价不同于评标、造价、审计，财务类专家所占比重过大不利于预算绩效评价工作的正常开展，因此，应在现有基础上，吸纳更多的经济、管理领域，特别是绩效、战略、投资、项目管理等方面的专家学者加入专家团队，优化专业结构，为今后预算绩效管理工作提供可靠的智力保障。

专家应根据专业进行分类，既要保证其专业性，又要避免专业划分过细，造成抽取时有些专家被多次抽取，有些项目专家抽不够等问题。另外，要根据工作开展情况，动态调整专家库的专业结构，针对现今专家库存在的部分领域所属专业专家人数不足的问题，综合考虑项目技术复杂度、现有库内专家人数、专业门槛等因素，按领域重点征集，进一步优化库内评审专家专业结构、提升评审专家专业水平。

3. 健全专家激励机制

《廊坊市市级第三方参与预算绩效管理工作办法》规定了对评审专家的质量评估。由于专家们所擅长的领域很多，所以专家库中专家的业务种类也非常多。为了保证评价体系的公平性，在对专家进行评价前应进行基本条件的筛选，从而使得被考核的专家属于同一范围内，这样评价结果才具有可比性。同时，对不同领域的专家不能用相同的分值去考核他们的绩效，客观地反映他们实际所做的贡献。经过一定程序制订出考核标准后，应保持一定的稳定性，以便于专家参照执行。

对评估评审专家的考核，实质上是预算绩效评审工作的反评价，对专家考核的准确与否直接影响到预算绩效工作的质量。因此对专家的评价不仅仅是要考察专家的水平，更重要的是运用这种方法来提高预算绩效工作的准确度以及效率，在运用评价体系对专家评价结束时，要结合激励理论针对评价结果对被评价的专家进行激励，这样会起到更好的作用。廊坊市财政局在实际工作中进行了优秀评审专家的评选，鼓励第三方机构优先聘请优秀专家，会根据其聘请优秀专家的情况在第三方机构评价时给予加分奖励。这一做法很好地促进了评审工作整体水平的提高。今后应进一步健全专家激励机制，更好地调动评审专家和第三方机构的积极性。

4. 重点培育本地专家

廊坊市紧邻京津，交通便捷，人员往来频繁。京津两地拥有众多高等学校和科研院所，人力资源丰富。实事求是地说，与当地相比，北京专家的专业水平、业务能力、经验和视野普遍较高，因此，很多地方非常信赖北京专家，有的县甚至要求第三方机构必须全部聘用北京的专家。应该说，外部专家为廊坊市预算绩效管理改革做出了重要贡献。

但是凡事都有两个方面，外部专家具有明显的业务优势，但也有无法弥补的劣势。除工作成本、交通成本高外，更重要的是不了解当地的实际情况，又由于客观条件限制，无法做到深入项目和部门，不能更多地实地调研掌握第一手资料，难免会出现主观臆断的情况，影响评价工作的客观性和准确性。个别部门存在"外来和尚会念经"的思想，过于迷信外域专家，也有失公平，更不利于本地专家的成长。当前疫情管控压力较大，在此形势下，矛盾显得尤为突出。因此，从工作实际出发，为保证预算绩效工作的持续健康发展，必须下大力气培育本地专家。上级主管部门可以通过下达专门文件，要求下级政府部门组织预算绩效评价工作时，必须抽取近期评出的优秀专家，同时必须从市级专家库中抽取至少一名本地专家，以这样的形式"以评代训"，推动本地专家业务水平的提高。

（四）打造完善的支撑体系

廊坊市为夯实预算绩效管理基础，将繁多的基础资料、管理办法、绩效标准等内容全面整合归并，高标准构建了"制度体系+智库平台"双支撑体系，包含15项制度办法以及8类智能数据库，加快实现预算绩效的制度化、标准化、科学化管理。

1. 加快实现绩效数据的标准化管理

各类预算绩效的政策、案例、指标等内容纷繁多样，一直缺乏统筹管理，对财政部门、预算部门及第三方机构共同推动绩效工作造成了极大的困扰。自2019年起，市财政局尝试用"加法"思维整合各类预算绩效数据，实行一体化统筹管理，力争达到1+1＞2的效果。一方面，打造一整套完善的制度体系，以全面实施预算绩效管理的实施意见为引领、部门预算绩效管理办法为支撑，事前评估、事中监控、事后评价等具体制度为主体，各项绩效工作都在"1+1+N"制度体系这个大框架下实施；另一方面，构建一系列智能数据库，包含政策库、中介库、专家库、文献库、案例库、指标库、制度库、标准库8类分库，实行分类管理、动态更新，从前期"试跑"效果看，达到了实施绩效有制度库支撑、开展业务有专家库支持、编制预算有标准库佐证、培训学习有案例库辅助等一系列目标。

2. 精简支撑体系的数据总量、提升质量

廊坊市全面实施预算绩效管理工作近三年时间，大量的新旧制度办法、

绩效指标、标准定额等数据逐年倍增，冗余繁杂，难以发挥应有作用。为此，市财政局大力推行精简化、智能化管理。一方面，绩效制度注重总体设计，推行"一法通办"，制定了《进一步推进全面实施预算绩效管理的实施意见》《市级部门预算绩效管理办法》《市财政局预算绩效管理内部规程》等指向明确、内容全面的制度办法，把各层级、各环节的工作要求统一到一个文件中，让财政推行起来更快捷、部门落实起来更容易。另一方面，智库平台注重精简优化，推行"共享共用"，市财政局对每个分库的内容定期更新、同时删减老旧数据，内容在"精"而不在"多"，让库内的每一个标准、政策、案例都能实实在在用起来，服务于财政的预算管理、部门的项目监管、第三方的业务开展等方面，将死板的数据库变为活用的智慧库，下一步推行的网络版还将实现市县财政部门、各部门与第三方机构之间的数据互联互通。

3. 充分发挥绩效支撑体系作用

市财政局始终坚持"先谋事后花钱"的预算编制原则，这就需要提前储备大量的项目审核基础数据。以往，部门报项目、财政审项目都难以找到相应的支出标准、绩效指标等内容，委托开展的绩效评价业务也难以找到专业对口的第三方力量。通过打造智库平台，在系统内提前设定好各类智库内容与预算项目的对应关系，就能放大现有绩效数据在实际应用中的作用。如，某项目要实施全周期绩效管理，以往就是一项一项地找数据，费时费力，找到的内容也不准确，甚至根本无法使用，如今可通过智库检索功能来确定适合该项目的中介机构、行业专家、指标标准、政策依据、相关案例、评价体系等一系列内容，大幅提高工作效率和质量。

4. 其他创新举措

廊坊市两年来试点工作中出现的亮点还有很多，比如：

——为进一步提高工作效率和精确性，使评估评审结果一步到位，每次事前绩效评估不仅要给出支持/部分支持/暂缓支持和不予支持的结论，还要确定支持的金额；

——为激励第三方机构加强学习提高，要求每做完一个项目必须同时提交一份工作报告，并写进招标合同；

——为激励专家尽职尽责，定期组织优秀专家评选；

——为提高工作质量，鼓励第三方机构优先聘用优秀专家；

——为保证工作的顺利进行，在评审工作正式开始前，要求组织专家组预备会议；

——为使专家做到客观公正、言之有物，提前组织与会专家进行现场调研，与被评估单位面对面沟通；

——为充分发挥预算监督效能，主动邀请人大、政协、纪检等部门和利益相关群众与会监督；

——为提升社会公众对财政工作的参与度，创造性地引入民意代表打分；等等。

这些好的做法应该进一步总结、提升，经过论证以后，写进相关工作规程，将其规范化、制度化、标准化，在更大范围和更多层面加以推广。

（五）做好宣传推广工作

抓好试点对改革全局意义重大。习近平总书记高度重视改革试点工作，不仅亲自谋划部署试点工作，还提出了一系列新思想、新观点、新举措，为全面深化改革提供了思想指引和方法论。"坚持试点先行，分类分层推进""搞好制度设计，有针对性地布局试点""试点能否迈开步子、趟出路子，直接关系改革成效""部署改革试点要目的明确，做到可复制可推广，不要引导到发帽子、争政策、要资金、搞项目的方向上""准确把握改革试点方向，把制度创新作为核心任务，发挥试点对全局改革的示范、突破、带动作用""要抓试点、求突破，加强试点工作统筹，及时评估试点的成效、经验和问题，对证明行之有效的经验和做法，要及时推广应用"……习总书记这一系列重要论述，深刻阐明了改革试点的重要意义，对推动试点工作提出了明确要求，是习近平改革思想的重要组成部分，为全面深化改革提供了重要遵循。

试点的目的是通过对局部地区或某些部门、领域的改革试验，总结成败得失，完善改革方案，寻找规律，把解决试点中的问题与攻克面上共性难题结合起来，探索改革的实现路径和实现形式，为面上改革提供可复制可推广的经验做法。

过去两年，除大量的日常工作外，廊坊市非常重视总结、宣传、提升工作：每做完一个项目和评审，都要求项目负责人、主管部门和第三方机构及时总结，形成书面报告，具有典型意义的要形成专报上报上级机关和主管领导，并通报给有关部门；为扩大影响，申请运营了"寻绩问效在廊坊"微信公众号，及时发布政策文件和相关信息；为利于宣传，使预算绩效改革深入人心，请专业人士拍摄了专题片；为进一步在理论上进行提升，与高校合作开展科研课题研究；等等。

"窥一斑而见全豹，观滴水可知沧海。"廊坊市作为河北省预算绩效管理改革的先行地和排头兵，大胆探索、主动作为，充分发挥试点对改革全局的带动作用。同时，及时总结，归纳提升，形成一系列从宏观到微观的规章、制度、办法，为兄弟地市提供更多可复制可推广的经验，走出去，请进来，为预算绩效管理改革摇旗呐喊，为全省预算绩效管理改革做出应有的贡献，这也是廊坊市作为全省预算绩效管理改革试点应尽的责任和义务。

二、纵深推进，提高县级预算绩效管理质量

县级预算绩效管理是整个预算管理体系中非常重要的一环，直接关系到改革的成败。廊坊市作为河北省预算绩效管理改革市县两级试点，各县的预算绩效管理改革稳步推进，取得了很大进展。在2020年全省预算绩效管理工作考核中，廊坊市各县（市、区）取得了很好的成绩。但同时应该看到，各县（市、区）面临的环境更加微观也更加复杂，各级各部门人员紧张的矛盾更加突出，工作开展的难度更大，在工作质量上还有很大提升的空间。

（一）切实转变观念

1. 深刻认识预算绩效管理的重要性

预算绩效管理在推进国家治理体系和治理能力现代化、改善财政问题和优化管理发挥重要作用，有效实施绩效管理以适应新时代发展的需求显

得愈发重要。在2019年开展预算绩效管理改革试点工作以后，各县（市、区）从领导到部门都比较重视，建机构、设部门、定专人、搞培训，积极推进各项评审工作，但在思想意识上还存在一些问题，需要进一步提高认识程度。

随着我国发展进入到新时代，不断深化财政改革以适应国家发展需要已是大势所趋，优化绩效管理对财政改革和社会长远发展具有重要现实意义。面对我国财政绩效管理中存在的问题，必须采取有效措施，坚持新发展理念，将绩效目标与预算挂钩，"花钱必问效"；完善监督机制，加强"无效必问责"的绩效管理力度；营造事事讲绩效的氛围，全方面地为预算绩效管理提供有利条件，提高财政资金使用效率，为社会发展提供优质服务，为经济社会发展提供有力保障。

为促进绩效管理健康长远的发展，相关部门可通过社交媒体、新闻媒体、政府网络平台等途径加大对绩效管理的宣传，让科学的绩效理念走进生活，营造讲绩效的社会氛围，让科学理财、依法用财的绩效管理理念深入民心，让社会公众积极参与，从而推动相关工作得到有效进展。

2. 纠正绩效管理定位偏差

在实际工作中，有的地方和部门还没有从思想上理清绩效管理流程，存在重考评、轻管理，着重于绩效管理的其中一个环节，如绩效考评，把绩效考评视同绩效管理，将绩效管理简化在绩效考评中的表格设计、填报、资料收集、得分和等级认定的层面上，而进一步的绩效分析、绩效反馈与沟通、改进与提高等工作措施并没有全面展开，对于绩效管理是什么、能起到什么作用缺乏认识和理解。特别是有些单位和领导干部，思想上还不够重视，没有及时宣传培训、深入沟通和了解，也没有采取积极有效的措施加以推进，有的单位和领导干部甚至对绩效管理有抵触情绪，特别是被检查和被评价单位，不太愿意配合，认为这是一种麻烦，是额外增添工作量，有的甚至流于形式，停留在表面上，应付了事。更有甚者对项目绩效评价要做些什么、准备什么材料、材料在哪都不清楚。根本的原因就是对绩效管理的理念不清，认识不明，从思想上片面地把绩效管理视同为一种利益的奖惩手段，没有深刻认识到绩效管理是现代管理的一种有效措施。

为此，必须加强学习，深刻领会，从思想上提高重视程度，把预算绩效管理放到应有的高度。必须深刻认识到，推进预算绩效管理，有利于提升预算管理水平、增强资金使用责任、提高服务质量、优化资源配置、节约支出成本。这是深入贯彻落实习近平新时代中国特色社会主义思想的必然要求，是深化行政体制改革的重要举措，也是财政科学化、精细化管理的重要内容，对于加快经济发展方式的转变和和谐社会的构建，促进高效、责任、透明政府的建设具有重大的政治、经济和社会意义。

3. 强化部门间的协调配合

预算绩效管理涉及所有的职能部门，然而，有的部门负责人缺乏对预算绩效的深度认识，致使有的单位预算绩效管理成了财务一个部门的工作，单位内部的各个部门之间缺乏必要的沟通联系，各自负责本部门的工作，由于协调性不足，部门之间的协调配合不够默契，从而对预算绩效管理工作的有序进行造成了阻碍，影响了预算绩效管理工作的开展，其应有的作用也未能获得充分发挥。

为此，必须强化各级各部门管理人员的责任意识，作为单位领导，其对预算绩效管理的认识程度高低，直接关系到此项工作的开展成效。要使预算绩效管理的作用获得充分发挥，单位领导必须对此项工作予以足够的重视。因此，应当不断提升单位领导的责任意识。有关部门可以采取专题讲座等形式，对各级部门单位领导进行针对性培训，具体的培训内容包括预算法及预算绩效管理办法，以此来增强领导对预算绩效管理的重视程度，进而积极主动地支持此项工作的开展。此外，预算绩效管理人员的责任意识也与此项工作的开展有着密切的关联，通过各种有效的方法和途径，强化他们的责任意识，可以促进预算绩效管理工作水平的提升。在当前的新形势下，应当重视对各级各部门专业人员的素养建设，在单位内部加强对预算绩效管理的宣传，借此来提升专业人员对此项工作的重视程度，使他们充分认识到预算绩效管理的作用，并为此项工作的开展提供保障。

总之，各县（市、区）要进一步强化绩效理念，高度重视预算绩效管理，各级政府、财政部门、预算单位和社会公众都要充分认识到开展预算绩效管理，是打破原有"重投入、轻产出""重分配、轻管理""重数量、轻质量"的粗放式发展方式和管理模式的需要。要真正转变观念，切实认识到，现在跟过去真的不一样了，过去可以先要来钱拿到手里再说，现在先要问你怎么花，花钱必问效，无效必问责。要改变心理和行为习惯，把绩效管理贯穿预算编制、执行和监督的始终，政府部门要带头树立绩效管理理念，将绩效管理全面纳入部门财务工作，将所属部门的财政支出绩效与事业发展挂钩，加强绩效理念的社会宣传，让社会公众了解政府绩效目标的实现情况，建立公众满意的责任政府和阳光政府。

（二）优化体制机制

1. 明确预算绩效考评对象和内容

预算绩效管理工作按照评价对象不同可以分为四类：项目支出绩效、预算单位绩效、部门预算绩效、政府职能绩效。由于绩效管理工作的特殊性、复杂性，在确定评价对象时，应遵循循序渐进的原则，由易到难、由重点到一般逐步展开。廊坊市各县（市、区）现阶段大部分以项目评价为主，部分县（市、区）已经逐步扩展到对单位、部门或者某一行业支出的评价。由于各地的基础和环境条件存在较大差异，各县（市、区）应该因地制宜，根据自身情况稳步推进，待经验积累和条件成熟时再全面铺开。

预算绩效管理的内容包括专业考评和财务考评。专业考评就是对使用政府公共资金的项目、事业发展计划的执行情况及完成结果，以及机构使用政府公共资金履行职能、开展工作的效果进行考评，可以从立项目标的合理性、项目组织的管理水平，项目的完成程度，项目实施后产生的经济效益、社会效益、政治效益、环境效益以及可持续发展等方面重点开展。财务考评主要侧重于经济性和合规性的评价，应关注资金的落实情况、资金执行是否合规，财务管理制度和工作规范是否健全等。通过以上内容的评价，基本上可以综合反映出项目资金的使用绩效。从实际开展情况看，评价内容中财务考评的比重偏大，应根据项目、政策和部门特点，合理确定专业考评和财务考评的比重，以利于做出更加准确全面的评价。

2. 优化绩效指标评价体系

绩效评价指标及标准体系是决定预算绩效评价结果科学与否的重要"利器"，因此，研究制定适合本地区的财政支出绩效评价指标及标准体系非常重要。实践中，各县（市、区）预算绩效评价指标体系的科学性、统一性、完整性还有待提高，造成了目前还不能完全从不同层面、不同行业、不同支出性质等方面进行综合、立体评价。为尽量减少这些障碍，需要加强财政支出绩效评价指标体系研究。从信息化层面来讲，绩效评价工作要求有完整的绩效评价指标体系和基础资料数据库作为绩效管理的支持，需要在长期的实践中，按照定性和定量相结合、统一性指标与专业性指标相结合的原则，逐步探索建立起一整套绩效评价指标体系和预算绩效基础资料数据库。

此外，由于受到一些因素的影响，使得某些部门的预算指标体系的设置科学性不足，致使预算绩效管理的职责分工不明确，责任划分也模糊不清。部分县（市、区）的绩效管理目标未能与实际相匹配，指标设置与结果导向没有实现有效承接，存在考评指标难以量化、执行难的问题。由于有的指标设置偏离了重点、找不准着力点、避重就轻等，导致指标导向引领作用不突出，针对指标对应的工作缺乏具体措施，疏于过程管理，忽视了绩效管理最终的目标是实现绩效的改进与提高，导致绩效管理流于形式，真正目标无法实现，从而降低了绩效管理的功能和作用。例如，某部门十大重点项目之一是奖励纳税大户，金额4000余万元，奖励的10家企业中有7家是房地产企业，根本不符合部门职能，但由于是上级指派，也列入了部门年度重点项目。

在今后的工作中应进一步科学设置绩效指标，客观制定考评标准。绩效管理以评价当前产出与成果为重点，制定绩效指标须依据部门职责和相关文件，科学分解上级指标和单位、部门及事项的重点，强化导向性、客观性、可行性、合理性、合规性、可考性和操作性，按照"横向到边、纵向到底"的原则，明确各项指标的责任领导、责任部门和责任人，以指标明责任，以考评问责任，以改进强责任，推动绩效管理"指挥棒"作用有效发挥，促进工作提质增效。

3. 加大监督考核力度

各县（市、区）在实际工作中，还存在执行力度不够的问题。一是预算的严肃性不足。因财政预算的透明度不高，加之财政收支计划的编制不够科学，致使各部门在实际运行中，常常出现追加预算的情况，从而导致财政部门为应对临时追加的支出预算不得不留出充足的备用预算。二是因考核机制的滞后，无法对预算执行效果进行科学评价，制约了预算绩效管理作用的发挥。造成上述问题的根本原因是行政事业单位预算绩效管理的广度不足。三是在实际工作中，绩效考评部门与被考评部门之间的职责不清，绩效管理运行机制不够健全，存在"老好人"思想，在考评上怕得罪人，抬头不见低头见，不愿在考评管理上说"不"，怕得罪有关单位部门的领导，怕伤了同志间的友谊与和气，怕影响上下级之间的关系，怕形成职务晋升之间的障碍，使考评结果缺乏真实性，流于形式。同时，考评多数存在评分和等级为主，容易出现做多错多、分值低、等级低和少做少错、分值高、等级高的反常现象，打击部分尽心尽职干部的工作积极性，无法体现绩效管理的真正作用。

因此，各县（市、区）预算绩效管理方式和措施有待加强，需要严格考评，抓好落实。"用钱必问效"，让预算中的每笔支出都有规划地使用、资源得到合理配置。在预算资金使用的过程中，资金使用单位和财政部门应完善监督机制，充分发挥监督功能，确保资金落到实处，责任到人，责任到位。"无效必问责"，强化支出结果导向审核，强化工作人员责任意识，促使绩效管理工作高效运行。

4. 重视评价成果应用

部分地方的预算绩效管理机制还不够完善，在绩效管理工作中，还有很多单位没有建立一套系统完整的绩效管理体系，从绩效管理流程看，目前仅停留在考评层面上，缺少相应的有效措施和硬性规定，对绩效管理分析、激励机制改善、结果导向应用等工作做得不够到位，没有抓住绩效管理的根本，绩效管理的真实性、可行性、科学性、规范性、时效性等得不到有效考评。

因此，要更加注重预算绩效评价结果的应用。开展预算绩效管理的目的是为了规范和提高财政资金的使用效益，为预算编制和政府管理提供科学的决策依据，客观上要求重视绩效评价工作结果，提高绩效评价结果的应用能力。财政支出绩效评价结果要作为财政部门每年安排部门预算的重要依据，为预算编制提供参考。通过绩效评价，对财政项目资金使用效益好的予以表扬，并对下一预算年度的同类项目优先安排；对效益差的通报批评，并对下一预算年度同类项目资金予以调减或取消。预算绩效评价结果不仅仅反映出项目单位使用财政资金效果的成绩，也在一定程度上体现了一个部门或单位工作上的政绩观。财政部门根据工作需要，及时报送同级党委、政府作为决策参考。此外，财政资金使用效果如何，还应当接受社会监督，可以通过新闻媒体等途径公开预算绩效评价结果，以增强财政资金使用的透明度，加强社会和舆论监督。

此外，还应进一步拓宽成果应用范围。好的绩效评价可以产生大量有用的信息，这些信息主要有四个用途：提供改进建议，政策与项目审视，与利益相关者的沟通，改进预算过程。要逐步建立评价结果反馈与整改相结合的制度，评价结果与通报相结合的制度，评价结果与预算安排相结合的制度，评价结果公开的制度，评价结果与年度考核相结合的制度，促进评价成果应用最大化。

（三）加强学习培训

1. 学习培训的必要性和紧迫性

县级部门由于人员紧张，兼职现象普遍，预算绩效管理队伍建设显得滞后。

首先，预算绩效管理内容涉及面广、综合业务强、操作难度大，要有大量具有较强综合能力和富有开拓创新能力的高素质人才，这对于从事这项工作的人员提出了更高的业务素质要求。从目前来看，各县（市、区）财政部门从事这项工作的人员既缺少这方面的培训，也缺乏工作经验。因此，迫切需要加强对预算绩效管理人员的培训，以适应新形势下预算绩效管理工作的需要。

其次，部分部门管理者和工作人员的主动参与度不够，被动地成为绩效管理接受者，认为绩效管理工作是单位和领导干部的问题，未能有效地分化到部门和人员，未能积极调配部门和人员的积极性，要通过宣传、培训等措施，从根本上转变绩效管理的思想意识，让部门和人员主动参与和支持，是体现绩效管理工作成败的关键。

最后，部门预算绩效工作人员和相关职能人员普遍缺乏预算绩效管理方面的知识和基本技能，对预算绩效评价不了解、不熟悉、不会做，绩效管理文件编制不符合规范，操作不符合流程，各项内控制度多是临时拼凑，无章可循或有章不循。

基于以上情况，加强宣传培训工作，提升绩效管理意识，确保工作顺利实施已经刻不容缓。

首先，针对部分人员对绩效管理观念不同，缺乏正确的认识和理解，进行广泛宣传教育，使其树立正确的绩效管理理念，积极引导，增强信心，让绩效走进人心，营造良好的舆论环境。

其次，通过学习培训，加大对专业人员的培养力度，不断提高他们的素质和业务水平，强化专业人员的工作能力，确保预算绩效管理工作高质量推进。

最后，加强对全体人员的教育，使他们了解并掌握预算绩效管理的基础性知识，以利于推进此项工作的有序进行，上至高层领导、下至基层人员均须进行各有侧重的引导和培训，真正做到：宣传到位，宣传到人；培训到位，培训到人，进一步提升绩效管理水平，推动目标的实现。

2. 培训内容要有针对性

要针对不同群体的特点和需求，精心设计培训目标和课程内容。

针对领导干部和一般工作人员，培训的目的是让他们了解预算绩效管理的意义和必要性，了解预算绩效管理的主要内容和基本框架，以利于他们在今后的工作中给予理解、支持、配合，内容应主要围绕全面实施预算绩效管理的政策背景和制度背景、预算绩效管理各个环节、预算绩效管理目的意义等方面进行，使各预算单位领导和工作人员厘清传统预算和绩效预算之间的区别与联系，对预算绩效管理的要求和达到的目的有更加深刻的认识，积极思考在全方位、全过程、全覆盖的预算绩效管理体系下，本单位（部门）在财政预算资金管理使用上如何做到提质增效，达到提高财政资金使用效益的目的。

针对财政预算绩效管理人员的培训，旨在深入推进预算绩效管理工作，提高预算绩效管理人员业务素质和工作能力，推动预算绩效管理实现新突破。培训内容要涵盖预算绩效管理重点政策解读、预算绩效管理体系、绩效目标管理、项目支出绩效评价等方面，要有较强的可操作性，对开展预算绩效管理工作有较强的指导作用。通过培训，使学员对绩效管理概念、政策的理解、绩效目标的编制、绩效评价的开展等知识有更加清晰的认识，理论和业务水平进一步提升，为下一步绩效管理考核工作的顺利开展做好铺垫，也对加快构建全方位、全过程、全覆盖的预算绩效管理体系起到积极的推动作用。

针对部门预算绩效专管员的培训，培训的目的是为了全面加强部门预算绩效综合管理，加快建设全方位、全过程、全覆盖的预算绩效管理体系，实现绩效管理与预算管理一体化，提升财政资金使用效益。培训内容应该针对项目事前绩效评估及项目绩效目标编报、部门整体支出绩效目标申报等实操展开。通过培训，一方面使各部门绩效管理工作人员对全面实施预算绩效管理工作有深入全面的了解，牢固树立部门的绩效理念，为规范推进预算绩效管理工作，提高财政资金使用绩效，提升公共服务供给质量打下良好基础。另一方面，通过具体的业务培训，为部门做好年度预算编制工作提供政策依据和业务指导，推动部门预算绩效管理工作再上新台阶。

3. 培训形式要突出多元化

为了保证学习效果，培训形式要突出多元化。

第一，要走出去，开阔眼界、创新思维。可以与高等院校和研究机构合作，组织不同层面、不同规模的短期封闭集训，提高各级领导和工作人员的理论水平；到先进地区的兄弟单位进行实地考察，到上级机关顶岗实习，提高实践能力。

第二，要请进来，聘请优秀专家举办专题讲座，邀请专家来实地考察指导，提供面对面、一对一辅导，还可以采用网络教学、远程教育等现代化手段，突出培训方式的多元化，使干部变被动学习为主动学习。

第三，要把授课和讨论结合起来，为培训学员们之间的交流创造更多机会,不再是大家各自闷头上课,课后可以举办微论坛,分享各自的学习心得,营造浓厚的学习氛围。

第四,通过多种形式促进学习提高。可以组织定期总结评比、经验交流活动,也可以组织情景模拟,举办各种形式的竞赛活动,运用多种生动活泼的方式,寓教于乐,使大家共同进步、共同提高。

(四)充分借助第三方力量

鉴于各县(市、区)的现实情况,管好用好第三方中介机构,借脑引力,充分发挥第三方机构在预算绩效管理中的作用,成为推进县级预算绩效改革的一个重要发力点。

当前全国第三方预算绩效评价专业机构已发展至8600余家,成为一支可以与财务审计和资产评估等相当的行业。据相关统计,自2011年广东省财政厅尝试委托第三方机构开展预算支出绩效评价,7年时间,由第三方机构实施的重点评价项目累计494个,涉及财政资金8249亿元。为了让第三方机构评价更规范,广东制定了《财政资金使用绩效引入第三方评价实施方案》,对评价范围、工作程序、工作要求、职责分工和进度安排进行明确,同时配套出台第三方评价的监督和考核制度、被评价对象意见反馈制度等一系列的规定及业务规范。

近年来,财政部先后出台了《关于委托第三方机构参与预算绩效管理的指导意见》《关于推进政府购买服务第三方绩效评价工作的指导意见》等政策文件,各地也制定了相应的管理办法,在引入第三方机构进行绩效评价上不断取得突破,评价范围持续扩大。考虑到第三方评价的专业素质与评估立场等直接决定着绩效评价结果的客观性、公正性与科学性,因此有必要对第三方评价机构的选取机制与委托机制进一步规范,加强有效管理,并对专家的信誉、质量、能力等进行认真评估,为第三方评价的有效推广建立一定的制度保障条件。同时,应持续加强对第三方评价机构的培训,使之成为县级预算绩效管理能力建设的有效补充。

霸州市在充分借助第三方力量开展绩效评估评价等业务工作基础上,还引入第三方辅助开展了培训讲解、本地专家库建设等其他工作，大幅提高了县级预算绩效工作质量和效率。

一方面，财政部门积极联合第三方机构，组织多层次、多主体的预算绩效专题培训70余期，在北京大兴组织了两期"封闭式"实操培训班，通过"以训带练"方式，让各预算部门全面了解预算绩效实施过程和应用。同时，坚持"以评代培、以考促管"原则，组织预算绩效业务实操培训、考评指标讲座、评估评价会等大小会议不下70余次，对部门开展的"一对一、面对面"专项辅导近1500次，通过对各部门财务负责人、具体业务人员进行多期、反复的培训讲解，帮助预算部门树立牢固的预算绩效理念、熟悉业务流程。

另一方面，积极借鉴学习第三方机构专家库构建方式，打造本地预算绩效专家库，大幅降低了预算绩效管理成本，使预算绩效管理更加高效。由于现有第三方机构专业人员难以做到随叫随到，即使到了，也可能受制于交通不便、业务较多等问题，很难保质、保量地及时完成工作，甚至出现因赶工造成报告出现多处错误的现象。同时，如构建绩效指标和标准体系、绩效制度体系等时间跨度大的工作，外域第三方机构难以长时间在本地办公，而本地专家有天然的地缘优势，更了解县级实际情况、熟悉部门具体业务，通过梳理总结现有材料，就能研究制定出适合本地的分行业、分领域绩效指标体系和相关制度办法，可以大幅提高工作效率和有效性。

三、扩面辐射，有序推进全方位、全过程、全覆盖

试点改革以来，廊坊市预算绩效管理工作不断深入，力争到2023年底，全面建成全方位、全过程、全覆盖的绩效管理体系。近期将在以下五个领域积极推进。

（一）EPC项目预算绩效管理

EPC模式是发达国家根据市场需要发展起来的，已有近百年历史，是一种典型的总承包模式。EPC工程总承包商与业主签订工程总承包合同，把工

程建设项目的设计、采购、施工、试运行等环节进行全过程或若干阶段的承包。其主要特点是充分发挥市场机制，促使承包商、设计师、建筑师、造价师、咨询师等共同寻求最经济、最有效的方法施工，最大限度地节约成本，产生工作效益。

1. 开展EPC模式基本情况

2017年5月廊坊市发布了《廊坊市EPC工程总承包招标工作指导规则》（试行）（征求意见稿），并于2019年8月重新修订后再次出台《EPC工程总承包招标工作指导规则》，该文件从适用范围、价款的计价方式及监管程序等方面对EPC项目的操作进行了规范。自2017年开展EPC项目以来，全市共实施138个项目，总金额为149.73亿元。目前，只有少数县（市、区）对EPC项目着手开展了评审工作，并只对施工图预算和结算部分进行评审。市本级EPC项目从前期立项、过程招标施工、后期结（决）算，基本采取备案制和聘请第三方中介机构介入开展相关工作。由于EPC模式的特殊性，合同签订的形式五花八门不规范，前期更是无设计，使预算绩效管理介入EPC项目的时间节点无法确定。弥补EPC领域预算绩效管理的缺失，保障财政资金的安全和使用效率，成为现阶段急需解决的问题。

2. EPC模式下存在的问题

一是EPC项目超范围。通过实地考察了解到，全市关于EPC项目实施招标的范围界定超出可实施范围，并且没有明确标准和具体金额限制，导致全市EPC项目从2017年实施至今，不仅存在诸多常规项目，甚至几百万的项目也采用EPC模式进行招标。因此很多建设单位为了节约前期招投标的时间，加速项目建设进度，想尽办法申请执行了EPC模式进行发包。虽然前期的效率是提高了，但后续的财政资金的使用并得不到有效保障，必然造成财政资金的流失。

二是EPC项目对支出进度的影响。推行EPC项目招投标的初衷是提高工程投资效益，降低合同风险，确保房屋建筑和市政基础设施工程项目公平、节约、高效运行。但是汇总2017年至今的项目实施情况发现，开展的EPC项目并未实际推进投资效益，反而适得其反，不但没有加快财政资金支出进度，甚至严重地延缓了财政资金的支出进度。

三是EPC项目易出现超概现象。我国目前常规建设项目均采用工程量清单模式，施工图设计完成后，进行项目的招投标。而EPC模式一般是在项目可研阶段或者是初步设计阶段完成后就进行招投标，简单地说就是在很多因素都没有确定的情况下就履行招标程序，这是一种"宽进"的现象。甲乙双方想把"丑话"说前头，却又不知从何说起，建设单位想严格控制造价，但是专业性不强，施工企业能说得清，但是故意不说，所以造成施工图设计不够深化，完全违背了实现EPC模式下零变更、零洽商的理念，造成施工期间发生大量变更、洽商，最后在结算时扯皮。因为管理还不够成熟，出现管理不善问题，造成资金流失，资金又把控不够，很容易突破概算。

3. 建立针对EPC的预算绩效管理体系

目前，针对EPC模式项目的相关法律法规、制度还不够健全，使某些项目容易钻法律的空子，尤其需要加强财政资金管理，建立健全预算绩效管理体系。

首先，出台明确EPC预算绩效地位的制度文件。EPC模式的优势显而易见，但风险也很大，如果管控失效，必将造成不可估量的后果。特别是对于财政资金使用这一方面，必然造成最直接的损失。新的管理模式还处在发展阶段，在实际运用中也存在一些需要解决的问题，如出现总承包项目投资超概算、工期延误、影响项目绩效等。因此必须明确预算绩效管理在EPC项目中的地位和作用，制定相应文件，使EPC项目预算绩效管理有据可依。

其次，明确EPC项目预算绩效管理的工作内容。针对EPC项目"边设计边施工"的这一新型模式，政府部门对其的管控并未形成成熟、有效的管理程序。目前国内对EPC项目的预算绩效管理主要以预算评审为主，且多为招投标确定总承包单位后的预算后审。福州市财政投资评审中心主要针对EPC模式最高投标限价作出重点评审：①项目必须提供经市政府批准或市建设主管部门会同市发改部门确定的工程总承包试点项目审批文件，并依照审批文件，审查项目投资总额、资金来源、实施范围和内容、项目施工实施方式等；②图纸的设计深度应符合《建筑工程设计文件编制深度规定（2016年版）》及《市政公用工程设计文件编制深度规定（2013年版）》的有关规定；③EPC项目最高投标限价不得超过已批复的设计概算（扣除建设管理费、建设用地费、可行性研究费、初步设计费等前期费用后），且分部造价金额原则上也应控制在发改委批复的设计概算分部指标表以内。预备费列支费率不可大于发改委的批复文件，且不得超过5%。在借鉴国内先进经验的基础上，应进一步明确EPC项目预算绩效管理的工作内容。

最后，探索EPC项目全过程预算绩效管理。组成专班，聘请经验丰富的专家学者和第三方机构，梳理相关法律法规和政策文件，充分借鉴国内外先进经验，按照全面预算绩效管理的要求、思路和框架，探索针对EPC项目的预算绩效管理办法和实施方案，完善事前评估、事中监控和事后评价的全过程预算绩效管理模式，与现有的立项、评审、审计等工作有效衔接，各司其职，各负其责，避免重复工作和相互干扰，尽快出台相关制度文件，进行前期试点，条件成熟后在全域推广。

（二）地方债预算绩效管理

1. 地方债预算绩效管理的必要性

地方政府债务是财政资金的重要组成部分，理应纳入预算绩效管理范畴。从近年的情况看，地方债存在重融资、轻偿还，债务与项目期限错配、资金闲置浪费等问题，提高资金配置效率和使用效益迫在眉睫。地方债能不能发挥预期效果关系到廊坊市财政长期预算平衡，以及能否为经济社会发展持续提供税源。

地方债预算绩效管理是一项系统工程，涉及的主体和领域广、难度大，需要各方协同发力、久久为功。对地方债绩效的分析可以从宏观和微观两个维度切入。从宏观角度看，政府债务发挥着逆周期和国民经济的自动稳定调节功能。从微观角度看，与一般公共预算里只讲求使用绩效不同，地方债资金可以按照资金形成过程分为融资绩效和资金使用绩效。地方债预算绩效管理要遵循讲求绩效、防范风险；权责对等、借还匹配；全程跟踪、压实责任；公开透明、加强监督的原则。针对债务不同主体，厘清各方权责，压实申报实施方案作为绩效目标的重要来源，明确其约束作用，加强结果应用，包括挂钩预算、完善政策、加强管理，确保地方债资金安全高效。

地方债项目预算绩效管理面临的挑战很多：一是项目建设的跨年度性与财政绩效评价的年度性；二是项目事前绩效评价环节的选择与指标设计；三是绩效目标、行业绩效指标的设置与部门之间的配合；四是资金拼盘项目的绩效评价指标设置；五是具体项目绩效评价指标与宏观、中观角度绩效评价的指标选择。为此，加强地方债预算绩效管理，一要强化绩效导向下的项目识别准备，健全完善地方债项目库；二要以信息平台加强地方债项目绩效监控，实施全过程可视化管理；大力提升平台的数据统计分析、绩效信息可视化能力为绩效监管提供技术支持；三要建立分行业、分领域、分层级的地方债项目绩效指标体系，绩效评价的对象包括不同类型项目客体、客体的生命周期，与项目相关的财政、货币、投融资政策等。

2. 预算绩效对地方债管理的作用

在地方政府充分全面发挥作用的过程中，科学精准的债务管理始终发挥着关键性的影响。为更好地发挥地方政府的作用，全面优化地方政府的效能，应该充分全面地注重债务管理工作。为充分全面提升地方债管理工作的成效，应积极采用科学的预算绩效方式，立足于预算绩效视角来充分全面做好债务管理工作，更好地提升债务管理的工作力度。

应该积极采用科学预算绩效的方式，全方位加强地方债风险的管理以及防范，更好地提升地方债风险防控能力以及运行方式。实践证明，在地方债风险的防范过程中，预算绩效的方式具有非常突出的作用。一方面，依托于这一科学的方式，能够从绩效和预算两个方面来约束地方政府债务，明确地方债的使用方向以及使用途径，更好地实现债务的管理管控。另一方面，通过将预算绩效理念融入到地方债管理的整个过程中，将债务项目的举债动机、资金用途、项目结果等都纳入到预算绩效评估体系，有利于地方政府对其债务项目进行有效的认知，从而做出正确的决策与规划。此外，在地方债管理的过程中，充分全面地依托于这一科学的考核以及评估方式，还能够充分全面地量化领导干部的考核，继而更好地提升考核成效。

当前，在地方债管理过程中，举债融资机制中还存在着较为突出的问题，这在很大程度上影响和制约着地方政府的运行效率和运行水平。为此，在实践过程中，应该充分全面地规范地方政府举债融资机制，更好地创新和发展举债融资方式，从源头上来规避和防范可能产生的地方政府债务风险。一方面，在举债融资的过程中，可以通过科学的预算绩效管理方式做好精细化的绩效评估以及管理等工作。通过预算绩效管理的方式进行充分全面的评估与判断，以此判断项目举债的成效以及未来的收益。若通过预算绩效的分析与判断，发现这部分举债的成效是不够明显的，或者这部分举债的投资不够显现，或者发现是无效举债，则应该予以否决。另一方面，在举债融资机制的创新过程中，还可以将债务项目的事前评估与事中、事后评估相结合，以债务资金使用结果为导向，决定项目是否继续运行，举债是否有效，这样能够在很大程度上提升地方政府举债的科学化以及理性化。

3. 建立地方债预算绩效管理体系

一是事前绩效目标管理体系。绩效目标是绩效管理的灵魂，地方债绩效目标管理体系的构建需要根据债务管理主体职责、债务项目生命周期、债务偿还渠道和债务资金投向等特征，构建由宏观及微观，覆盖债务配置、债务管理和债务项目的多维债务绩效目标体系。

二是事中绩效运行监控体系。地方债预算绩效的运行监控管理，一方面需要从管理和债务项目两个层次，分别跟踪目标实现程度、预算执行进度、目标实现保障要求等；另一方面需要对债务风险预警、债务投资进度、债务偿还实现趋势等进行重点跟踪，并结合地区宏观经济形势、项目建设运营突发状况等内外部环境变化，形成常态监控和重点监控相结合的绩效跟踪机制，及时采取分类措施予以纠偏。

三是事后绩效评价体系。一方面需要以绩效目标管理的内容为基础，判断实际产出结果和绩效目标的差异，分析绩效目标的实现情况；另一方面以债务项目实际产出的绩效结果为依据，对事前绩效评估中有关项目立项、绩效目标制定及预算编制等方面的内容进行再评价，回应债务决策在社会需求、法律依据等方面的必要性，在资源配置、环境、实现可能等方面的可行性，以及在绩效目标等方面的充分性，以绩效评价验证事前绩效评估和绩效目标管理内容的有效性。

四是绩效评价的结果应用。绩效评价结果应用的核心在于两个方面：一方面是以正向激励为主导，将评价结果应用于对重大公共项目投资规划等的决策和相应主管部门预算安排中，把评价结果与项目竣工验收费用结算和运营费用支付挂钩，把评价结果与下年度新增债券分配、均衡性转移支付分配及其他专项资金分配挂钩；另一方面是以反向约束为基础，将评价结果应用于政府综合考核、干部政绩考核、领导干部经济责任审计、结果反馈、信息公开等方面。

（三）对下转移支付预算绩效管理

近年来，专项转移支付资金在稳定宏观经济运行、推动发展方式转变、保障和改善民生、维护社会稳定等方面发挥了重要作用。但由于专项转移支付资金管理和使用中还存在支出边界不清、结构固化、项目较多、零星分散、执行不快、绩效不高、管理不严、信息不明等问题，在一定程度上影响到财政资源的统筹配置和资金使用效益的提高，制约了政府宏观调控职能的发挥，所以必须下决心进一步深化预算绩效管理改革，制定对下转移支付预算绩效管理办法和实施方案，尽快在市县层面推广实施。

1. 落实主体责任

市财政部门负责制定转移支付预算绩效管理制度。指导市业务主管部门和下级财政部门开展转移支付预算绩效管理工作，建立转移支付共性绩效评价指标和标准体系，组织开展转移支付事前绩效评估、绩效目标编审，对转移支付绩效自评实施抽查复核，选择重大转移支付开展绩效运行监控和绩效评价等。推进转移支付绩效结果应用，建立绩效评价结果与预算安排和政策调整挂钩机制，健全向部门、单位反馈绩效结果与督促整改机制。

市业务主管部门制定本部门转移支付预算绩效管理规程和实施细则，参与制定转移支付预算绩效管理制度。开展事前绩效评估，编制转移支付整体绩效目标，审核、分解和下达区域绩效目标，建立本部门转移支付个性绩效评价指标和标准体系，组织实施绩效运行监控、绩效自评和重点评价等工作。督促落实绩效运行监控和绩效评价反馈意见，根据绩效管理结果改进项目实施和资金使用管理。

县（市、区）财政部门制定本地区转移支付预算绩效管理制度。指导同级主管部门、项目实施单位开展转移支付全过程预算绩效管理工作，审核同级主管部门申报的转移支付区域绩效目标和项目绩效目标，组织开展重大转移支付绩效运行监控和绩效评价，加强绩效结果应用等。协助市财政部门做好转移支付预算绩效管理工作。

县（市、区）业务主管部门编报本行政区域转移支付区域绩效目标，审核报送项目实施单位申报的项目绩效目标。组织项目实施，开展绩效运行监控、绩效自评等工作。督促指导项目实施单位推进全过程预算绩效管理，督促落实绩效运行监控、绩效评价反馈意见，确保转移支付实现预期效益。

项目实施单位编制项目绩效目标，并按照批复的绩效目标和资金使用计划组织项目实施。开展项目绩效运行监控和项目绩效自评。配合主管部门做好预算绩效管理相关工作。

2. 明确工作范围

（1）编报绩效目标。市财政部门将预算执行进度、预算支出率、预算到项目率三个预算绩效共性指标与项目绩效目标一并编入部门预算，作为预算安排的重要依据。按照"谁申请资金，谁编制目标"原则，市业务主管部门要健全绩效目标内部编报机制，组织所属单位或项目实施单位编制绩效目标。绩效目标可根据预算调整、政策变化等情况予以修改完善。绩效目标可分为整体绩效目标、区域绩效目标和项目绩效目标。整体绩效目标由市业务主管部门设定。实行因素法管理的转移支付应当设定区域绩效目标。实行项目法管理的转移支付应当设定项目绩效目标。

（2）绩效目标审核、下达和调整。各级财政部门和市业务主管部门应当建立健全绩效目标审核机制，从完整性、相关性、可行性等方面加大绩效目标审核力度，必要时可委托第三方机构进行评审，审核结果作为转移支付预算安排和资金分配的重要依据。绩效目标编报不符合要求的应进行完善，否则不得进入下一步预算安排流程。市财政部门在确定转移支付预算时，同步确定整体绩效目标；在下达预算时，同步下达绩效目标或要求各区县在规定时间内上报绩效目标。

（3）建立绩效管理激励约束机制，一是与事前绩效评估审定的下年度资金实际需求等挂钩，精准安排项目预算；二是与预算绩效目标挂钩，主要根据设定的预算执行进度、预算到项目率、预算支出率共性指标等，精准核定项目预算；三是与上年预算执行绩效挂钩，采用项目法分配的转移支付资金，绩效评价结果要作为项目分配和资金安排的重要依据，对绩效优良的项目予以优先支持，对绩效差的压减预算。

3. 强化过程管理

（1）实施事前绩效评估。市级部门申请新设专项资金、新出台重大政策和新确定项目，应开展事前绩效评估，出具绩效评估报告。事前绩效评估结果是申请预算的必备要件，未开展绩效评估或绩效评估结果差的政策和项目不得列入中期财政规划和年度预算，相关项目不得纳入项目库。投资主管部门要加强基建投资绩效评估。市财政部门根据市业务主管部门项目申请报告、事前绩效评估报告等内容，对新增重大政策和项目预算实施审核，必要时可以委托第三方机构独立开展事前绩效评估，并依据审核评估结果安排预算。

（2）预算执行环节绩效控制。市、县（市、区）主管部门、单位应加强绩效运行监控管理。市、县（市、区）主管部门和项目实施单位是转移支付绩效运行监控的责任主体，应在预算执行过程中采取项目跟踪、数据核查和实地调研等方式，对重大转移支付政策和项目绩效目标运行情况开展跟踪管理，发现政策和项目实施效果与原定绩效目标发生偏离的，及时采取有效措施予以纠正。绩效运行监控结果提交同级财政部门，汇总后上报市业务主管部门和市财政部门。

（3）预算执行后绩效控制。强化部门、单位绩效自评。年度预算执行完毕，项目实施单位要对照事先确定的项目绩效目标，开展项目绩效自评。县（市、区）业务主管部门要在审核项目实施单位自评情况的基础上，汇总形成本地区自评结果报送同级财政部门，并上报市业务主管部门。市业务主管部门在汇总各项转移支付自评结果的基础上，撰写绩效自评报告报送市财政部门。对本部门重大转移支付项目，市业务主管部门应根据管理需要进行重点评价，并将评价结果报送市财政部门。

财政部门实施抽查复核。各级财政部门对转移支付自评情况开展抽查复核，对未按要求开展绩效自评、自评结果与实际情况出入较大或绩效较差的地区予以通报，其下一年度转移支付预算从严、从紧安排。同时，对市委、市政府确定的重大支出项目、执行期满的转移支付政策和项目开展重点评价或到期绩效评估，必要时可委托第三方机构开展重点评价。

（4）加强绩效评价结果应用。实施绩效评价"三个结合"，健全绩效问责机制。一是部门、单位绩效自评与财政部门抽查复核相结合；二是绩效评价与分析反馈相结合，查找管理中的薄弱环节和问题；三是绩效问责与落实整改相结合，建立绩效问责机制，督促部门、单位落实绩效管理责任。按照政府信息公开有关规定和"谁主管、谁负责、谁公开"的原则，除涉密内容外，转移支付资金绩效目标、评价结果等按要求向社会公开，主动接受社会监督。

（四）PPP项目预算绩效管理

1. PPP项目实施预算绩效管理的必要性和紧迫性

PPP模式即政府和社会资本合作，是公共基础设施中的一种项目运作模式。在该模式下，鼓励私营企业、民营资本与政府进行合作，参与公共基础设施的建设。根据财政部PPP中心的数据，2014年以来，截至2020年10月，PPP累计入库项目9870个、投资额15.2万亿元；累计签约落地项目6831个、投资额10.9万亿元，落地率69.2%；累计开工建设项目4136个、投资额6.4万亿元，开工率60.5%。其中，管理库累计使用者付费类项目608个、投资额1.4万亿元，分别占管理库的6.2%和9.4%；累计可行性缺口补助类项目5771个、投资额10.4万亿元，分别占管理库的58.5%和68.4%；累计政府付费类项目3491个、投资额3.4万亿元，分别占管理库的35.4%和22.2%。换句话说，绝大部分PPP项目涉及政府支出责任履行需要安排预算资金，按照"花钱必问效，无效必问责"的预算绩效管理理念，开展PPP项目财政资金预算绩效管理已经成为政府绩效管理的重要组成部分，这与PPP模式"激励相容、物有所值"的精髓高度契合。

然而目前PPP实务中，无论PPP实施方案，还是PPP合同文本中设置的绩效考核指标体系和付费办法都只针对政府方对项目公司、社会资本方以"激励相容、按效付费"为目的的绩效评价，从绩效管理的层级上，缺失了地方政府及所属部门以"提高项目供给效率，提高财政资金使用效益和资源有效配置，提升政府部门项目管理和监督工作效能"为目的的预算绩效管理活动；从绩效管理活动完整性上，缺失了PPP项目总体目标和年度绩效目标的设定和动态监控，缺失了与目标设定相适应的两个层次的指标体系的构建和动态评价活动；从绩效管理结果运用上，仅体现了按效付费和激励社会资本方不断管理创新和持续提升公共产品或服务的效率、效果，没有体现在将绩效管理结果作为PPP项目决策、出台或完善PPP政策文件、对PPP相关部门进行奖惩和责任人职务调整、预算资金安排等结果运用上。

此外，即使针对项目公司、社会资本方以"激励相容、按效付费"为目的的绩效评价方面，PPP项目绩效管理实务方面也存在颇多问题，如绩效目标缺失，目标设置不规范、不清晰；PPP项目涉及的部门、单位绩效运行跟踪职责和内容不明确；PPP项目分行业、分领域绩效指标库尚未建立；绩效指标缺乏可比性、部分PPP项目绩效评价流于形式；评价结果没有真正意义上与政府支出责任挂钩；PPP项目绩效结果对应的奖惩、问责机制未完全建立等。这些问题已经严重影响了PPP项目预算绩效管理工作的推进。

面临着2014年、2015年甚至2016年落地实施的PPP项目陆续进入运营阶段，各级政府将逐步进入PPP项目财政补贴支出期，未来十年，将是PPP项目政府支出责任落实的高峰期，加强PPP项目财政资金预算绩效管理变得日益重要和紧迫。因此，做好PPP项目预算绩效管理是做好一般公共预算绩效管理、有效把控政府债务风险的重点工作之一。

《中共中央　国务院关于全面实施预算绩效管理的意见》指出，"积极开展涉及一般公共预算等财政资金的政府投资基金、主权财富基金、政府和社会资本合作（PPP）、政府采购、政府购买服务、政府债务项目绩效管理。"进一步明确PPP项目应该积极开展预算绩效管理。

2. 政府和社会资本合作（PPP）项目绩效管理操作指引

2020年3月，财政部出台了《关于印发政府和社会资本合作（PPP）项目绩效管理操作指引的通知》（财金〔2020〕13号），规范了PPP项目全生命周期绩效管理工作，从全方位、全过程、全覆盖的角度，明确了参与主体、内容要求、工作程序等要素，统一了实施机构、项目公司（社会资本）各方绩效评价管理的指标体系和制度标准。在执行中应遵循以下原则：

主体全涉及：PPP项目绩效管理涵盖了与PPP项目直接相关的各级政府、行业主管部门、财政部门、预算主管部门、项目实施机构、出资人代表、社会资本方、项目公司等。

过程全涵盖：PPP项目绩效管理针对识别、准备、采购、执行和移交五个阶段开展具体绩效管理活动。

内容全包含：PPP项目绩效管理是包含绩效目标管理、执行过程管理、绩效评价管理和结果反馈、运用管理的动态闭环体系，以绩效目标实现为导向，以绩效评价为手段，以结果应用为保障，以改进预算管理、优化资源配置、控制节约成本、提高公共产品质量和公共服务水平为目的，贯穿于PPP项目预算编制、申报、执行、监督全过程。

结果运用多维度：PPP项目绩效管理结果纳入对项目实施机构及行业、预算主管部门工作目标考核范畴，建立问题整改责任制和绩效问责机制，作为部门工作考评、干部任用、改进政府管理效能的依据；绩效结果作为政府PPP项目决策的依据，有利于优化资源配置，控制节约成本，提升财政资金使用效益；绩效结果作为确定社会资本按效付费金额的依据，激发其改进管理持续提高公共产品质量和公共服务水平。

信息化多元共享：除财政部PPP项目信息平台外，PPP项目绩效管理信息将随着各预算部门、单位上报预算管理信息系统，通过数据交换和整合，推进PPP项目管理、预算管理、预算绩效管理等数据平台的对接，逐步实现PPP项目绩效信息资源的共享，为加强PPP项目绩效管理，提升绩效管理质量提供技术支撑。

当前，随着大量落地的PPP项目逐步由建设阶段转向运营阶段，PPP项目实施全面绩效管理的重要性、紧迫性已经日益显现，必须引起高度重视、着手研究并加以解决。廊坊市应遵循《政府和社会资本合作（PPP）项目绩效管理操作指引》，根据本地实际，尽快出台具体的实施方案，建立以PPP项目为载体，以绩效管理为核心的全过程、全方位、多层次、全覆盖的PPP项目绩效管理体系，实现PPP项目预算绩效管理科学化、合理化、精细化，确保PPP模式项目规范运行和可持续发展。

（五）政府采购预算绩效管理

《中共中央　国务院关于全面实施预算绩效管理的意见》提出：要完善全覆盖预算绩效管理体系；建立一般公共预算绩效管理体系；各级政府要加强一般公共预算绩效管理；收入方面，要重点关注收入结构、征收效率和优惠政策实施效果；支出方面，要重点关注预算资金配置效率、使用效率。同时，积极开展涉及一般公共预算等财政资金的政府投资基金、政府和社会资本合作（PPP）、政府采购、政府购买服务、政府债务项目绩效管理。

1. 政府采购绩效管理的意义

政府采购是公共财政支出管理的一项重要制度，作为财政制度的重要组成部分，其处于预算执行环节，上承部门预算，下接国库集中支付。预算资金的货币实物化，主要是通过采购来实现。政府采购活动是国内市场经济的重要组成部分，是政府保护本国企业和产品，扶持新兴产业的重要阵地，对社会投资、生产和消费具有举足轻重的导向作用。如何让政府采购资金发挥最大效用，让公共资源分配得更加公平、合理，在满足公共需求的基础上促使公共服务更有效率，这些是政府采购全面预算绩效管理需要研究和解决的问题。

政府采购预算绩效管理是以采购项目的经济性、效率性和效益性为评价标准，对政府各部门在采购过程中所反映的业绩和效果进行评定，是实现政府采购物有所值的有效措施，是政府采购监督管理的重要内容之一。实施科学的政府采购预算绩效评价和管理，建立政府采购评价指标和评价体系，是对采购人、采购代理机构采购目标和采购任务完成情况的测量，是实现政府采购物有所值目标的有效措施。

政府采购预算绩效管理，有利于提高政府采购效率、有利于进一步提高政府采购的规范化和科学化水平。科学、合理的政府采购预算绩效管理是对政府采购全过程进行数据采集、加工和分析处理，能够全面、系统、客观、准确地反映政府采购的实际情况。通过政府采购预算绩效管理可以及时反映政府采购法律法规政策制定中存在的问题，及时发现政府采购执行过程中的不利因素，以便采取措施进行调整和纠正，不断提高政府采购效率；通过强化预算约束，推动政府采购需求管理和预算经费标准、公共服务绩效标准相结合，规范"预算—计划—采购—支付—监督"等政府采购各环节，不断完善和优化政府采购运行机制，规范政府采购行为，提高政府采购规范化、科学化的水平。

2. 科学设置政府采购预算绩效管理指标

管好、用好财政资金，是财政部门的重要职责，必须坚持"用钱必问效，无效必问责"，确保财政资金安全规范高效运行。要对政府采购效率与效益进行全面整体的评价，在预算绩效管理指标体系设置方面，就要尽可能考虑全面，只有这样，才能进行综合评价，才能得到比较全面的评价结果。

一是政府采购目标指标。主要根据建设法治政府、责任政府、服务型政府的目标设定，满足政府自身正常运转，适应经济社会发展的需要，为社会提供公共服务。

二是政府采购投入指标。投入是指公共产品或服务提供过程中所占用和耗费的资源，包括自然资源、社会资源、资金成本和时间成本等。

三是政府采购过程指标。涵盖政府采购活动的全过程，包括政府采购委托代理、采购计划实施、方式变更、采购文件编制、信息公告、项目组织实施、开标评标、评审过程、中标成交结果、保证金收退、合同管理、履约验收等。

四是政府采购结果指标。包括采购的数量和质量、合同履行及用户满意度、社会效益、社会影响、社会进步、发展前景等，主要考核评价采购项目设立的必要性、科学性和合理性，为科学安排项目、节约社会资源、发挥财政资金效益最大化、将有限的财政资金安排到更加需要的地方提供决策依据。

五是政府采购生态绩效指标。包括自然生态、社会生态、组织生态、政治生态指标。

按照政府采购内控管理要求，根据政府采购绩效管理指标体系，还应分设不同的考核评价实施主体（监管部门、采购预算单位、采购代理机构、评审专家、社会公众等）的分项指标，从不同层面、不同角度，全方位地实施考评，确保评价结果的客观性、公正性和全面性。

3. 做好政府采购预算绩效管理

第一，要落实工作责任。政府采购预算绩效管理不仅是目的，也是一种管理手段，这种管理手段不但对政府公共资源的分配过程及其成果进行验收评估，而且和政府决策、预算分配形成相互作用。各级各部门要充分认识到开展政府采购预算绩效管理的重要意义，加强组织领导，落实工作责任，扎实有效推进。

第二，加快建章立制。加快建立本市统一的政府采购预算绩效管理制度和实施方案，细化评价指标体系，便于各实施主体执行操作，使政府采购预算绩效管理工作落到实处。

第三，健全评价方式。政府采购工作涉及面广，要客观性、公正性和全面性地作出评价，就需要多层次、多角度开展，让各方积极参与。实施过程中，可以自行组织评价，也可以聘请第三方开展评价。

第四，强化运行监督。财政部门建立预算绩效激励约束机制，将采购单位绩效评价纳入政府绩效考核中，将代理机构绩效评价与代理机构检查相结合，把日常评价与专项检查、重点检查相结合，把财政预算绩效评价、审计监督检查相结合，形成协同监督，确保政府采购预算绩效管理工作顺利推进、有效实施。

第五，重视结果应用。将预算绩效评价结果作为后续年度政府采购项目立项、采购预算编制、采购文件编制、完善政策措施、健全信用制度、优化采购流程、规范采购行为、加强监督管理等工作的参考依据和考量因素，提高财政资金使用效益和公共服务提供质量及效率。同时，要总结评价工作，不断完善评价指标体系和评价机制，改进政府采购预算绩效管理工作。

第六，做好信息公开。政府采购预算绩效评价结果要在指定媒体上适时公开，并充分运用信息化手段，探索开展政府采购大数据应用。

第四章
廊坊市预算绩效管理工作的经验启示

见之不若知之，知之不若行之。

——《荀子·儒效》

廊坊市在开展市县两级预算绩效管理改革试点工作当中，勇于创新，开拓进取，做了大量创新性工作，涌现出许多生动事例，为进一步深化改革积累了宝贵经验。主要包括：各级领导高度重视，对必要性充分认识；各级、各部门、各方面全方位开展培训；充分引导和发挥第三方中介机构的作用；啃硬骨头，重点突破，强化示范引领；严格程序，客观公正，杜绝人为因素；反馈信息，挂钩考核，强化成果应用。

一、整体部署是核心，关键在于"人"

全面实施预算绩效管理成败的关键是绩效理念是否牢固树立，而核心就是要围绕"人"来开展各项工作。一方面，党委、政府要高度重视，成立高规格领导机构，健全强有力的推进机制，推动形成"政府牵头、多方协同"的格局，同时注重培育本地绩效专家队伍，为预算绩效管理提供智力支持。另一方面，财政部门要强力推动，各部门要密切配合，从领导班子到内设机构再到具体人员，都要按照预算绩效管理要求，详细制订推进计划，明确任务书、路线图、责任人，保证工作全链条体现绩效理念。

（一）市委、市政府坚强领导

廊坊市委、市政府领导一直高度重视财政工作，正是由于扎实的工作基础，2019年4月，廊坊市被确定为全省预算绩效管理改革设区市试点。2019年7月，廊坊市委、市政府联合发布《关于全面实施预算绩效管理的实施意见》，给廊坊市的预算绩效管理工作指明了方向。

为深入贯彻党的十九大精神，全面落实《中共中央、国务院关于全面实施预算绩效管理的意见》（中发〔2018〕34号）和省委、省政府《关于全面实施预算绩效管理的实施意见》（冀发〔2018〕54号），加快建设现代财政制度，推进治理体系和治理能力现代化，促进廊坊市经济社会高效快速发展，2019年7月，中共廊坊市委、廊坊市人民政府印发了《关于全面实施预算绩效管理的实施意见》（廊发〔2019〕23号）。实施意见提出了"全面强化绩效理念，更加注重结果导向，突出强调成本效益，科学构建管理机制，切实硬化责任约束，力争用2年左右时间，全面建成全方位、全过程、全覆盖的预算绩效管理体系，实现预算和绩效管理一体化，全面提升财政政策实施效果、资金使用效益和公共服务质量与效能，为新时代加快建设经济强市、美丽廊坊提供有力保障"，为全市开展预算绩效管理工作提供了指引，同时，为各部门积极开展预算绩效管理工作提供了动力。

实施意见从构建政府预算管理体系、构建部门和单位预算绩效管理体系、构建政策和项目预算绩效管理体系、构建全面实施预算绩效管理支撑体系等方面，分层次、系统地论述了各部门承担预算绩效管理的主体和责任，捋顺了绩效管理流程，同时强调将预算绩效评价结果作为考核部门履职能力和下一年度部门资金拨付的重要依据，将"花钱必问效、无效必问责"的绩效理念压实到部门。

两年的试点改革期间，市委、市政府主要领导多次听取财政部门的专项汇报，对改革的推进进行具体指导。2020年12月17日，廊坊市召开财政工作会议，市委书记出席会议并讲话，强调要全面落实省委、省政府关于加强和改进财政工作的部署要求，深入分析财政工作中存在的问题，深挖根源，研究出台务实管用的具体措施，切实扭转当前财政工作的被动局面，努力为全省发展大局做出廊坊应有的贡献。

市委副书记、市长主持会议。市委常委、常务副市长就加强财源建设壮大财政实力的实施意见和推进全面实施预算绩效管理的实施意见等六个财政工作专件（征求意见稿）作说明。

关于进一步推进全面实施预算绩效管理的实施意见

为深入贯彻落实中央、省全面实施预算绩效管理工作要求，进一步巩固和完善全方位、全过程、全覆盖的预算绩效管理体系，根据市委、市政府《全面实施预算绩效管理的实施意见》（廊发〔2019〕23号）精神，着力解决好预算绩效管理中存在的突出问题，在增强重大战略任务财力保障的同时，持续提升财政支出效率与效益，结合本市实际，制定本实施意见。

一、主要意义

全面实施预算绩效管理是推进国家治理体系和治理能力现代化的内在要求，是深化财税体制改革、建立现代财政制度的重要内容，是加强财政资源统筹、优化财政资源配置、提升公共服务质量的关键举措。

2019年以来，作为全省全面实施预算绩效管理唯一设区市试点，我市在显著节约财力的同时，着眼巩固全面实施预算绩效管理成果，在构建"预算新增有评估、预算申报有目标、预算执行有监控、预算完成有评价、评价结果有应用"的全过程绩效管理链条方面取得了明显成效。与此同时，绩效理念尚不牢固、重投入轻管理、重支出轻绩效、项目散碎小等问题在一定程度上仍然存在，预算决策与全市总体战略发展重点的契合度与支撑度有待进一步提升。目前，经济运行不稳定、不确定性因素增加，财政收支压力加大，我市财政收支平衡与财政可持续性受到巨大挑战，迫切需要牢固树立过"紧日子"思想，厉行勤俭节约，向绩效要财力，以绩效促管理，以财政工作的积极有为、提质增效推动经济发展与民生改善。

二、总体要求

（一）**指导思想**。以习近平新时代中国特色社会主义思想为指导，深入贯彻落实中央、省全面实施预算绩效管理精神，坚持绩效优先的工作总基调，市县两级协同联动、形成工作合力，按照"求实质、讲实用、务实效"的核心原则，以京津冀经济一体化、都市区经济带动、规划同步与优势互补为战略机遇，将"全面实施预算绩效管理"和"集中财力办大事"紧密结合，建立符合我市实际、特色突出的预算绩效管理体系。

（二）**基本原则**

——统筹规划，久久为功。做好顶层设计，制定未来三年的预算绩效管理中长期规划，在巩固以往年度成果的基础上，一步一个脚印，建立预算绩效管理长效机制，着力解决好绩效管理中存在的突出问题，在增强重大战略任务财力保障的同时，不断将绩效理念融入到项目立项、政策制定、资金安排等各方面，持续提升财政支出效率与效益。

——点面结合，突出重点。全面推进预算绩效管理工作，将绩效理念和方法深度融入预算编制、预算执行、预算监督全过程，构建事前、事中、事后绩效管理闭环；突出重点，坚持问题导向，既聚焦解决当前最紧迫问题，又着眼于健全长效机制；既关注预算资金的直接产出和效果，又注重绩效目标的实现程度。

——科学规范，有序推进。制定切实可行的分行业分领域绩效指标和标准体系建设方案，加快推进科学化、规范化、合理化的预算绩效标准体系建设；逐步提升绩效结果应用层次、扩大绩效信息公开范围，建立重要绩效结果向同级人大报告、向社会公开机制，主动接受人大和社会各界监督。

——强化约束，有效激励。建立责任约束制度，明确各方预算绩效管理职责，清晰界定权责边界；健全激励约束机制，实现绩效评价结果与预算安排和政策调整挂钩；优化预算管理流程，逐步完善绩效管理奖惩机制，调动各预算部门、预算单位的积极性、主动性。

（三）主要目标

按照深化财税体制改革、建立现代财政制度的总体要求，进一步强化预算约束和绩效管理，力争到2023年底，在巩固全方位、全过程、全覆盖的预算绩效管理体系基础上，形成重点领域财政资金竞争性分配、重点部门整体绩效管理、重大政策全周期跟踪问效的绩效管理机制，以绩效管理促成本核算，健全重点领域财政支出标准体系，提高财政资源配置效率和使用效益。

——政府层面，全面开展政府财政运行综合评价。以关注"重大政策、重点任务"落实情况为着力点，将政府收支预算全面纳入绩效管理。2021年，市级启动政府预算绩效管理研究，出台下级政府财政运行综合评价管理办法，各级政府以"集中财力办大事"为核心，全面设定与当地经济社会发展水平相适应的政府财政运行绩效目标；2022年，市级选取部分县、乡镇试点开展政府财政运行综合评价；2023年，政府财政运行综合绩效评价覆盖我市所有县、乡镇政府。

——部门层面，全速推动部门整体预算绩效管理。以推进"成本控制"为核心，针对预算部门整体支出情况开展绩效管理。2021年，市级修订完善部门整体预算绩效管理办法，市、县所有预算部门设定部门整体支出绩效目标，开展部门整体绩效监控及绩效自评；2022年，市、县财政部门对所有同级预算部门开展部门整体支出绩效评价，评价结果与财政资金分配、政策调整等挂钩。

——政策层面，全力推进支出政策全周期跟踪问效。以构建"政策动态调整机制"为抓手，对重大政策开展全周期跟踪问效。2021年，市、县两级全面开展新增政策事前绩效评估，对重点延续性政策进行中期绩效评估及重点绩效评价，绩效结果专题汇报同级人大、政府；2022年，市、县两级探索构建以绩效为核心的"集中财力办大事"政策体系和资金管理机制；2023年，市、县两级政策重点绩效评价要覆盖到所有重大支出政策，对低效/无效政策予以调整或清退，以解决政策碎片化、绩效不高、分配固化等问题。

——项目层面，全面加强项目全过程绩效管理。以建立"项目全生命周期管理机制"为切入点,对财政资金安排的项目开展全过程绩效管理。2021年,市、县两级要进一步完善项目全过程绩效管理制度体系,并将绩效结果真正应用到政府决策、预算安排、政策调整等方面;2022年,项目全过程绩效管理全面覆盖"四本预算"及政府采购、政府购买服务、政府投资基金、政府和社会资本合作、政府性债务项目。

三、工作举措

(一)强化制度建设,完善绩效支撑体系。各级财政部门要按照财政部《预算管理一体化规范(试行)》的最新要求,依据"人员类、运转类、特定目标类"的项目分类,修订事前绩效评估、绩效目标、绩效监控、绩效评价等制度,并加快预算绩效管理信息系统建设,对现有预算绩效数据实施有效整合和共享,进一步建立健全预算绩效专家库、标准库等智库体系,与各预算部门实行分建共享、动态管理,为预算绩效管理提供智力支持和制度保障;各级预算部门要按照全面实施预算绩效管理要求,建立健全本部门预算绩效制度、预算绩效指标库等支撑体系。

(二)强化源头管控,扩围事前绩效评估。各级预算部门、预算单位应对拟新出台的支出政策、新增专项开展事前绩效评估,评估报告及时报送同级财政部门,未按要求开展事前绩效评估的新增政策和项目不得申报财政资金;各级财政部门联合同级投资主管部门建立事前绩效评估联动机制,并与工程项目审批、信息化项目立项等紧密结合,形成大数据共享共用;各级财政部门要加强对新增重大政策和项目的财政事前绩效评估,评估对象逐步向部门整体支出层面扩展,将评估结果作为预算安排的重要依据。

(三)强化目标导向,优化绩效目标管理。各级政府要围绕高质量发展主题,将"集中财力办大事"作为指导原则,设定政府财政运行绩效目标,明确政府年度重大工作任务,报上级政府备案;各级预算部门应对部门整体支出、政策和项目设定绩效目标,并加强对所属预算单位绩效目标的审核把关和归纳分析,增加量化指标,减少定性指标;必要时,各级财政部门可聘请行业专家、绩效专家开展绩效目标专家审核，凡是没有编制绩效目标或绩效目标未通过财政审核的，一律不得安排预算；各级财政部门组织预算部门编制以部门整体、政策和项目绩效目标为主要内容的绩效文本，与预算文本"同步提交、同步审议、同步批复"，推动绩效目标管理与项目设立、资金安排、预算管理有机融合。

（四）强化过程跟踪，做实绩效运行监控。各级财政部门、预算部门及其所属单位依照职责，对预算执行情况和绩效目标实现程度开展"双监控"，预算部门日常监控与财政部门定期监控相结合。各级预算部门对重大政策、重点项目，以及问题较多、绩效不高的项目予以重点监控，并逐步开展部门整体绩效监控；财政部门可根据实际情况对部门整体、政策和项目开展财政重点绩效监控；各级预算部门通过监控深入分析执行进度慢、绩效不高的具体原因，对绩效目标出现执行偏差或显现管理漏洞的，应及时采取措施予以纠正；各级财政部门、预算部门对于绩效监控中发现严重问题的，如预算执行与绩效目标偏离较大、已经或预计造成重大损失浪费或风险等情况，应暂停项目实施，按照程序调减预算并停止拨款，及时纠偏止损。

（五）强化责任约束，深化事后绩效评价。各级政府要建立对下级政府财政运行综合评价机制，并逐步实现评价结果与转移支付分配挂钩机制；预算执行后，各级预算部门要及时组织本部门及所属单位开展项目绩效自评，查找资金使用的薄弱环节，认真分析评价结果所反映的问题，制定改进和提高工作成效的措施，及时将绩效自评报告提交财政部门，绩效自评报告作为预算部门申报下年度预算的前置条件，自评工作逐渐由"软约束"向"硬要求"转变；各级财政部门要以"问题导向、目标导向"为原则，对预算部门自评开展抽查复核，并选取部分重点政策和项目开展绩效评价，以3年为周期实现财政评价重点政策全覆盖，以5年为周期实现部门评价重点项目全覆盖；评价结果为"差"的，不得安排预算资金，相关支出政策按照程序进行清退。

（六）强化整改提升，拓展结果应用层级。各级政府、各级财政部门和预算部门要完善绩效结果应用机制、拓展应用范围，评价结束后，及时反馈评价结果、明确整改时限，结果为"差"的政策和项目应列入预算绩效"负面清单"，并严格按照相关规定切实做好结果应用；被评价部门和单位要及时完成整改，通过制定措施、改进管理来补齐工作短板、提高资金管理水平；各级财政部门应定期向同级人大、政府提交绩效结果及项目单位整改情况，为人大和政府决策提供依据。

（七）强化激励创新，扩大竞争性分配范围。各级财政部门和预算部门可根据行业发展特点适当引入竞争机制，创新资金分配模式，鼓励项目负责人积极谋划有利于区域或行业发展的政策和项目，促进预算安排科学化；财政资金竞争性分配机制要逐步扩展到所有重点领域，进一步提高重点领域财政资金的使用效益。

四、保障措施

（一）加强组织领导，明确职责分工。各级党委政府要加强对区域内预算绩效管理工作的组织领导；各级人大负责对区域内预算绩效管理工作进行监督；各级财政部门负责组织预算部门开展绩效管理工作，推进绩效信息公开；各级审计部门对预算绩效管理情况开展审计监督；各级预算部门负责组织本部门及所属单位开展预算绩效管理工作，并结合自身工作特点将绩效理念、管理方法贯穿于财政资金使用全过程。

（二）规范工作程序，增强公开透明。按照"扩围事前评估、优化绩效目标，做实绩效监控，深化绩效评价"的工作思路，适当引入第三方机构、行业专家和社会公众有序参与，形成预算部门自我约束、财政部门客观评判、其他各方有序监管的管理模式；建立健全规范的工作流程，设置科学、合理、准确的预算绩效指标体系；在预决算公开的同时，同步公开预算绩效管理内容，主动接受社会公众监督。

（三）聚焦重大任务，不断深入扩围。各级政府、各预算部门紧密结合工作实际，统筹谋划预算绩效管理总体规划，围绕绩效优先理念，不断提升财政资金使用的产出、效果和持续影响力；以绩效为抓手，加强财政资源统筹，推进中期财政规划管理，增强区域发展重大战略任务财力保障；稳步推进重大政策和重点项目的全面绩效管理，拓展管理范围，巩固和提升多层次、全方位的预算绩效管理格局。

（四）压实主体责任，严格监督问责。各级政府和各预算部门、预算单位是预算绩效管理的责任主体，各级党委和政府主要负责同志对本地预算绩效负责，预算部门、预算单位主要负责同志对本部门本单位预算绩效负责，项目责任人对项目预算绩效负责，对重大项目的责任人实行绩效终身责任追究制；各级预算部门应对主管的政策和项目绩效管理加强监督，及时发现问题并按规定程序处理，财政、审计等部门发现违纪违法问题线索，及时移送纪检监察部门；各级财政部门对同级预算部门、下级财政部门预算绩效工作进行专项考核，对工作成效明显的给予表扬，对工作推进不力的进行约谈并责令限期整改。

在市委、市政府领导的关怀和指导下，廊坊市的预算绩效管理改革试点工作得以顺利开展并取得了显著成绩。

（二）财政部门勇于担当

作为改革试点的牵头单位，2019年6月，廊坊市财政局成立了由局长任主任的预算绩效管理委员会，委员会的成员由市财政局的副局长、市财政局各科室的主要负责人构成。预算绩效管理委员会下设办公室。预算绩效管理委员会的主要职责是：统一领导、协调全面实施预算绩效管理工作，研究构建预算绩效管理制度体系，研究构建预算绩效管理标准体系，研究构建预算绩效管理协调工作机制，指导各部门各单位、各县（市、区）落实预算绩效管理各项要求。预算绩效管理办公室主任由主管副局长担任。预算绩效管理办公室负责研究制定各项政策，构建制度库，开展宣传和培训，督导各部门各单位、各县（市、区）、局内各科室（单位）落实各项工作要求。负责实现预算和绩效一体化，构建绩效指标库，补齐各项工作短板，开展全过程的预算绩效管理。负责引入和管理中介机构参与预算绩效管理工作，构建专家库、学者库、中介机构库等。

"花钱必问效、无效必问责"是预算绩效管理改革的核心要义，而"全方位、全过程、全覆盖"是这项改革的基本要求。所谓"花钱必问效、无效必问责"，就是通过建立绩效管理责任约束机制，建立绩效结果与预算安排挂钩机制，着重解决财政资源配置和使用中的低效无效问题。"全覆盖"，就是建立全覆盖管理体系。从原来只关注一般公共预算，到现在将政府性基金预算、国有资本经营预算、社会保险基金预算等内容全部纳入绩效管理。为了加强预算绩效管理办公室与市财政局其他科室的沟通协调，预算绩效管理委员会成员科室各明确一名联络员，负责预算绩效管理日常沟通联络等具体工作。

根据《关于全面实施预算绩效管理的实施意见》（廊发〔2019〕23号）的有关规定，廊坊市财政局制定了《廊坊市财政局预算绩效管理内部规程》（廊财绩〔2020〕9号），就有关科室、单位职责分工及预算绩效管理的相关要求、规定和流程等做出了明确规定，进一步加强组织领导，压实工作责任，规范工作流程，增强预算编制的科学性、合理性、规范性，优化支出结构，合理配置资源，提高财政资金使用效益。内部规程进一步规范了市财政局内部各科室、单位的绩效管理工作职责和流程，要按照工作规程要求抓好贯彻落实。一要突出全面实施。预算绩效管理科要按照既定的预算绩效管理内部规程，牵头推进组织推进廊坊市预算绩效管理工作，确保预算绩效管理覆盖所有财政资金、所有预算环节。二要突出深度融合。在部门预算编制过程中，各部门预算管理科要坚持绩效和预算管理一体化原则，将绩效理念和工作要求深度融入预算编制过程中，坚决取消低效无效支出。三要突出责任明确。预算科、国库科、各部门预算管理科要按照本规程开展工作，将预算绩效管理工作作为全局的重点工作来抓，确保每个节点的工作都有人抓、有人管，推动预算绩效管理发挥更大效用，提升预算管理水平和政策实施效果。

2020年10月13日，廊坊市财政局预算绩效管理委员会组织召开全体会议。会议全面总结了预算绩效管理改革推进情况，对绩效结果反馈整改、报告通报、挂钩预算、调整政策等相关应用方式进行固化和明确，对绩效信息公开的内容、方式、渠道做出严格规定，进一步完善和加强第三方管理，推动事前绩效评估制度化、常态化，补齐了全过程预算绩效管理制度链条，为下一步工作开展框定路径。会上，要求按照"深耕北京、博采众长，对标'三全'、务求实效"的思路，坚定信心、大干实干，把绩效管理由点到面全面铺开，由表及里深度推进，加快实现预算和绩效管理一体化，让预算管理有新的灵魂、新的规则、新的水平，挤出更多的财力，发挥更高的效益，真正实现预算管理的科学精准。同时，对下一步工作提出三点要求：一是深化认识、统一思想，切实担负起新时代财政使命。全面实施预算绩效管理是党中央、国务院重大决策部署，是预算管理改革的重要方向，既是新时代财政工作的职责使命，更是财政事业发展的迫切需求。面对当前异常严峻的财政收支形势，必须紧紧抓住抓牢预算绩效管理改革这个契机，向绩效要财力、让绩效优财力，科学压减、提质增效，更精准、更有力地保障全市经济发展。二是勇担使命、主动作为，更好形成预算绩效管理强大合力。要及时将全市预算绩效管理工作推进情况及取得的成效，向市委、市政府等上级部门请示汇报，争取更多的上级支持。要采取有力措施，通过强化结果应用等方法，压实压紧部门主体责任，全面提升部门预算管理水平。要充分激发调动各方主动性、积极性，凝聚起强大改革合力。各县（市、区）财政局要充分认识预算绩效管理的重要性和紧迫性，对标先进、加力追赶，加快补齐工作短板，确保和市局步调一致、紧密协同。三是传承精神、保持势头，力争取得预算绩效管理改革新突破。要继承和发扬1998年财政综合预算改革精神，树立"功成不必在我、功成必须有我"的信念，切实担负起试点大旗。局预算绩效管理委员会要抓总抓大，统筹推进；各位主管局长要靠前站位、一线督导；各科室、各单位不仅要严格执行《廊坊市财政局预算绩效管理内部规程》，明确职责、压实责任，更要主动谋划、当仁不让，全力推动改革取得新突破。

（三）预算部门积极参与

预算绩效管理不仅仅是财政部门一家的工作，更需要各级各部门的支持和参与。预算部门是全面实施预算绩效管理的责任主体。在推进部门整体绩效改革过程中，廊坊市注重发挥预算部门主体作用，引导部门参与评价指标设计，形成财政牵头、部门参与、专家支持的部门整体绩效指标设计思路。以部门为主体，具体实施绩效指标体系构建、目标编报、自评和整体绩效报告等工作，财政组织指导，行业专家参与把关，在事前有效化解分歧，充分激发部门的积极性和主动性。

2020年7月14日，廊坊市生态环境局组织召开了2021年市本级部门预算整体项目事前评估暨绩效管理工作启动会议。会上，市财政局有关科室负责同志受邀对预算整体项目事前评估工作进行分析指导，对2020年上半年预算执行情况存在的问题进行分析总结，同时对2021年预算编制工作进行了再部署，并提出要树立"过紧日子"的思想，强调预算绩效管理要切实做到"全方位、全过程、全覆盖"，全面提高预算绩效编制质量。

市生态环境局负责同志对相关工作提出具体要求。会议强调，各县（市、区）分局、市局各科室，局属各单位要在思想上高度重视，各科室负责人作为预算申报第一责任人，要结合工作职责、上级任务要求、全年工作要点，认真做好预算申报前期准备工作，及时提供翔实的证明材料，要加强沟通，全力配合好技术支撑单位做好事前绩效评估工作。同时，各县（市、区）分局及市局各科室要加强协作，相互学习，认真总结上一年度预算编制过程中的经验教训，全力做好2021年预算申报工作。会议对2021年市本级部门预算整体及项目事前绩效评估工作中的相关问题做了针对性辅导。会议以视频形式召开，各县（市、区）分局财务主管局长、各股室负责人、市局各科室及局属各单位负责人参加会议。

对预算绩效管理实施前后的对比，廊坊市气象局计划财务科长感受颇深："过去财务部门就是'二传手'，各业务科室申报项目，拿到钱后花出去就完成了预算，这笔钱所达到的绩效谁也不清楚。"他介绍，气象部门业务单一、专业性强，此前的预算申报大都凭借各业务科室的判断，几乎"有求即应"。如今，计财科督导各科室事前通过评估合理设置项目、设定绩效目标，增强了项目的可执行性、可操作性。"一个设施农业智能气象服务的项目，过去上线一些小气候观测设备、智能气象服务APP等，并不知道它给农民带来多少效益，如今通过事前、事后的绩效评价，可以看到气象服务为农户规避了多少次气象灾害、减少多少损失。"他说，自从实施了预算绩效管理，预算执行的进度快了、效果明了，财政投入的针对性更强了。

实施预算绩效改革以来，各级预算部门单位积极参与到预算绩效管理工作当中，确保了改革试点工作的顺利推进。

（四）各县（市、区）同步推进

作为全省设区市试点，廊坊市所辖11个县（市、区）同步纳入试点范围，市县一体、全域推进。为此，市财政局持续强化指导辅导，着力打造大厂、安次、霸州三个样板县，辐射带动北中南三个片区，不断加快县级预算绩效管理工作，确保市县同步。

一是建立五项机制，加强沟通联络。在全市财政系统建立联络员、工作台账、工作报送、随机督导、定期通报等五项机制，并明确各级财政部门预算绩效管理委员会办公室主任为专职联络员，定期汇总工作动态、具体推进情况，形成相关信息、工作合账进行报送，进一步加强上下左右之间的沟通联系。

二是进行全市督查，切实传导压力。提请市委将县级预算绩效管理工作纳入督导范围，对各县（市、区）工作进展进行全面督导，将督导结果在全市进行通报，对排名靠后的三个县，直接向县委主要领导下发整改通知书，进一步传导压力。

三是制定综合推进方案，不断取得绩效实效。针对工作推进不均衡状态，制定综合推进方案，赴北京大兴、通州等先进地区观摩考察，并召开现场督导会议，进一步加快工作步伐。通过片区样板带动、县级亮点培育、专人对口负责、绩效能手争创等一系列举措，推动各县（市、区）财政局均出台了实施意见和系列制度，并取得了实质性突破。

大厂回族自治县全面强化"花钱必问效、无效必问责"绩效理念，重点在夯实基础和强化导向上下功夫。一是坚持领导干部带头。开办县长讲堂，聘请专家举办县级领导干部的专题讲座，由上至下统一思想，强化改革意识，用车头带实现跑得快。二是坚持队伍建设优先。县财政积极参加上级举办的培训班，打造一支熟悉业务、素质过硬的工作队伍，熟悉绩效要求和工作流程，发挥牵头和引领作用，夯实改革推进和具体工作的基础。三是坚持典型案例引路。从全县选择一个部门和一个重点项目，就绩效目标、事前绩效评估等绩效管理工作进行解剖、讲解、分析，装订成册印发，实现工作的复制粘贴。通过绩效改革中绩效目标意识的确立，全县上下牢固树立了"讲绩效、用绩效、比绩效"的浓厚氛围，改财政预算安排大水漫灌为精准滴灌成为共识，为全面实施预算绩效管理夯实了工作基础。

安次区财政局设立了预算绩效管理股，负责全区预算绩效管理相关工作，并按照预算绩效管理改革工作要求，成立了以财政局局长为组长、副局长为副组长、相关股室股长为成员的预算绩效管理委员会，以提高预算绩效管理工作大事要事决策质量，保障预算绩效管理工作有序开展。同时，全区56个部门均参照成立了预算绩效管理工作领导小组，确保预算绩效管理改革工作顺利开展。为加快建立"全方位、全过程、全覆盖"的预算绩效管理体系，不断完善预算绩效制度设计，出台印发了《安次区关于全面实施预算绩效管理的实施意见》《安次区部门预算绩效运行监控管理办法（试行）》《安次区预算绩效目标管理办法（试行）》《安次区事前绩效评估管理办法（试行）》《廊坊市安次区区级部门整体绩效评价管理办法（试行）》《2020年全面实施预算绩效管理工作方案》等多项制度办法，使预算绩效管理有章可循、有规可依，为预算绩效管理改革的顺利开展奠定基础。

霸州市按照市财政局的决策部署，旨在全力打造廊坊市南片区预算绩效改革"样板儿"县，坚持以问题为导向，以应用为抓手，大胆探索、勇于担当，全力推进预算绩效管理改革，努力争做全市预算绩效管理改革"排头兵"。按照"统一领导、分级负责"的原则，霸州市构建了政府组织领导，财政部门牵头，各部门分工负责的预算绩效工作格局。一是在全市层面成立了由市长任组长，相关部门主要负责同志为成员的预算绩效改革专班，强化组织保障，有力有序推进各项工作。二是在财政层面，参照廊坊市级做法，从各股室抽调8名业务骨干组建工作专班，通过集中办公，在财政内部打造预算绩效事前、事中、事后全过程"闭环"管理模式。三是在各预算部门层面成立了由部门主要负责人任组长，具体业务科室人员参与的预算绩效推进专班，实现部门内部财务与具体业务科室之间的协调联动。通过三级管理机构，真正将绩效落实到资金使用终端。

二、转变理念是先导，关键在于"培"

廊坊市始终注重绩效理念培树，通过创立预算绩效信息专报、"寻绩问效在廊坊"公众号等平台，借助《中国财经报》、《河北日报》等媒体广泛开展绩效宣传，同时举办多层次、多主题业务培训，营造"要钱讲绩效、花钱想绩效"的浓厚氛围，扭转了部门"重投入、轻绩效"的一贯思维。同时，不断向社会公众普及绩效理念，公开预算绩效信息，引导社会大众关注绩效、监督绩效，形成全社会共同推进预算绩效管理的浓厚氛围。

（一）"交流"与"教学"相结合，全面树立绩效理念

对于廊坊来说，预算绩效管理工作是一项全新的工作，涉及面广、技术性强，具有挑战性。从事预算绩效管理工作的同志既是指挥员又是战斗员，因此必须具备一定的知识水平和业务素质才能胜任工作。各级财政部门是预算绩效管理工作的组织者、指导者和执行者，必须不断加强学习，让自己成为预算绩效管理的行家里手。因此，要通过各种形式、各种途径的学习培训，使财政部门从事预算绩效管理的同志知道预算绩效管理该怎么做；不仅要自己知道怎么做，还要能够让别人知道怎么做。为确保预算绩效管理工作的客观、准确和真实，各级财政部门要通过不断学习提升自身素质。同时，还要继续强化以人为本、执政为民的意识，正确行使手中的权力，把预算绩效管理融入财政管理的全过程。

一是"走出去"。为进一步提升财政部门及预算部门绩效从业人员的业务水平，2019年，廊坊市财政局举办了多次绩效管理培训班。第一期（7月29日至8月1日）、第二期（8月5~8日）、第三期（9月2~5日）、第四期（9月

16~19日）培训班陆续在上海财经大学举行，四期共有170余人参加培训。四期培训均设有五大财政预算绩效管理专业课程，通过专家带领学员全面学习和探讨，并通过对评价工作的具体实践要点进行点拨，提升绩效评价工作的质量。同时，培训还特别开设管理和国学思想课程，进一步提升领导干部的综合素质。另外，廊坊市与北京市大兴区建立友好合作关系。在北京市财政局绩效评价中心的牵头带领下赴大兴区财政局调研学习北京市以及大兴区市、区两级预算绩效事前评估、事中监控、事后评价等工作，积极引进其先进理念与优质资源，并多次参与其部门项目支出事前评估、事后评价会，深入学习其成熟的工作流程。

二是"请进来"。先后邀请上海财经大学刘国永教授、浙江大学李金珊教授、中央财经大学曹堂哲教授等国内预算绩效管理领域的知名专家，分别就"全面实施预算绩效管理政策与实践"进行"授业解惑"。为深入推进预算绩效管理组织实施，市财政局选择经验丰富的第三方机构，在大兴组织了两期"封闭式"实操培训，通过"以训带练""业务实操"等方式，让各部门全面了解预算绩效实施过程。

（二）典型案例分析，大力提升财政预算管理水平

预算绩效管理的显著特点是实践性和操作性，培训的主要目的是使学员掌握基本理论和方法，具有较强的解决管理中实际问题的能力。在培训中运用案例分析，对理论向能力的转化具有积极的"催化"作用。廊坊市组织的各项培训都有针对性地开展案例分析和讨论，收到了良好的效果。

为深入分析预算管理突出问题，推进2021年预算编制科学化精细化，市财政局组织召开专题分析研讨会，通过对预算绩效评估评价项目的剖析讲解，强化绩效意识，学习项目管理知识，举一反三，触类旁通，进一步提升预算管理水平。研讨会的主要内容包括：

第一，精选案例，由点及面剖析共性问题。案例涉及了教育、文化旅游、农业农村、社会保障、城乡建设等多个领域，涵盖了项目、政策、部门整体、成本绩效等不同层级的评估和评价工作。为克服疫情影响采用线上讲

解的方式，提前预约专家，利用腾讯会议，视频连线外地的优秀专家。专家从立项必要性、绩效目标合理性、实施方案可行性、投入经济性、筹资合规性五方面对项目进行了深入讲解，引申共性问题，如由服务外包发展专项资金的问题，引申至所有奖补类资金的共性问题；由区域卫生信息化项目的问题，引申至各类信息化项目的共性问题等。同时，专家更是立足廊坊实际，为廊坊市预算绩效管理工作提出了宝贵意见建议。

第二，趁势打铁，查漏补缺，加快补齐短板弱项。一方面，立足岗位查找差距。针对典型案例暴露出的管理主体缺位、总体设计缺失、资金监管薄弱、资金低效无效等问题，会议要求各预算专管员和科长现场谈感受。另一方面，当场破题立行立改。针对剖析出的共性问题，会议当场责成资产管理科、债务债券科、政府采购科、财政投资评审中心四个科室在四个方面进行规范和突破。资产管理科负责制定资产管理制度办法，杜绝随意占用、资产闲置等现象；债务科负责制定政府债务绩效管理制度办法，加强一般债券、专项债券特别国债等方面的绩效管理；政府采购科负责制定政府采购制度办法，结合绩效管理，切实解决采购预算编制不细、执行慢的问题；财政投资评审中心负责有序建立与公共服务质量标准相契合的系列支出定额标准，切实发挥标准在预算管理中的基础性作用。

第三，靶向发力，强化执行，有力提升预算管理水平。会议对项目问题进行深入剖析，并对2021年预算编制提出明确要求：一是强化绩效理念，准确把握政策要求，科学预测政策所需资金体量、政策实施效果、财政可承受能力等，按照上级文件要求，对于绩效偏低或明显超出廊坊市财力的，及时提出相关意见建议；二是开展"大调研、大走访"活动，把部门基本支出、项目支出、结余结转等情况摸清，切实做到"政策熟、底数清、项目明"，为做好预算各项工作打牢基础；三是以绩效改革为突破口，进一步将绩效实质性嵌入预算编制、执行各环节，通过深度参与预算绩效管理，切实提升预算管理水平，实现预算管理深刻变革，聚力开拓财政工作新局面。

（三）对各部门开展预算绩效专题辅导，提高业务操作能力

为了改革的顺利进行，廊坊市积极开展对各级预算部门单位的"一对一"辅导。

一是梳理部门职责活动。2019年机构改革后，多部门职责调整，按照《廊坊市全面实施预算绩效管理推进工作方案》要求和工作计划，为切实提高2020年预算项目绩效目标指标设置质量，廊坊市财政局依据部门三定方案，对项目库中各部门职责进行重新梳理。委托第三方机构协助一级预算部门进行职责梳理，为后续绩效目标指标设置及事前评估开展奠定了坚实基础。

二是设置项目绩效目标。自编制2020年度预算起，全面加强预算部门绩效目标编制的指导，不但要实现绩效目标指标编制全覆盖，还要严格审核绩效目标编制质量，并将绩效目标设置作为预算安排的前置条件。开展项目预算绩效目标指标"一对一"辅导审核工作，专家组成员包括：原北京市财政局预算处处长、北京市通州区财政局绩效考评中心主任以及多位常年负责中央各部委绩效评价工作的老一辈专家学者及高级会计师。"一对一"辅导切实提高了项目预算绩效目标指标编制质量，确保了项目库中的绩效目标指标完整、合理、可考量、可评价，达到了可批复状态，增强了项目单位对绩效目标指标的认识，也为日后绩效自评做好了准备。

三是设置部门整体绩效目标。对市住房和城乡建设局、市市场监督管理局、市民政局等重点预算部门的部门整体绩效目标进行"一对一"辅导，大大提升了部门对部门整体绩效认识，也提高了绩效管理水平，为部门整体评价打好了基础。

为进一步推进预算绩效管理工作，提高相关工作人员业务水平，为预算编制工作打好基础，市、县财政局多次组织预算绩效管理辅导班。培训围绕"预算绩效目标内容""预算绩效目标管理""预算绩效目标编制方法"以及实操案例等方面对市、县各部门开展了分批次、分领域的重点培训，并对试点领域教育领域进行了专场培训，加深了参会人员对绩效管理内容的理解，提高了参会人员对预算绩效目标编制的能力，为预算编制工作提供了有

力的保障。

（四）市县同步学习，强化带动作用

为强化市县同步理念，发挥引领示范带动辅导作用，廊坊市财政局将培训的参训范围覆盖全域，组织的历次大型培训中，11个县（市、区）财政局均设分会场开展视频培训，实现市县两级项目负责人、财务负责人同时受训、同步提高，为在预算编制阶段中严格落实绩效管理要求，初步实现预算和绩效管理一体化，在源头上强化预算执行刚性提供了助力。

各县（市、区）也非常重视培训工作，除了参加全市组织的统一培训以外，各县（市、区）还自我加码，组织多次面向各级各部门的培训。霸州市全方位组织专题培训，已组织近10期预算绩效培训，累计培训1500余人，通过对各部门财务负责人、具体业务人员进行多期、反复的培训，帮助部门树立牢固的预算绩效理念。大厂回族自治县在预算编制前，紧扣部门培训这一关键环节，以培训促改革、促推进、促实施。一是大范围培训。在北京举办为期四天的预算绩效管理封闭式培训班，聘请财政部专家培训各预算部门主管同志和财务人员320余人次，实现高水平、高层次接轨。二是点对点辅导。将各预算单位按不同行业分类编组，由财政部门分别就预算绩效管理和绩效目标编报进行专题培训和辅导，增强绩效理念，提高绩效管理能力和水平。共组织预算绩效目标管理辅导班8场，参训部门80多个、400余人。三是手把手帮扶。为确保改革落实到位，财政局分组先后入户走访预算单位24家，与各单位主管人员当面探讨和填报，单独帮扶填报项目80多个，确保了改革的顺利推进。

（五）开展第三方机构绩效业务培训，提升中介工作水平

预算绩效管理工作需要借助中介机构的力量，急需大量有较高执业能力的第三方机构。廊坊市财政局组织的大多数培训都对中介机构开放，为中介机构提供了很好的学习平台，鼓励他们认真学习，学以致用。在选择中介机构入库时，其中一条重要的标准就是有没有参加过预算绩效管理业务培训。

为进一步规范引入中介机构参与预算绩效管理的行为，提升廊坊市预算绩效管理水平，廊坊市财政局还专门针对入库第三方机构开展一系列的培训工作。培训由廊坊市财政局预算绩效科主持，内容涵盖廊坊市预算绩效管理工作开展情况、解读《廊坊市市级事前绩效评估管理办法》和《廊坊市市级预算绩效目标管理办法》、解读《廊坊市市级部门绩效运行监控管理办法》、解读《廊坊市预算绩效管理工作推进方案》、解读《廊坊市市级部门整体绩效评价管理办法》、解读《廊坊市市级政策和项目绩效评价管理办法》和《廊坊市第三方参与预算绩效管理工作办法》等。为鼓励第三方机构提升绩效管理业务技能，廊坊市财政局每年对第三方机构开展考评，对考评优秀的第三方中介机构和专家颁发奖励。

（六）市财政局多种形式实现"0元办培训"，示范勤俭节约

按照"过紧日子"要求，廊坊市财政局在实施预算绩效管理中，坚持勤俭办培训、自我加压、开拓思路、创新方式、把握机会，多种渠道实现"0元办培训"，并有针对性地出台了会议费培训费等预算申报规范，从源头上杜绝低效无效资金，将更多稀缺的财政资源用于保障发展、改善民生。

一是用好"智力"，以评代培。面对预算绩效管理改革时间紧、任务重、力量弱、业务知识普遍缺乏的现实困难，市财政局与北京、上海、浙江、广东等地预算绩效管理相关协会及高校的一批资深绩效专家建立了长期的联系，诚恳邀请他们挤出时间免费为廊坊市预算绩效管理相关工作人员讲解最新政策，讲授绩效知识。

二是激发"内力"，财政干部授课办培训。为进一步节约成本，市财政局主要负责同志率先垂范，对各单位财务负责人、项目负责人进行财政运行、绩效管理等方面的授课，相关绩效工作人员在学深悟透的基础上，结合自身负责的工作，自己制作课件、担任老师，抓住周末休息时间，利用局内会议室，为参与廊坊市预算绩效管理的第三方机构、相关工作人员等70余人解读预算绩效管理系列制度办法，讲解廊坊市预算绩效管理工作各方面、各环节关键要求，以及相关理论知识，在实现"0元办培训"的同时，也起到了

较好的练兵作用。

三是巧借"外力"，充分利用新技术办培训。中国财政学会绩效管理研究专业委员会利用腾讯会议APP，主要针对会员举办了新出台的《预算法实施条例》解读会，专门邀请参与条例起草的专家就"把握预算法实施条例主要精神，抓好条例贯彻落实"进行政策解读。得知信息后，市财政局认识到这是深入学习条例核心精神和实践要求的难得机会，第一时间主动请示、积极协调，在获得批准后，充分利用信息技术，实现网络会议和财政系统信息平台的无缝对接，将绩效管理研究专业委员会的内部解读会办成了财政系统广大干部职工的免费培训会。

三、严格规范是基础，关键在于"制"

坚持以绩效为突破口，打破旧有管理固化格局，实现预算管理流程重构，核心是绩效管理的"规范化、制度化、常态化"。廊坊市正是在建立健全绩效制度体系基础上，将绩效要求全面嵌入预算编制、执行、监督、评价、公开等预算管理全过程，创新构建全年编预算、动态项目管理等机制，明确了项目全周期管理中每一个环节的绩效操作方法，同时，抓住了专家评审、公众参与等关键环节，使审减资金更加合情合理、科学规范。

（一）坚持制度先行，有质构建全过程预算绩效管理制度体系

廊坊市财政局将建章立制放在首位，在认真研究其他省市规章制度的基础上，结合廊坊市实际，组织相关部门、县（市、区）多次进行深入讨论，集思广益搭建起了"1+1+N"的制度体系。在进一步压实预算绩效管理部门主体责任的同时，明确全市预算绩效管理目标和路径，让各部门、各单位清晰地知道"谁来干该怎么干、干成什么样"。

第一个"1"，是指市委、市政府出台的《关于全面实施预算绩效管理的实施意见》（廊发〔2019〕23号），是全市预算绩效管理纲领性文件，明确构建政府、部门和单位、政策和项目三级预算绩效管理体系，以及相应的支

撑体系、责任体系和保障体系，为全市全面实施预算绩效管理工作提供根本制度遵循。

第二个"1"，是指计划以市政府名义印发的部门预算绩效管理办法，是各部门、各单位预算绩效管理工作推进指南，清晰界定财政部门、预算部门等单位之间的责任，详细说明绩效管理工作流程、关键节点、相关要求，为各部门、各单位工作开展提供有力支撑。

体系中的"N"，是指已印发的《事前绩效评估管理办法》《绩效目标管理办法》《绩效运行监控管理办法》《政策和项目绩效评价管理办法》《部门整体绩效评价管理办法》《第三方参与预算绩效管理办法》《预算绩效管理工作考核办法》等7项管理办法，分别在事前评估、绩效目标管理、绩效运行监控、绩效评价及结果应用环节作出具体安排，共同形成了涵盖政策和项目、贯穿绩效管理全过程的制度体系。

（二）精准编制预算，高标准建立项目库动态管理机制

一是实行部门预算支出标准定额控制。廊坊市建立了比较切实可行的基本支出标准体系。选取房屋出租、信息化建设、物业管理等项目，制订完善项目支出标准，试行项目支出预算定额控制。建立健全"保障运转、基本均等、杜绝铺张浪费"的部门预算支出标准体系，压实部门事务性和运转性支出，提高支出安排的科学性、准确性。

二是加强项目库建设和管理。严格将绩效目标指标作为项目入库的前置条件、预算审核的核心要件，填报不规范、质量不高的坚决不予入库，2020年在"一上"阶段就将近30亿元的项目挡在库外，初步实现了预算收支平衡，相较往年预算编制效率大幅提升。项目全部纳入项目库管理，做实项目库，充实项目储备，实施三年滚动预算，列入预算安排的项目必须从项目库中选取。设置经常性项目政策库，进一步完善预算项目说明，明确设定依据、实施期限、计算标准、资金分配明细等内容，由财政部门审核入库。

三是进一步完善项目生成机制。各部门（单位）认真编制部门三年财政规划，研究提出未来三年涉及财政收支的重大改革和政策事项，分年度预测

收入情况和支出需求，提交财政部门综合平衡后，形成未来三年部门财政收支框架。各部门（单位）谋划预算项目要根据部门职责活动，围绕市委、市政府重点工作和目标任务，结合部门、行业规划确定，并与中期财政规划相衔接，合理安排项目实施节奏和力度，促进政策与预算相结合，提高预算的前瞻性。尽早谋划年度部门的预算项目，对需要大额财政资金保障的项目，要聘请中介机构或组织专家，对项目的可行性、必要性、效益性进行论证，做好项目资金测算，明确实施计划、时间进度、资金需求，为预算项目的精细化管理打好基础。

（三）梳理项目清单，探索构建分行业分领域指标库

一是梳理项目清单，提炼关键指标。廊坊市财政局对部门2018~2020年所有项目进行归类整合，形成部门的财政支出项目清单。根据部门职能职责及重点工作内容，以"20%的指标反映80%的绩效"为工作原则，从项目库中筛选核心项目，提炼关键指标，要突出结果导向，反映部门核心履职成效。

二是确定部门行业领域及类别，以政府支出功能分类为框架，结合项目对应支出方向，确定部门核心行业领域、行业类别，对应设置绩效指标，初步形成部门分行业分领域指标库。

三是补充指标内容，搭建完善的分行业分领域指标库。以结果为导向，完善指标体系内容，补充指标值、指标标准等内容，形成完整的部门分行业分领域指标库。

（四）严把绩效运行监控关，建立实现"双监控"+"支出承诺"制

为进一步加强和规范预算绩效运行监控工作，建立预算绩效运行监控机制，确保绩效目标如期保质保量实现，提高财政资金使用效益，廊坊市财政局制定了《廊坊市市级部门绩效运行监控管理办法（试行）》（廊财预〔2019〕56号），要求部门自行对所有项目开展预算执行进度和绩效目标实现程度"双监控"。廊坊市财政局自2018年开始，每年筛选资金体量大、社

会关注度高、落实全市发展方向的重点项目，每月督导预算执行进度并专题呈报市委、市政府，对进度慢的部门和单位发放"督办卡"、进行集中约谈，每季度监控绩效目标实现程度，全程把控项目落地情况、资金使用效益。2020年选取了201个项目，并在7月组织部门对所有专项项目开展了半年绩效运行集中分析，选取5个项目开展中期评估，收回了低效无效资金2.3亿元，统筹用于其他亟须保障的领域。

（五）借助各方力量，建立多方联动机制

找专业的人办专业的事，能加快进度。廊坊市财政局充分借助专家力量，专家的知识结构涉及预算绩效、财务管理、行业领域等，专家的身份涵盖高等院校、社会团体，科研机构、各级行政、事业、企业单位等。以农业农村领域竞争性资金分配评审会为例，来自预算绩效、农业领域、财务管理等领域的5位专家，以及由人大代表、政协委员、农村基层干部、农民代表组成的民意代表团，对进入评审的10个项目进行了集中会审。会上，项目负责人认真听取专家的合理化建议，从项目带来的引领示范效果到农民增产增收，从项目管理细节到政策的适用性，从资金使用效益到农民满意度等。专家的严格质询、启发式的鼓励与提醒，大幅提升了项目负责人的绩效意识。通过评审，廊坊市农业科技产业融合示范园项目、廊坊市蔬果产业标准化生产示范基地项目等6个优秀农业项目进入财政资金优先保障范围。

（六）加强公众满意度调查，纳入评价指标体系

为了增加公众对政府公共服务满意度的话语权，廊坊市财政局在政策和项目评价指标中增设满意度指标。以农业产业化创新引导资金政策绩效评价指标为例，在政策效果一级指标下设置满意度指标，这里指受益对象满意度，指标权值为5%。通过中介机构问卷调研，受奖补企业对此政策实施较为满意。但项目实施部门没有进行满意度调查，缺乏反馈材料。对项目实施的效果，是否满足本地企业实际诉求和建议无法体现，不利于项目的改进完善。

对于服务型政府来说，必须按照公众的意愿提供公共物品和服务，并且把公民是否满意作为评估政府绩效的最终标准。项目评价应加强满意度调查和绩效资料信息收集，扩大服务对象满意度调查范围，及时收集并汇总满意度等绩效资料，深入统计、分析调查结果，以便全面了解服务对象满意度，发掘相关需求，进一步改进与完善政策项目的实施。

（七）建立全过程绩效管理信息公开制度

公开透明和社会公众的参与是预算绩效管理的重要组成部分，又是推进绩效预算改革的重要手段。在现代财政预算制度框架下，政府的预算应该是公开透明的，社会公众有对政府预算的知情权。同时，通过推动预算的公开透明，广泛接受社会公众的监督，可以有效约束预算项目申报的随意性，保证资金的使用到位和减少资金浪费，从而切实提高资金的使用效益。

廊坊市财政局根据《关于全面实施预算绩效管理的实施意见》（廊发〔2019〕23号）的有关规定，制定了《廊坊市市级预算绩效信息公开管理办法（试行）》，规范廊坊市预算信息公开的原则、主体、内容和方式、监督管理等，明确预算信息公开的内容包括部门整体绩效目标、政策项目绩效目标、部门整体及所属单位的部门整体自评结果、部门重点绩效评价结果、财政部门组织形成的重点绩效评价结果。公开时限要求包括在财政部门批复预算或决算后的20日内。

预算绩效评价结果在廊坊市政府、部门网站以及《寻绩问效在廊坊》（公众号）、《民生周刊》（人民日报新闻周刊）等相关媒体进行公开，接受公众的监督。廊坊市预算绩效管理的推进信息在《寻绩问效在廊坊》和《民生周刊》刊发，重点绩效评价项目过程进展在廊坊市政府和部门网站进行公示。重点绩效评价项目过程及结果在部门网站上公示，如廊坊市财政局网站2020年11月进行的2021年度廊坊市教育领域竞争性资金分配结果公示和12月进行的2021年度廊坊市本级农业农村领域竞争性资金分配结果公示。邀请人大代表、政协委员、社情民意联络员通过参与绩效评审会和座谈等方式进行评价，最广泛地吸纳各方意见。

四、引智借力是手段，关键在于"学"

用好第三方机构、专家是做好预算绩效工作的重要一环，财政部门和各部门应将其视为重要手段，但绝不能完全依靠第三方力量，预算绩效管理责任主体是政府部门。财政部门和各部门规范引导第三方开展工作的同时，也要注意修炼"内功"，不能做甩手掌柜，要亲身参与、亲力亲为，在干中学、在学中干，真正做到学以致用。

（一）引入与规范第三方机构

委托第三方机构参与预算绩效管理，是全面实施预算绩效管理的重要举措，是推动加强预算管理、提高财政资金使用效益的有效手段。可以说，预算部门和单位是预算绩效管理的主体，财政部门是监管主体，第三方机构则是预算绩效管理的有力补充。

为进一步推进廊坊市预算绩效管理工作，根据《中共中央　国务院关于全面实施预算绩效管理的意见》、《河北省委、省政府关于全面实施预算绩效管理的实施意见》等有关精神，规范第三方机构参与预算绩效管理相关工作的行为，促进廊坊市预算绩效管理工作全面实施，廊坊市财政局建立了廊坊市预算绩效第三方机构库。第三方机构库实行资格招标制度，市财政局按照政府购买公共服务和预算绩效评价工作的总体要求，设定资格条件，通过政府采购方式确定入围名单，建立第三方机构库。以坚持动态管理、公平公正、能力优先为原则，确保工作规范、有序。

各类咨询机构、高等院校热情很高，纷纷参与到预算绩效评价工作当中。为了规范管理、有效引导、强化监督，合理界定委托方、第三方机构等相关主体的责任关系，保障委托第三方机构参与预算绩效管理有序实施，严格第三方机构执业质量监督管理，促进第三方机构执业水平提升，2019年廊坊市财政局印发《廊坊市第三方参与预算绩效管理工作办法（试行）》（以下简称《办法》）。《办法》从第三方准入管理、第三方权利义务、第三方过程管理、第三方质量评估、第三方费用支付、第三方退出机制等方面予以详细的规范说明，明确规定第三方机构开展预算绩效管理的工作范围、规范管理、有效引导、强化监督等内容，以保障第三方机构参与预算绩效管理工作的实施，更好地发挥预算绩效管理在优化财政资源配置、提升政策效能中的积极作用。

（二）引智借力，练好财政"内功"

充分发挥毗邻首都区位优势，借助北京先进经验，高等院校、科研院所、咨询机构众多，智力资源丰富，多年来培养了大批预算绩效领域的优秀专家。改革伊始，廊坊市充分利用地缘优势，大量聘请北京的优秀专家参与到预算绩效管理工作当中，解决了人才紧缺的燃眉之急。

廊坊不仅注重汇聚京津冀智力资源，充分发挥北京专家学者的智力支撑和决策参考作用，也不断强化内功，面向社会公开征集廊坊市预算绩效管理专家。

专家的征集范围包括：各级行政机关、企事业单位，高等院校、社会团体，科研机构，各类中介机构（含会计师事务所、评估机构、咨询机构等）、行业组织等，且不局限于上述单位，凡有意愿参与廊坊市预算绩效管理事前绩效评估、绩效目标管理、绩效运行监控、绩效评价、指标体系建设等工作且符合征集条件的人员都有机会征集入库。

征集条件包括：有良好的职业道德和信誉，客观公正、廉洁自律、遵纪守法；具有农林牧渔、工业和信息化、文化旅游、城乡建设、医疗卫生、公共交通、生态环境、信息网络、党务政工等各行业内专家，熟悉有关学科、专业发展情况，在相关领域具有一定权威性，具有较强的综合分析判断能力；从事相关领域工作满8年，具有大学本科以上学历，具备高级专业技术职称或注册类执业资格。达不到学历或职称要求，但在相关专业领域有较高声誉，可根据工作实际适当放宽学历、职称要求；年龄一般在65周岁以下（1955年5月15日以后出生），特殊情况可适当放宽。

专家受委托承担预算绩效管理工作的专家，依据财政部门制定的有关预算绩效管理规章制度开展工作，主要工作内容包括：参与预算绩效管理政策研究、制定及咨询；参与预算项目和部门整体绩效目标编制及评审；参与重大政策、项目事前绩效评估；参与指导政策和项目绩效运行监控，中期绩效评估的评审；参与绩效评价方案及评价指标体系的制定、评价工作的实施、绩效评价报告的撰写和审核；参与市财政局对市直部门及县（市、区）预算绩效管理工作的考核；参与分行业分领域指标体系建设等。

廊坊市财政局按照统一的范围条件，通过公开征集、部门（单位）推荐、自我推荐以及从相关行业专家库中运用择优选聘和邀请相结合的方式聘用预算绩效管理专家。市财政局收到申报材料后，负责对申请人或被推荐人进行资格审核。经审核，拟获得入库专家资格的人员，在市政府官方网站予以公示，公示期内无异议，将获得入库资格的专家信息录入廊坊市市级预算绩效管理专家库。

经过对申报材料的严格审核，先后近300名入库人员作为市级预算绩效管理专家库入库专家。专家领域涵盖农林牧渔、工业和信息化、文化旅游、城乡建设、医疗卫生、公共交通、生态环境、信息网络、党务政工等各行业，类别分为管理类专家、业务类专家、财务类专家。

为提高专家的业务能力和专业水平，廊坊市财政局与河北工业大学达成协议，委托其组织对入库专家的培训和继续教育工作，为今后的预算绩效管理工作奠定坚实的智力基础。

（三）发挥第三方在绩效管理全过程中的辅助支持作用

组织第三方机构参与预算绩效工作，有助于提高评价的科学性和准确性。内部主体的绩效评价模式有助于"上行下效"，确保上级政府或部门的政策目标得到有效执行。然而，这种单一内部主体的绩效评价模式的效果往往会因指标体系设计得不合理、实施过程的不规范、博弈行为等原因而大打折扣。在具体的预算绩效管理实践中，部分政府部门甚至缺乏预算绩效管理的基本知识，致使预算绩效评价不能承载在当今社会理应承载的推动政府职能创新、政府治理方式转变等深层功能。在预算绩效管理的过程中，第三方机构具有客观性强、专业性强的优势，组织第三方机构参与预算绩效评价，有助于依托专家学者的专业知识，创新预算绩效评估与评价的方式和方法，立足多维视角和多元数据，制定科学的绩效评价工作方案，客观而准确地衡量政府预算绩效，将为严格执行预算绩效管理制度提供可靠的、可信的参考依据。

在构建"全方位、全过程、全覆盖"的预算绩效管理体系的过程中，第三方机构大有可为。作为政府内部预算绩效管理的有益补充，引入第三方机构，不仅能够促进预算绩效的准确性、科学性，还有助于打破绩效管理过程中的信息壁垒，在政府与公众之间起到沟通的桥梁作用，促进政府绩效信息公开和绩效信息使用，从而构建预算绩效评价的治理结构。引入第三方机构参与预算绩效的目的在于实现政府外部主体与内部主体的有机协同，充分发挥第三方机构的智库角色与外部监督主体角色，为预算绩效管理的科学发展提供广泛的社会支持，推动探索构建具有中国特色的预算绩效管理体系。

改革伊始，廊坊市财政局为解决廊坊市预算绩效管理基础薄弱、任务量大、人员素质不高的局面，广泛借力，吸引多家第三方和专家积极参与整个预算绩效管理工作链条中来。一是在预算编审过程中，聘请第三方和专家对预算支出的必要性、可行性、实施方案、所需资金及绩效目标进行事前评估，提出质询，参与论证，出具是否安排、安排多少资金支持的意见，对项目绩效指标和目标值提出完善意见；同时，选取重点项目资金引入第三方开展事前评估。二是在预算执行过程中，聘请专家对预算执行过程进行监控，对重点预算支出运行情况进行调查研究，揭示问题，评估风险，督促预算单位及时采取措施规范管理，提高绩效；同时，参与完善绩效指标体系，使财政资金的投入更加合理、规范。三是在预算项目完成后，聘请专家参与项目的再评价工作及重点评价工作，对预算单位报送的绩效自评报告进行审核和质询，对评价方法、评价指标及标准值选用等问题提出咨询意见，参与绩效评价报告的编写。四是在工作路径和各项办法研究制订过程中，邀请专家参与整体预算绩效管理体系的建设，高标准设计预算绩效管理工作路径。在廊坊市预算绩效改革中，第三方和专家建言献策在廊坊市构建预算绩效管理顶层设计时发挥了重要作用。

改革初期，个别预算部门对第三方机构缺乏正确认识，对第三方工作采取消极甚至不配合的态度，影响评价工作的顺利开展。对于这种现象，市财政局要求各级各部门严格按照相关文件，摆正自身位置，积极配合第三方开展工作，对于不配合的提出严肃批评，给第三方撑腰打气，使其理直气壮地完成受委托任务，保证了预算绩效评价工作的有序推进。

（四）对第三方进行全程跟踪、动态考评

第三方机构本身的能力和水平很大程度上影响和制约着预算绩效评价和管理的有效性。为了更好发挥第三方机构在预算绩效管理过程中的作用，需要对第三方机构相应的资格和能力进行审查。目前的第三方参与预算绩效也面临着诸多困难。整体而言，当前第三方机构还存在"数量不足、质量不齐、结构不优"的问题，评价实践中"理论与实践的鸿沟""智库建设的相对滞后""经验模式的匮乏"以及"独立性、专业性与现实性三者之间的冲突关系"等问题也会影响第三方工作的科学性与准确性，致使其不能为政府管理和决策提供可靠的参考依据。为了更加客观、准确开展绩效工作，政府主管部门必须从顶层设计环节不断制定、细化规则标准，开展对第三方工作评价。由具备资格和能力的第三方机构承担评价工作，有助于推动工作的顺利开展，对此，就需要政府具备识别和选择合适的第三方机构的能力，建立对第三方机构的遴选机制，科学规划和组织，不断提高第三方机构评价的信度和效度，通过与相关院校、专业科研机构的协同合作，构建预算绩效管理的社会网络，最终形成预算绩效管理与改进的长效机制。在第三方工作实践中，既要提倡政府引入第三方机构参与评价的"委托—代理"模式，也要适当鼓励第三方机构独立开展预算绩效工作，倒逼政府改革的"合作生产"模式。在第三方评价过程中，政府部门要给第三方机构留有足够的"空间"，充分尊重第三方机构的独立性和首创精神，创造第三方机构发挥作用的制度平台，共同促进我国预算绩效管理现代化。

2020年10月，廊坊市财政局在2019年试行版本的基础上，修订印发了《廊坊市市级第三方参与预算绩效管理工作办法》（廊财绩〔2020〕8号），

指明了第三方参与预算绩效管理相关工作的内容主要包括：绩效目标管理的事前评估；绩效目标的编制、审核；对财政支出执行进度和绩效目标实现情况的运行监控和中期评估；对财政支出运行过程和结果的绩效评价；部门整体绩效管理相关工作。

根据《廊坊市市级第三方参与预算绩效管理工作办法》，市财政局对参与2020年预算绩效管理工作的第三方中介机构及专家进行了考评，并发布通报。根据考评结果，对优秀中介机构和专家进行通报表彰，给予考核不合格的中介机构黄牌警告。评选出优秀第三方中介机构和优秀专家，其中部门整体绩效管理类优秀中介机构5家，突破领域绩效评价类优秀中介机构3家，事前绩效评估类优秀中介机构7家，中期绩效评估类优秀中介机构3家，政策和项目绩效评价类优秀中介机构8家以及20位优秀专家。

通报要求，对于此次被评定为"优秀"的第三方中介机构，将在今后同类工作任务委托中，优先予以考虑；对于此次被评定为"优秀"的专家，建议各第三方中介机构优先聘用，并对工作任务中聘用优秀专家的第三方中介机构在相应考核内容中加分。同时希望各中介机构、专家再接再厉，在严格按照相关规定开展工作的同时，认真总结工作经验，不断提高从业人员素质，全面提升工作质量。

2021年1月，财政部发布《关于委托第三方机构参与预算绩效管理的指导意见》（以下简称《意见》），明确规定委托第三方机构开展预算绩效管理的工作范围、规范管理、有效引导、强化监督等内容，以保障委托第三方机构参与预算绩效管理有序实施，更好地发挥预算绩效管理在优化财政资源配置、提升政策效能中的积极作用。《意见》在规范管理、强化监督、配套措施等方面做出了总体规定。比如，在主体责任关系方面，提出必须明确委托方与第三方机构、相关预算绩效管理对象的权利和责任，严格执行利益冲突回避制度，确保委托主体与预算绩效管理对象相分离。对于不得委托第三方机构承担的事项，《意见》也有明确规定。《意见》明确了预算部门或单位要强化内部管理事务的内容，严禁将事前评审、事中监控、事后评价等事务层层委托，不能做甩手掌柜。廊坊市财政局未来应根据《意见》的精神进一步修订完善《廊坊市市级第三方参与预算绩效管理工作办法》，细化第三方机构参与预算绩效管理的操作规范，明确绩效评价目的、评价方式和评价结果应用等内容；同时，健全完善分行业、分领域、分层级的绩效评价指标体系，为高质量绩效评价提供一把"钢尺"。

五、突破创新是重点，关键在于"行"

将绩效作为预算管理第一要素、核心要素，重新塑造预算管理流程，以逐步实现"预算—绩效—成本—标准"四位一体。从行动层面讲，必须坚持编预算就是定绩效，在项目谋划、政策制定，甚至部门履职时，都要从绩效角度出发、先定绩效，特别是在谋划项目时必须将绩效作为第一标尺，把项目需要多少资金、达到什么效果都考虑清楚、展示明白，实现"花钱"和"问效"相统一；必须坚持审预算就是审绩效，审核项目预算时，要把绩效作为主要审核对象和抓手，变"主观砍"为"科学审"，通过事前评估和绩效目标两道关口，把低效无效项目挡在门外，让所有财政资金发挥出应有效益，切实提升预算编制质量；必须坚持评预算就是评绩效，在评价预算执行时，主要评价预算执行效果，看项目预期绩效有没有达到，财政资金有没有发挥应有效益。

（一）以教育领域作为改革试点，助力破解教育难题

作为全省预算绩效管理改革试点城市，需要选择一些重点领域、重点部门作为突破口，树立示范效应。长久以来，廊坊市的教育由于受到周边虹吸效应影响，加之自身存在一些问题，办学水平距离群众期待有一定距离，成百上千的学子不得不外出到异地求学，数以千计的学生家长奔波于往返路途之上，消耗了大量的资金、时间和精力。教育是公共服务保障的重点领域，关系到千家万户。然而，冰冻三尺非一日之寒，造成这一局面的原因众多而复杂，属于典型的"硬骨头"。对此，廊坊市财政局直面困难，迎难而上，无私无畏，敢于啃硬骨头，毅然将教育部门作为重点突破的工作领域。

根据《关于全面实施预算绩效管理的实施意见》（廊发〔2019〕23号）和《廊坊市市级部门整体绩效评价管理办法（试行）》（廊财预〔2019〕47号）等文件的要求，廊坊市财政局成立绩效评价工作组，对廊坊市义务教育领域进行整体评价。本次评价针对廊坊市义务教育领域开展，采取市县联动的方式，在全市范围内重点选取23所义务教育阶段中小学，对其2018年度单位整体支出进行评价，并分别出具评价报告。另外通过数据收集、座谈、访谈等多种方式了解全市义务教育领域资金投入和绩效实现等情况，在单位整体评价的基础上，汇总形成廊坊市义务教育领域绩效评价总报告。

1. 绩效评价中发现的主要问题

通过绩效评价，廊坊市教育领域存在的诸多突出问题暴露无遗：

（1）整体教育规划尚未制定，校级规划针对性不足。

廊坊市缺少针对教育领域或义务教育领域的市级整体规划，不利于廊坊市义务教育整体发展和管理。同时通过对重点单位的评价发现，各学校虽然制定了相应的中长期发展规划，但存在规划目标不够明确，规划内容过于简单的情况。相关规划未能根据学校的实际情况，对现阶段存在的问题进行深入分析，对学校的发展定位不够明确，未充分体现国家关于核心素质等教育理念变革，所设定的规划目标往往过于宏观，制定的实施策略不够具体，不足以指导和支撑学校持续发展建设。

（2）绩效目标设定不够科学，对工作的指导性不足。

所填报的绩效目标未能充分反映单位年度核心工作和预期效果，与单位中长期规划缺乏衔接，设定有关绩效指标科学性不足，与整体目标存在脱节，且不够明确、具体、量化等情况，绩效目标对单位工作的指导性意义严重欠缺。

（3）预算编制的科学性不足，资源配置的效率偏低。

首先，预算编制科学性不足，执行进度缓慢。相关专项经费由各县市教育部门统一管理掌握的情况较为普遍，资金分配缺乏一定的竞争机制，学校自主能力较弱；生均公用经费主要用于学校各项办公经费、日常修缮及其他基本运行支出，投入教育教学一线的比例较低，对于办学规模较小的学校，其公用经费由于受到总额的限制，仍显捉襟见肘。同时年度预算资金的支付由于受到跨学年、基建项目前期手续进展缓慢、寒暑假施工等因素的影响，无法达到序时进度要求，预算调整和执行缓慢的情况较为普遍。其次，资源配置滞后，供需矛盾突出。廊坊市近些年投入大量资金进行学校基础建设工作，对有关教学设备设施进行配置更新。但随着近年来城镇新增大量居民小区，大批农村人口向中心城区及县城聚集、人口政策变化和外来人口大量涌入等因素影响，大量适龄儿童具有城区内入学的现实需求，目前的教育资源配置远滞后于城市化发展。城区学位紧张，农村学位闲置的现实情况较为突出。

（4）教师队伍建设亟须加强，教师的培训力度不足。

由于受到教师自然减员和消除"大班额"部分学校需扩班分流等因素影响，廊坊的教师仍然处于相对短缺的阶段，无法达到《中央编办教育部财政部关于统一城乡中小学教职工编制标准的通知》的规定标准，而且人员流失情况较为明显，聘用制教师仍然在教师队伍中占到一定比例，体育艺术类专职教师缺口最为明显，由此也造成个别学校无法按照国家课程标准，足额开设教学课程设置无法达标。根据要求各学校应按照公用经费5%的比例安排教师培训经费支出，但在本次评价中发现该部分经费，普遍未能足额使用，各学校教师培训主要以省、市级安排的统一培训为主，未能针对自身学校特点和教师短板，制定有针对性的培训方案，培训的针对性、实效性尚显不足。

（5）大班额问题仍较为突出，亟待予以妥善的解决。

随着近些年京津冀协同发展的不断推进、北京城市副中心的发展、北京"疏解整治促提升"政策的实施、农村城市化进程加快以及计生政策松动等，大量非户籍人口聚集，造成义务教育阶段生源一直保持持续增长的态势，根据对廊坊市近五年国民经济和社会发展统计公报数据的统计，近五年义务教育阶段在校生人数净增长32.6%，年度招生规模增加34.2%，但与此同时义务教育阶段小学数量净减少18所、初中净增加9所。由于受到学生人数在近些年大量增加及城市化进程加快影响，现有的教育资源已不能满足需求，造成现有义务教育阶段学校办学规模普遍过大、大班额等问题较为突出的情况。

（6）基层财务人员力量薄弱，绩效管理工作不深入。

部分学校由集中财务核算改为独立财务核算，造成基层财务人员严重短缺，同时受到人员编制等因素的影响，现阶段由后勤、体育等老师履行财务核算管理的现象较为普遍，财务管理基础薄弱，财务人员的专业性亟须加强。同时，预算绩效管理工作仍不够深入，各学校的预算绩效管理制度和机制普遍未能建立。制度尚停留在纸面，相关单位及人员对于绩效管理的内涵理解仍显不足，"花钱必问效，无效必问责"的绩效理念未能全面形成。未能按照全面预算绩效管理的要求将相关年度预算进行分解，从横向、纵向落实到内部各部门、各环节和各岗位，未形成全方位的预算绩效管理体系，在绩效目标的设定、单位日常绩效管理等方面也存在较大差距。

2. 对下一步工作提出有针对性的改进建议

对于廊坊教育领域的现状，廊坊市财政局不仅局限于查找现存问题，还组织相关专家对症下药，提出有针对性的改进建议：

（1）完善顶层规划设计，统筹优化区域资源配置。

一是建议廊坊市市级教育主管部门在对廊坊市义务教育现状充分认识的基础上，积极协调各县主管部门，针对廊坊市义务教育领域的现状，梳理亟待解决的现实问题，在充分考虑廊坊市经济社会发展水平和财政承受能力的基础上，以"十四五"规划的编制为契机，制定符合廊坊实际的义务教育整体规划，并将规划分解落地，以促进廊坊教育事业的持续发展。

二是建议相关主管部门在完成全面改革的基础上，逐步提升地区基础教育设施配套水平，促进城乡基础教育设施均衡布局。在具体实施过程中首先重视学校建设规划编制、落实和实施，加快学校建设进度，结合城市发展规划，准确测算学位需求数量，制定有效的应对措施，切实解决义务教育资源总量不足问题。其次结合城镇化工作进程，利用棚户区改造和单位腾退用地等契机，加大财政投入力度，协调有关部门简化审批流程，积极补齐欠缺的基础教育设施。

三是积极探索区域集团化教学的管理模式，通过重点校与薄弱校联合，实现资源共享、优势整合，有效提升薄弱学校的教学水平，缓解优质资源短缺的问题。在提高教育教学质量的同时，妥善解决学生择校、入学困难等现实问题，对学生进行有效分流，降低个体学校办学压力，切实解决大班额、教育设施场地配置不足等问题。

（2）优化预算管理机制，切实提高预算管理水平。

一是加强项目库管理。建议改变原有预算编制的固化思维，按照目标导向的原则，建立由财政和教育主管部门共享的项目库，经过严格的事前绩效评估等事前论证程序，对包括该项目之内的教育财政支出项目进行全面遴选，未通过审核的项目不得立项，不得取得财政资金的支持。同时，依照项目库中项目的轻重缓急等级安排预算。

二是引入竞争性分配机制。建议在保障日常教育教学的基础上，引入竞争性分配机制，由财政等部门组织对各学校和有关教育部门申报的项目进行专项论证或事前绩效评估，并根据以前年度绩效评价结果，合理筛选项目，促使资金向教育教学一线倾斜，切实提高财政资金的使用效率和效益。

三是推进学校运行成本分析。建议分级分类实施学校运行成本绩效分析，进一步明确其公用经费定额标准，切实保障规模较小学校正常运转。可考虑利用集中采购的价格优势，由各级教育主管部门组织开展针对学校设备设施维修维护方面的集中采购工作，以有效降低学校维护成本支出。

四是合理引入第三方力量。针对本次评价过程中发现的各学校财务管理人员严重短缺的问题，建议由各区县教育主管部门进行统筹，在保证学校独立运转的前提下，采取购买服务等方式予以妥善解决。针对各区县教育部门和学校普遍反映的基建项目前期手续进展缓慢等问题，建议借鉴北京市、秦皇岛市等地的做法，提前批复启动经费，聘请专业第三方力量协助进行前期资料的准备，提高办事效率，节约教师资源。

五是摸清家底提高资产使用效率。首先针对评价中发现的设备设施闲置问题，建议各级教育主管部门组织开展资产清查等工作，全面摸清家底，清查结果作为今后设备更新的重要参考依据，对清查出的闲置设备设施应统筹调配使用。其次建议对全市教育领域信息化系统进行全面摸排，增强今后系统建设的统一性和兼容性，实现资源共享共用，减少重复投入。

六是加强教育投入的可持续性。近些年廊坊市的教育投入一直保持较高的增长，但通过本次评价和调研的情况看，各县（市、区）目前的增长主要依靠基础设施投入，缺乏一定的可持续性。在目前各地财政形势紧张的前提下，应充分考虑投入的持续性，在计算投入考核指标时，考虑阶段性投入对指标的影响，积极调整教育投入的方向和方式，确保教育投入的可持续性。

七是加强基层财务队伍建设。建议全面加强中小学校财会队伍建设，不断提升财务服务教育事业发展的能力和水平，根据《中华人民共和国会计法》《会计基础工作规范》和《政府会计制度》等规定，合理配置财务人员，完善财务管理机制，加强对财务人员的业务培训，提高会计信息质量。

（3）加强教师队伍建设，有效提高教育教学水平。

一是盘活编制存量，优化编制结构。根据教育发展需要，合理核定教职工编制，盘活事业编制存量，优化编制结构，合理降低非一线教师占编的情况。

二是充实教师队伍，补齐学科短板。采取返聘退休教师、合同制聘用等多种方式，及时补充教师队伍，逐步补齐音乐、体育、美术、信息技术等短缺学科教师，确保开齐开足国家规定课程。

三是改善教师待遇，稳定教师队伍。在教师引入的基础上，认真落实中小学教师基本工资定期调标、绩效工资、乡村教师生活补助和乡镇工作补贴等政策，不断改善中小学教师待遇。奖励性绩效工资要坚持按劳分配，向学校关键岗位、业务骨干和做出突出贡献的工作人员倾斜，进一步稳定教师队伍。

四是加强教师培训，提升教学水平。加强对教师的培训工作，各级教育主管部门和各学校应针对教师实际情况，制定区域和校本级培训计划，切实提高教师教学水平。

（4）充分发挥地缘优势，促进教育的内涵式发展。

充分发挥廊坊市的地缘优势，按照京津冀协同发展的规划，鼓励更多的京津知名中小学、办学实力强的民办教育机构到廊坊办学。同时，积极沟通对接，与京津教育部门建立更为密切的协作关系，充分利用京津的优质教育资源，探索建立有效机制和模式，开展教师培训和交流挂职等工作，实现教学研究、教师培训一体化。在自身加强硬件建设的同时，提升教师教育教学水平，稳步提升教学质量，提高义务教育满意度，促进教育的内涵式发展。

（5）加强预算绩效管理，将理念融入管理全流程。

强化预算绩效管理，建立健全预算绩效管理长效机制，以绩效目标为导向，结合各级教育单位实际情况，从学校职责定位、中长期规划、年度工作任务及教学目的出发，设置完整、合理的年度绩效目标和细化、量化的绩效指标，提高学校绩效目标设定的合理性、关联性和可衡量性。加强对绩效目标实现情况的监控，严格落实预算执行"双监控"制定，对监控过程中发现的绩效目标执行偏差，及时进行纠正。同时加强绩效管理相关政策解读和实操培训，将预算绩效管理工作融入学校的日常管理，切实提升财政资金使用效益。

在绩效评价的基础上，2020年7月31日，廊坊市财政局会同廊坊市教育局联合出台了《关于改进廊坊市教育领域预算资金绩效管理的意见》，将意见建议以文件形式固定下来，指导下一步预算绩效管理工作，推动廊坊市教育工作的健康发展。

廊坊市财政局　廊坊市教育局
关于改进廊坊市教育领域预算资金绩效管理的意见

为提高我市教育领域预算绩效管理水平，调整优化教育资金支出结构，加快推进教育内涵发展，提高教育资源配置效率，完善教育经费保障机制，高质量推进我市教育优质均衡发展，特提出如下意见。

一、总体要求

（一）指导思想

以习近平新时代中国特色社会主义思想为指导，全面贯彻党的十九大和十九届二中、三中、四中全会精神，深入落实党中央、国务院决策部署，结合教育事业发展规划，聚焦中心工作和重点任务，进一步优化教育领域预算管理模式，改变预算资金分配的固化格局，推动预算绩效管理，不断提高教育预算管理科学化水平，为教育事业发展提供有力保障。

（二）基本原则

实施精准管理。充分认识教育领域预算管理特点，结合教育领域现阶段存在的实际问题和发展方向，因势利导、分类施策，采取针对性措施，提高预算管理精准度和绩效管理水平。

创新引导机制。要建立引导和竞争机制，调动各级教育主管部门及所属单位发展积极性，加强资源的统筹及合理配置、激发内生动力、加强协调配合，形成合力，实现教育领域内涵发展。

改进薄弱环节。要抓住管理中存在的薄弱环节和关键节点，着重填补空白、补齐短板，促进教育公平，优化教育结构，加快推进教育优质均衡发展。

二、主要任务

（一）推进部门中期财政规划编制

部门中期财政规划主要针对项目支出，基本支出按财政部门统一要求编制和调整。部门中期财政规划的规划期为三年，每年向后延伸一年，在时间上实现滚动管理。一是各级教育主管部门应结合部门职能和工作计划，科学合理编制三年中期规划，列明分年度工作任务和时间节点，说明资金使用对象、保障标准、运行流程，建立预算绩效管理机制，并报同级财政部门审核；二是充分发挥各级教育主管部门的预算编制和执行主体作用，明确各项政策目标，出台年度教育领域支出重点清单；三是以促进教育内涵发展为目标，按照轻重缓急原则并结合预期项目实施进度内容，对项目进行滚动排序，择优纳入年度支出计划，切实提升项目执行质量、确保资金使用效益。

（二）进一步规范预算编制管理

一要完善教育领域项目库管理。为切实加强项目库管理，提高各级教育主管部门及所属单位项目设立的科学性和规范性，提高项目库对预算编报的支撑作用，制定《廊坊市教育领域项目库管理办法（试行）》，进一步规范项目库编制要求和程序，一是明确要求各级教育主管部门（单位）做好预算项目的储备工作，提前开展项目论证、编制立项、项目评审等工作。二是所有拟开展项目都要填报绩效目标，同时细化项目内容、具体活动和支出需求。自2021年预算编报开始实施。

二要完善教育领域竞争性资金分配机制。为保障教育专项资金分配的科学性，调整优化教育专项资金支出结构，在2020年试点基础上，进一步完善竞争性分配程序，在2021年度预算编报中，选取市本级、安次区及广阳区的公办学校（含幼儿园）开展教育领域竞争性资金分配。教育领域竞争性资金分配的重点领域包括教师成长、学生成长、教育教学改革、其他创新类等四个方面，以及教学课程改革及建设、德育能力建设等13个分类，并根据实施效果逐步在全市范围内推广。竞争性分配结果直接纳入当年度预算予以保障。

（三）调整完善资金支持方式

一要优化调整教师培训经费。为加强教师培训力度，提升教师培训经费使用效益。自编制2021年预算起，各级教育主管部门应统筹本地区教育培训经费的使用，加强资源共享，制定年度培训计划。各级各类学校按照年度公用经费预算总额的5%足额安排教师培训经费，用于校本培训和参加的各级主管部门的培训。各级各类学校根据自身特点和内涵发展的要求，制定培训计划，明确培训内容、时间、人员安排、资金需求等情况，同时编制对应绩效目标，上报各级教育主管部门审核。各级教育主管部门对各学校的教师培训计划和绩效目标进行审核，审核通过的，按照预算编报程序申报。审核未通过的全部金额，调整至本级教育主管部门，由本级教育主管部门统筹使用，用于本地区的教育培训工作，相关项目编制绩效目标，按照预算编报程序申报。

二要设立教育基建前期经费。为支持我市各类学校建设，提高教育领域基建类项目的精细化管理水平，自2021年预算编报开始设立"基建类项目前期经费"专项项目，用于本地区教育领域基建类项目前期调研、项目建议书编制等费用支出。该项目由各级教育主管部门进行统筹管理，基建类项目完成后，前期费用按照基本建设决算有关规定处理。

三要推进教育领域集中采购。为降低学校运行成本，针对各学校在日常运行中的信息化设备维修、教育教学设备维护等保障性工作，各级教育部门应利用集中采购的优势，统筹组织集中采购，有效降低维修维护单价。同时明确验收标准，组织各学校与供应商签订单价合同，据实进行结算。以达到资源整合和提升资金使用绩效的目标。

（四）强化教育领域预算绩效管理

一要强化绩效目标导向作用。绩效目标是开展事前绩效评估、建立项目库、编制部门预算、实施绩效运行监控、开展绩效评价等工作的重要基础和依据。各级教育主管部门及所属单位应按照"谁申请资金、谁编制目标"的原则，合理编制整体及项目绩效目标和绩效指标；各级财政部门应严格开展绩效目标的审核工作，并随预算一并批复绩效目标。预算执行过程中，要针对预算执行进度和绩效目标实现程度开展双监控。年度预算完成后，要对照绩效目标开展绩效自评。

二要加强事前绩效评估力度。各级教育主管部门及所属单位要强化政策研究论证，结合预算评审、项目审批等，对所有新增政策和新增项目（运转类项目除外）开展事前绩效评估，重点论证政策和项目实施必要性、投入经济性、绩效目标合理性、实施方案可行性、筹资合规性等内容，在申请预算时同步提交事前绩效评估结果。各级财政部门根据政策和项目情况，在预算审批过程中，开展重点项目（政策）和部门整体项目事前绩效评估，评估结果作为安排预算的重要依据。

三要加强绩效评价结果应用。各级财政部门和教育主管部门应在全面开展绩效评价工作基础上，加大对评价结果的应用。将绩效目标执行情况和绩效评价结果作为完善政策、编制预算、优化结构、改进管理的重要依据，作为领导干部考核的重要内容。对绩效完成好的项目原则上优先保障，对绩效完成情况一般的项目要督促改进，对交叉重复、碎片化的项目应及时予以调整，对低效无效项目一律削减或取消。

四要逐步推进学校运行成本绩效分析。各级教育主管部门要加强对生均公用经费的统筹安排，在按照政策足额保障生均公用经费财政拨款的基础上，以问题为导向，分级分类实施学校运行成本绩效分析，根据分析结果，进一步压实行政运行成本，资金使用上向教育教学一线倾斜，切实提高生均公用经费使用效益。在2021年度首先开展对小规模学校运行成本的绩效分析，根据分析结果，采取有效措施，切实保障规模较小学校正常运转。

（五）全面提升资产使用效益

一要提升资产使用管理效益。针对目前存在的设备设施闲置问题，各级教育主管部门应在2020年底前组织开展资产清查工作，全面摸清家底，清查结果作为今后设备更新的重要参考依据，对清查出的闲置设备设施应统筹调配使用。以后年度，每年申报预算前，应将年度资产清查结果作为预算申报的前置条件。

二要加强信息化系统整合。由市级教育主管部门统筹，对全市教育领域信息化系统进行全面摸排，加强各系统间的联通性，增强系统建设的统一性和兼容性，实现资源共享共用，减少无效投入。

三要完善信息化项目管理。为进一步规范和加强我市教育领域信息化项目的预算管理，自2021年预算编报开始实施，市级教育主管部门和单位应按照《廊坊市本级信息化项目支出预算编制规范》要求编制信息化项目预算。

三、保障机制

（一）落实主体责任，强化统筹协调。各级教育主管部门要落实管理主体责任，科学制定教育规划，统筹协调不同地区、不同学校间教育资源均衡发展，加强项目管理，指导学校进行项目实施，完善绩效运行监控，在深入调查研究、广泛听取各方面意见的基础上，针对教育教学管理中的问题，积极寻求解决问题的办法。

（二）优化教育布局，深化教育改革。各县（市/区）政府要结合地区人口流动的规律、趋势和城市发展规划，及时调整完善教育布局，科学合理布局学前教育和义务教育学校。努力消除城镇学校"大班额"，保障当地适龄儿童就近入学，加强留守儿童教育关爱。深化教师人事制度改革，健全义务教育治理体系。

（三）强化经费保障，提高资金绩效。各级财政部门要积极统筹资金，在整体财源紧张的现实条件下，全力支持教育事业发展，确保教育经费"两个只增不减"。加大对所属行政区域内财力薄弱乡（镇）的支持力度；加强教育经费保障机制建设，加强全过程预算绩效管理，切实提高经费使用效益。

（四）加强队伍建设，提升财管水平。各级教育主管部门和财政部门应加强教育领域财会人员专业队伍建设水平，合理配置财务人员，加强业务理论学习培训，不断提升财务服务教育事业发展的能力和水平，根据《中华人民共和国会计法》《会计基础工作规范》和《政府会计制度》等规定，完善财务管理机制，提高会计信息质量。

附件1：廊坊市教育领域项目库管理办法（试行）（略）

附件2：廊坊市教育领域竞争性资金分配重点投入方向与项目申报指南（略）

2020年7月31日

（二）创新开展部门整体和信息化专项事前评估，提高预算安排科学性

结合2020年预算申报总体情况，廊坊市创新开展了整体绩效评估、专项绩效评估和重点绩效评估，总计评估项目108个、涉及预算资金近7亿元，初步审减资金47亿元左右，审减率达68%，在评估中重点理清了多年来预算申报的顽疾，进一步堵塞漏洞、规范管理。

一是开展市生态环境局整体项目事前绩效评估，精准保障治理任务。

廊坊市区位优势突出，环保任务重、督查多、压力大，财政资金需求量大。之前由于缺乏专业判断，在预算审核中往往不能精准区分项目保障的先后顺序，预算安排不尽合理。为此，市财政局对市生态环境局2020年市局层面申报的67个项目开展整体项目绩效评估，借助行业专家力量，从专业、独立的角度，对所有项目进行评估排序，摸清项目的立项依据、预期效果，明确项目的轻重缓急、真正利害，做到预算安排科学合理，任务保障精准有力。

二是开展信息化项目专项事前绩效评估，杜绝财政资金"黑洞"。由于缺乏前置审批和统筹管理，廊坊市信息化项目一直存在价格虚高、功能重叠、投入重复、资源浪费等突出问题，已经成为财政资金"黑洞"。为此，2019年市财政局对申报预算额度较大的32个信息化项目开展专项事前绩效评估，并结合信息化特点，在评估过程中注重单位内部信息化项目统筹、单位之间信息化项目统筹，以及与已有信息化项目的统筹，对功能需求重叠、技术方案粗糙、可行性不强的项目坚决予以审减，确保信息真集成、资金真有效。32个项目最终"滤"掉19个项目，减少了1.57亿元预算。2020年，廊坊市财政局结合上一年信息化专项评估中发现的运维费用偏高问题，又对全市信息化运维费用进行了梳理，发现信息化运维已经成为"尾大不掉"的趋势，2020年市本级预算安排运维费用1.2亿元，2021年市本级预算申报高达1.6亿元，部分系统不仅没有发挥出应有的高效支撑工作和发展的作用，而且利用率低，几乎成为"僵尸系统"，一定程度上反而加重了运行成本、挤占了政府资源。对此，市财政局选取了30万元以上的67个运维项目、1.15亿元资金，正在开展信息化运维专项事前绩效评估，将对全市信息化系统进行一次全面摸底，确保该花的钱花得好、花得值，不该花的钱一分不花。

三是开展重点项目事前绩效评估，确保重大项目如期落地。在审核各部门事前绩效自评估报告的基础上，选择其中非信息化的重大项目9个，进行重点事前绩效评估，通过现场调研、现场质询等环节，进一步摸清项目真实情况，明确项目立项依据、详细实施计划，对其中不符合全市总体规划、不结合当前具体市情、不具备落地条件的部分项目，坚决不予安排预算，确保项目立项更科学、财政投入更高效。

廊坊市财政局对2020年度新增政策和超过150万元的项目，全部开展了事前绩效评估工作。针对评估中发现的共性问题进行分析整理，并制定相应标准、出台相关制度，建立长效机制，做到标本兼治。

（三）强化新增重大政策事前绩效评估，助力政策制定更精准

《关于全面实施预算绩效管理的意见》要求，"要建立重大政策和项目的事前绩效评估机制"。并指出，"对新增重大政策、项目及转移支付开展事前绩效评估，要重点论证立项必要性、投入经济性、绩效目标合理性、实施方案可行性和筹资合规性等"。这一规定对于健全和完善我国政策决策机制，优化预算资源的配置有着十分重要的意义。

政策性项目预算资金较大、受众广泛、影响深远。2020年4月，廊坊市财政局对《廊坊市促进主导产业发展专项政策十条》进行了事前预算绩效评估。来自中国人民大学、中央财经大学、北京市政府产业经济研究中心等机构的五名专家，通过前期近一个月的资料搜集、沟通交流、预评估等流程，对政策进行了全面调研和指导完善，并就其中的短板和问题，通过网上评估会的方式，对制定部门进行了充分的质询，从政策的统筹性、严谨性、针对性、可操作性、投入风险性、实施有效性等方面进行了集中评估，推动工作从落实到落细，杜绝低效无效资金投入，让政策更加科学、精准、高效。

事前绩效评估是预算绩效管理改革的主要发力点，2020年，市财政局进一步扩围提标，不仅要求所有的新增政策和项目全部开展事前绩效自评估，而且要在2019年对237个政策和项目进行事前绩效评估、审减率达到66.9%的基础上，将更多事关经济发展和民生改善的政策和项目纳入财政事前绩效评估范围，将有限的资金用在"刀刃上"、锻出"好钢材"，不断推进财政资金聚力增效、财政资源优化配置。

（四）扩大自评范围，拓展评价广度

2019年廊坊市财政局印发《廊坊市市级部门整体绩效评价管理办法（试行）的通知》（廊财预〔2019〕47号）。通过对廊坊市历年来部门自评工作

的研究，结合预算绩效管理改革的要求，对自评工作的流程、依据、指标体系、自评报告内容与格式等进行了明确的规范。

依据部门预算绩效目标从部门管理、部门产出、部门效果三方面设立一级自评指标。部门管理的一级指标从项目管理的角度进行了二级指标的划分，包含：资金投入、财务管理、采购管理、资产管理、人员管理、信息管理、绩效管理、重点工作管理。部门产出和部门效果两个一级指标下设数量、质量、时效、成本、经济效益、社会效益、生态效益、满意度八个二级指标，其中前七个二级指标使用了财政部通用的指标分类，而满意度指标则体现了公正公开性原则。三级指标则根据部门自身的工作职能性质，采取部门自行申报、财政局审核的方式进行修订。修订的指标库整理成为预算绩效文本。

2019年，廊坊市财政局对廊坊市农业农村局、市场监督管理局进行试点部门。2020年11月完成对全市87个一级预算单位的自评工作，12月完成其中35个部门的再评价工作。再评价采用第三机构，并将自评和再评结果在市财政局网站公示。

（五）引入竞争机制，创新资金分配模式

廊坊市财政局在财政资金分配过程中引入竞争机制，在全国率先开展了重点领域竞争性资金分配工作，挖掘了更多的优质项目，不断推进重点领域绩效管理提质增效，提升了干部职工的工作热情，为传统领域注入了新的活力，以农业领域竞争性分配为例。

第一，三个契合，发起竞争性分配探索。一是契合预算绩效管理，以项目优选促责任落实。竞争性分配不仅关注预算与绩效的高度融合，更加注重资金的使用效果、效益和效率，通过制定绩效评价指标体系，促进农业农村领域干部职工解放思想、树立绩效优先观念，使财政资金用到实处、发挥实效，以达到"好钢用在刀刃上"的目的。二是契合供给侧结构性改革，以公平竞争促农业发展。在农业生产领域加强优质供给，减少无效供给，扩大有效供给，提高全要素生产率。竞争性分配以基层农业的实际需求为出发点，引入竞争机制，展开评比，充分体现财政资金预算安排的"公平性、公

正性、公开性"。三是契合农业政策法规，根据中央、省、市农业政策法规及市级农业中长期发展规划，确定科学的资金分配方案，以稳步推进优质项目落地，从"一对一"单向审批转向"一对多"选拔性评审，力促决策透明化、科学化、精准化。

第二，四个步骤，明确竞争性分配程序。一是征求多方建议，进行实地调研，制定合理流程。一方面，廊坊市财政局工作人员到农业农村局对各申报单位进行动员培训和政策讲解，鼓励项目负责人开拓思路、精心策划，积极申报创新类、提升类农业项目；另一方面，根据所申报项目的特点，因地制宜，为项目负责人提出修改完善项目实施方案、合理规划实施地点等建议，使申报项目更符合我市现实情况。二是挑战传统思维，借鉴成功案例，启发策划创意。廊坊市财政局组织第三方机构到县区、乡镇实地考察，巡回讲解相关政策，并借鉴山东、河南等农业大省的成功经验，启发项目负责人不断完善实施计划、资金概算等内容，确保项目谋划更科学、实施计划更细化、预期效益更显著。三是拉长申报战线，给予对标分析，促进项目优选。廊坊市财政局将项目申报时长拉至三个月，并组织第三方机构对廊坊各县区的基础农业情况进行了摸底，将"注重项目实效、注重示范引领效果、注重撬动社会资金投入能力"为重点，特别关注社会属性强、公益性突出的项目。四是借助专家力量，充分尊重民意，评审阳光透明。专家组及民意代表团对进入"决赛"的10个项目进行了集中会审，6个优秀农业项目进入财政资金优先保障范围。

第三，"四项转变，推动财政资金提质增效。"一是预算绩效，由"软性约束"向"硬性要求"转变。重点关注"项目预期效益"，绩效目标不清、预期效益不佳、实施方案不细的项目坚决不纳入财政优先保障范围，使申报项目质量显著提升，此次入选项目计划更具可行性、项目效益更明显、项目执行更科学。二是预算编审，由"内部审核"向"专业评审"转变。竞争性分配不仅引入第三方机构介入，还邀请人大代表、政协委员、农村基层干部和农民代表对评审进行监督及评分，充分尊重民意，努力打造"阳光财政"形象，使财政资金预算安排更"接地气"，预算项目更好落实。

三是项目投资，由"一方投入"向"多方参与"转变。逐渐形成"政府搭台、多方唱戏"的局面，不仅提升了农户、村级组织等的生产积极性，也减少了财政投入、降低相关风险，更好地发挥财政资金使用效益。四是资金管理，由"单向管理"向"全程监管"转变。建立"事前评估、事中监控、事后评价"全过程绩效管理机制，要求预算部门对项目严格事前自评，执行中实时监控，执行完毕还要客观评价项目效果。真正践行了"花钱必问效、有效多安排、低效多压减、无效要问责"的绩效理念。

（六）探索全成本预算绩效管理、精确核定成本制定标准

当前，全面实施预算绩效管理正在全国范围内加快推进，开展成本绩效管理、建立财政支出标准是预算绩效管理的重要维度和目标，是破解预算管理中普遍存在的预算测算不准、预算申报过高、预算执行缓慢等问题的根本途径。

为深化预算绩效管理，廊坊市选取园林局作为试点，围绕解决一个问题、制定三个标准，摸索推进成本绩效管理，不断发挥标准对于预算管理的基础性作用。

一是解决预算申报审核缺乏标准的问题。目前预算申报审核缺乏标准，导致资金测算不科学、不合理，在很大程度上影响了财政资金效益的发挥。为此，市财政局在全面实施预算绩效管理中，借鉴北京先进经验，结合本市实际，启动成本绩效工作探索，通过分析历史数据、参考行业标准、细化成本构成等方式，核算每项工作的成本费用，如道路养护、公园养护工作中包含的人工费用、工具费用等，进而核定开展相关工作所需的总体费用，制定相关项目实施费用标准，实现预算安排的科学精准，从源头上杜绝稀缺的财政资源配置不合理、低效无效、闲置浪费。

二是制定符合廊坊实际的绿化养护质量标准。当前，北京等先进地区已经出台了城市绿地养护管理方面的相关养护标准，但受限于养护工作本身特点，及各地区位、地理环境、气候等因素，相关标准对于廊坊市的绿化养护适用性不强，造成了相关养护工作目标不明、标准不清，同样的树木灌丛，

到底应该浇多少水、施多少肥、剪多少枝，冬季如何防寒、夏季如何除虫等没有可供参考和遵照执行的行业标准，不仅导致工作不规范，也影响了财政资金使用效益。为此，评价工作组参照《北京市园林绿化局关于城市绿地养护管理投资标准的意见》《北京城市绿化植物养护费用标准测算结果及分项说明》《北京市公园维护管理费用指导标准》等现有行业标准，组织园林绿化专家进行现场勘查，结合近三年养护工作情况，初步明确园林局业务活动的分级分类的质量标准，针对不同的绿化植物、不同的城市区域、不同的季节时限，明确不同的养护效果，确定不同的工作标准，指导绿化养护工作科学开展、精细实施。

三是制定绿化养护项目经费定额标准。从园林局绿化养护项目的实际情况出发，通过资料搜集、现场调研、相关座谈等方式，对2017~2019年财务会计数据、2000多份加油登记表、实际消费单据等原始材料进行梳理分析，查阅相关凭证，按20多个绿化队分别统计人工费、设备费、水电费、材料费等15项内容，登记并核实道路绿地养护项目的实际支出情况。组织熟悉园林局财务核算的财政专家、经常进行成本核算分析和定额分析的业务专家，以及多年从事园林绿化工作的行业专家等，共同进行研究探讨，进一步分析成本核算对象构成，形成三年道路绿地养护项目、公园维护费项目和燃油费项目的分类统计表统计。在此基础上，细化成本分类，最终形成城市道路绿化养护、自然公园养护、丹凤公园养护、文化公园养护等相关绿化养护标准，明确各类养护费用组成，实现预算申报、审核、安排的科学精准。

四是制定绿化养护预算项目申报标准。通过梳理市园林绿化局"三定"方案、部门职责，界定了年度具体工作任务，并结合近三年项目实施情况的分析，以及2021年申报预算项目的分析，对应整合固化每年实施的具体项目。同时，对每个项目设定科学合理、可量化、可监控、可评价的高质量绩效目标指标，包含公园设施维护、水体维护、卫生保洁、安全管理等6项细化的产出内容，以及每个公园、每个绿点改善城市环境、提升生活质量等相关生态效益、社会效益指标，综合制定绿化养护预算申报规范，明确规定市园林绿化局每年申报什么项目、每个项目花多少钱、每笔资金达到什么效果，实现部门职能项目化、项目绩效目标化、绩效目标数据化，进一步规范预算申报、提升资金绩效。

全成本预算绩效管理是成本与绩效有机衔接的具体表现，是一种以绩效目标为导向、以项目成本为衡量、以业绩评价为核心的评价模式，是全面预算绩效管理向纵深发展的必然要求，是应对经济下行压力、符合新时代国家治理体系建设、构建新财税体制的应有之义。

（七）实行全年编预算工作机制，使预算编制更加精细化

为解决预算项目散乱小、质量不高这一源头性问题，结合历年预算编制分析及预算绩效管理工作开展，2020年廊坊市财政局首次实行了全年编预算工作模式，要求部门边开展工作、边谋划项目，财政项目库全年敞开、随报随审，让部门有充足时间谋划项目、编细预算，重塑预算编制机制。具体将预算编制分为政策性、经常性和新增项目编制三个阶段。

第一个阶段是更新政策性项目库。2019年对全市近三年经常性项目和延续性政策进行了总结梳理，审定政策依据充分明确、测算标准相对固定、必须安排的隐性刚性支出项目，创新建立政策性项目库，实施动态管理，每年仅需对政策进行梳理，确定最新标准，即可更新入库、安排预算，在显著提升预算编制效率的同时，做到对相关资金提前下达，提早见效。2020年7月底前，对所有入库的67个项目政策进行了重新梳理，入库标准更严格、管理更成熟。

第二个阶段是严审经常性项目。经常性项目是指为落实上级政策和市委、市政府决策部署，根据部门职责每年都在实施的、延续性的、常态化的预算项目。2021年，对经常性项目进行了梳理分析，将项目基本信息，包括立项依据、实施计划、资金明细等说清楚、讲明白，将项目所要达到的预期目标进行量化、显化，使项目效果一目了然、清晰明确。

第三个阶段是从严从紧安排新增预算。为落实过紧日子要求，对于2021年新申报预算项目审核坚持从严从紧原则，严定项目库入库标准，严格把牢绩效关口，严审绩效目标和事前绩效自评估，扩大财政事前绩效评估范围，

把每一笔钱都用在刀刃上、紧要处，让市场主体和人民群众有真真切切的感受。

六、切实应用是根本，关键在于"用"

大力打造事前、事中、事后的全过程绩效管理闭环不是最终目的，各环节绩效结果能不能用起来才是根本所在。廊坊全面实施预算绩效管理以来，始终坚持目标导向、问题导向，带着目标、带着问题评项目，形成绩效结果与预算安排、政策调整、部门考评三重挂钩，坚决砍掉低效无效预算，收回执行缓慢、效果不好的项目资金，整合清退部分投入重复、内容陈旧的支出政策，并督促部门及时完成整改，大幅提升资金使用效益。

（一）将成果应用制度化、常态化、时效化

为进一步加强预算绩效管理，明确预算绩效结果应用的原则、适用范围、主体及方式，廊坊市财政局制定了《廊坊市市级预算结果应用管理办法（试行）》（廊财绩〔2020〕6号），包括应用原则、结果反馈及整改、结果报告和通报、结果应用联动、挂钩预算和政策调整、绩效问责等方面内容。管理办法规定：绩效目标与当年度预算安排挂钩。审核结果为"优"或90分（含）以上，直接进入下一步预算安排流程；审核结果为"良"或80分（含）到90分的，完善后进入下一步预算安排流程；审核结果为"中"或60分（含）到80分的，由相关部门或单位对其绩效目标进行修改完善，按程序重新报送审核；审核结果为"差"或60分以下的，不得进入下一步预算安排流程。部门整体绩效评价结果与部门专项公用经费挂钩。评价得分在80分（含）到90分的部门或单位，适当减少其专项公用经费预算安排，减少比例＝〔（90－再评价得分）÷2〕%；评价得分在80分以下的部门或单位，适当减少其专项公用经费预算安排，减少比例＝〔（100－再评价得分）÷2〕%。

（二）开展多元化绩效评价，将评价结果作为决策的重要参考

一是将预算部门绩效自评、财政部门重点评价相结合，全面开展绩效评价工作。在每年年终，一方面由预算部门对所有发展性项目开展绩效自评价，并在规定期限内向财政部门报告；另一方面由财政部门筛选项目，引入第三方机构开展重点绩效评价，切实增强绩效评价公正性。二是实施多维度绩效评价。2018年，廊坊市财政局在选取2017年执行完毕的项目进行重点绩效评价的基础上，开展了多维度立体工作评价。首先，选择试点部门开展"工作活动"层面绩效评价工作；其次，选择2018年预算执行中的项目开展专项资金事中评价；最后，选择美丽乡村建设、造林绿化奖补、科技创新、工业发展、旅游发展等重点投入领域，对2015~2017年三年资金投入开展政策性绩效评价。在全市2019年所有预算项目全部开展绩效自评、全部公开的基础上，选取了33个政策和项目、5个领域开展重点绩效评价，涉及资金41亿元，并首次将部分重点评价报告全文提交人大常委会参阅，实现了由"任务式评价"向"实效式评价"的转变，更加关注发现的问题及后续的整改，更注重将评价结果作为决策程序的重要部分，通过强化评价结果应用，改进管理、调整政策、提升效益。

不仅限于事后评价结果应用，在实践当中，香河县财政局还创造性地组织了对香河县家具城管委会改制方案的事前绩效评估，将评估结果上报给有关部门，为县委、县政府提供事前决策参考。

关于《香河家具城党委关于深化管理体制改革的工作方案》的
财政资金支持建议（节选）

结合家具城的实际管理情况，针对《香河家具城党委关于深化管理体制改革的工作方案》（以下简称《工作方案》）中涉及的需财政支持部分，建议：

1. 按申请注册资本金的10%~20%，以"开办费"名义将财政资金投入香河家具城建设发展有限公司，计入公司实收资本。目前，拟新成立公司暂无明确的设立方案或经营计划，公司定位、发展目标、商业模式、运营机制、盈利模式等并不明确，以政府投资方式一次性向该公司注入注册资本金存在

风险，但考虑公司设立过程中的筹建人员开支、企业登记、公证等费用支出需要，建议考虑按申请注册资本金的10%~20%、结合当年度财政预算规模，适当安排资金以"开办费"名义投入拟成立公司，计入公司实收资本，并根据公司设立情况决定后续是否继续投资及投资规模。

2. 不建议单独设立"香河家具产业引导基金"，建议在充分论证设立目的、投资目标的基础上，在县政府投资基金下设立专项子基金。对地方政府而言，政府产业基金的设立，确实能够为区域内产业提供直接资金支持，也能够引入社会资本，放大支持效应，拉动区域经济增长，然而，随着政府产业基金规模日益扩大，政府投资基金政策目标重复、资金闲置和碎片化等问题日益突出，地方政府应在充分论证、全面考虑的基础上再行设立政府产业基金。

目前，《工作方案》提出的"建立家具产业引导基金"仍处于前期谋划阶段，基金设立目的、管理方式等均不明确，投资方向、风险承受能力等未经论证，贸然设立存在后续筹资不足、投资效率低的风险。为保证财政资金的支出效益，考虑香河县政府已决定在全县层面设立政府投资基金，不建议单独设立"家具产业引导基金"，如确需通过政府产业基金方式支持香河家具城的发展，建议在充分论证基金设立目标、规模等因素的基础上，在县政府母基金下设立专项子基金，确保基金设立与区域经济发展总体目标的一致性，确保政府投资资金高效运用。

3. 在明确人员分流方案的基础上，可考虑以财政资金保障1年过渡期内财政拨款人员（含在职、退休）、退役军人安置人员的工资等人员经费支出。为了减少因改革工作产生的冲突矛盾，保证改革工作平稳过渡，建议参照本地区事业单位在编人员的工资标准，按照明确可行的人员分流安置方案，测算财政拨款人员（含在职、退休）、退役军人安置人员的保障经费规模，对过渡期1年内所需经费科予以保障。过渡期结束后，应参照事业单位改制的具体要求，逐步调整经费保障来源。

4. 在资产清查、审计评估基础上，对家具城已有债务进行清偿，必要时可考虑使用财政资金统筹解决因取消管理费收取等客观原因造成家具城无力负担的对市场主体的欠款。根据《工作方案》，香河家具城目前外欠款共计926万元，包括原机关办公楼租金206万元、嘉亿龙办公地点租金210万元、广告费510万元。2018年以前，前述费用主要使用管理费收入等加以保障，但2019年后，香河家具城已无管理费收入且并不持有资产，难以依靠经营收入或资产变现支撑改制工作。因此，建议在对家具城进行资产清查、审计评估基础上，由县政府统筹协调，安排财政资金对部分已有债务进行清偿，其中，因原机关办公地点设在原县质量技术监督局办公楼和新建综合服务大厅（如为国有资产），建议协调香河家具城党委及资产持有单位，协商处置相关欠款；对欠付市场主体的欠款，建议根据已签订合同予以清偿，或进行债务重组，避免后续产生法律纠纷。

5. 明确绩效标准及补贴标准，对家具城发展中心业务拓展等相关经费支出给予适当的财政补助。针对《工作方案》中提出的政策扶持需求，建议县政府在明确发展中心发展目标及绩效标准的基础上，针对改制后香河家具城发展中心业务拓展相关经费给予一定补助：一方面，明确给予补助的"门槛"，如基于园区上年税收总额增幅，按一定比例向香河家具城发展中心下达运营补助经费，提高发展中心拓展业务、提高服务质量的积极性；另一方面，明确补助资金使用范围，财政补助资金应主要用于家具城业务拓展相关支出，经费支出与绩效结果挂钩，以提高财政资金的支出效益。

（三）强化评价结果应用，直接作为下一年度预算安排依据

绩效评价结果确定之后，市财政局迅速反馈各预算部门和相关单位，并同步报送局内相关业务科室，作为下一年度预算安排的重要依据，对绩效优良的项目在预算安排中优先考虑；对绩效较差的项目减少或不再安排同类项目的预算。同时将绩效评价总报告呈报市委、市政府分管领导，为领导决策提供依据。以2019年的预算项目为例，其中四项政策评价整体结果不佳，只有一项政策评价结果为"良"，其余均为"中"或"差"。突出问题为政策文件老旧、未建立资金管理机制，如"某农业类专项资金和某会展类专项

资金"，政策依据已沿用十余年，其间不问效、不调整，早已不适用当前发展，评价结果明确为调整或清退，且2021年不予安排相关项目资金；29个预算项目评价结果多为"良"和"中"，无"优"级项目，突出问题为项目规划不完整，资金使用计划不细，投入产出比较低，如"某信息化项目"，规划期只提出了理念，无任何业务规划，项目包含的全部子项目都没有立项手续，过半子项目没有集体决策，未明确业务需求及项目建设内容，导致后期推行部署难、系统功能不符合现实需求，使用率低下，此类评价结果"中"或"差"的，与下年度预算安排严格挂钩，相应核减或不予安排预算；居民医保基金、财信投资基金等5个领域绩效评价正在扎实推进，目前已发现的问题主要为管理制度不完善、风险控管措施不健全、可持续运行难度大，如"某投资基金绩效评价"，政府投资基金与市场化运作界限不清，基金风险控制管理仍需完善，基金投资效率较低，此外基金的考核与监管机制尚不够完善，将依据评价结果建制度、补漏洞、强管理。

（四）严格落实支出承诺制度，及时收回无效资金

严格落实支出承诺制度，及时收回无效资金。2019年底开始，推动市直所有部门单位年初向市政府做出支出进度承诺，公开签订支出承诺书。在预算执行中，按照承诺书，对支出进度未达到承诺进度或绩效指标偏离的32个市直部门，提请市委、市政府发放督办卡督促整改，并对无法执行的1.1亿元预算资金坚决收回，统筹用于其他发展和民生亟须领域，真正触动部门切身利益，引领绩效管理改革工作导向。同时，将支出承诺制明确写入全市全面实施预算绩效管理实施意见，作为一项正式制度固化推广。

（五）通过"问效"，充分发挥绩效管理的激励约束作用

"问效"已经成为预算绩效管理必不可少的关键环节。以市财政局《2019年财政专项资金重点绩效评价工作实施方案》为例，该方案要求对2018年执行完毕的市级财政专项资金开展绩效评价，并按照优、良、中、差四个档次评定。绩效评价结果运用，将充分发挥绩效管理的激励约束作用，直接

影响下一年度同类型新申报项目的预算资金审批拨付。这是廊坊市财政管理改革迈出的重要一步，将强化财政资金统筹，最大限度避免资金闲置和浪费。

（六）及时解决改进绩效评价中发现的问题

预算绩效管理对于政府部门的具体工作计划和实施有重要的影响，预算绩效管理改革最重要的就是绩效评价成果的应用，针对绩效评价中发现的问题，应通过相应机制，及时解决和改进，并落实到今后的工作当中。

针对廊坊市市直行政事业单位物业及相关服务费用管理绩效评价中发现的问题，廊坊市财政局出台了《廊坊市市直行政事业单位物业及相关服务费用管理办法（暂行）》（以下简称《办法》），进一步规范市直行政事业单位物业及相关服务费管理，提高财政资金使用效益，强化对物业预算的管理和监督。《办法》对廊坊市所有市直行政事业单位使用财政性资金的包括房屋日常养护维修、给排水设备运行维护、供电设备管理维护、电梯运行维护、空调运行维护、消防系统维护、保洁服务、绿化服务、安全保卫服务等物业及相关服务，制定了统一的支出定额标准，作为编制和审核市直各单位相关预算的基本依据。申报预算时应严格按照当年预算编制要求和单位所需项目如实申报，并提供相应材料。《办法》施行后，相关费用明显降低，取得了良好的效果。

廊坊市市直行政事业单位物业及相关服务费用管理办法（暂行）

第一条　为进一步规范市直行政事业单位物业及相关服务费管理，提高财政资金使用效益，强化对物业预算的管理和监督，根据《中华人民共和国政府采购法》《河北省机关事务管理办法》《河北省党政机关办公用房管理实施办法》《廊坊市物业管理办法》（廊坊市人民政府令〔2018〕第2号）等规定，结合工作实际，制定本办法。

第二条　本办法适用于廊坊市所有市直行政事业单位使用财政性资金开展物业管理及相关服务。

第三条　本办法所指物业及相关服务包括房屋日常养护维修、给排水设备运行维护、供电设备管理维护、电梯运行维护、空调运行维护、消防系统维护、保洁服务、绿化服务、安全保卫服务等。

第四条　物业及相关服务预算支出定额标准（附件1）由市财政局统一制定，作为编制和审核市直各单位相关预算的基本依据。申报预算时应严格按照当年预算编制要求和单位所需项目如实申报，并提供相应材料。

第五条　为落实"政府过紧日子"要求，除安全保卫服务及电梯运行维护服务事项外，其他市直行政事业单位物业及相关服务费用需在定额标准基础上，综合考虑是否含物料、建筑物投入使用年限及建筑物建筑面积等情况进行调整（附件2），具体为：调整后定额标准＝定额标准×物料调整系数×使用年限调整系数×建筑面积调整系数。

第六条　物业及相关服务应遵循经济、适度的原则，以保障单位正常运转、提供基本服务为目的，不得擅自提高物业及相关服务的档次和标准，不得相互攀比、奢侈浪费。

第七条　租用办公场地进行办公的单位，如租金中已包含物业费用，市财政不再另行安排物业经费。

第八条　多个单位共同使用同一办公楼的，原则上由所占面积最大的单位统一编制物业预算、管理物业服务。

第九条　物业服务项目涉及的房屋建筑物、各类设施设备、办公家具、绿化工程等，在质保期内需要维护的，应当根据质保约定，由生产单位或者施工单位承担相应费用。

第十条　市直行政事业单位物业及相关服务费标准原则上两年调整一次。

第十一条　本办法由廊坊市财政局负责解释。

第十二条　本办法自印发之日起施行。本办法施行前已签订的物业服务合同继续有效，合同期满后，按照本办法执行。

附件：1. 市直行政事业单位物业及相关服务费标准

　　　2. 调整系数表（略）

附件1：

市直行政事业单位物业及相关服务费标准

服务事项	服务内容	定额标准	备注
房屋日常养护维修	办公楼（区）房屋地面、墙台面及吊顶、门窗、楼梯、通风道等的日常养护维修	7元/年/平方米	指机关办公楼（区）内建筑面积。此费用包含由承接主体承担的200元以下的维修零配件材料费
给排水设备运行维护	办公楼（区）房屋内外给排水系统的水质监测，及蓄水池、供水管路、排水管、消火栓、隔油池等设备设施的日常养护维修	6.6元/年/平方米	指机关办公楼（区）内建筑面积。此费用包含由承接主体承担的200元以下的单个维修零配件材料费
供电设备管理维护	对办公楼（区）供电系统高、低压电器设备、电线电缆、电气照明装置等设备正常运行、楼宇自控设备、通信设备、卫星电视接收设备、网络设备等智能化设施设备进行日常管理和养护维修	11元/年/平方米	指机关办公楼（区）内建筑面积。此费用包含由承接主体承担的200元以下的单个维修零配件材料费
电梯运行维护	办公楼（区）电梯年检等运行管理，及对机房设备、井道系统、轿厢设备等的日常养护维修	5000元/年/梯	此费用包含由承接主体承担的300元以下的单个维修零配件材料费
空调运行维护	办公楼（区）空调系统运行及热泵、水泵、管道系统和各类风口、自控系统等设备的日常养护维修	6.5元/年/平方米	指机关办公楼（区）内建筑面积

续表

服务事项	服务内容	定额标准	备注
消防系统维护	办公楼（区）灭火器与自动报警系统、自动喷淋系统、安全疏散系统及红外线报警器等日常管理养护	6.5元／年／平方米	指机关办公楼（区）内建筑面积
保洁服务	办公楼（区）内大厅、过道、楼梯、天台、电梯间、卫生间、茶水间、公共活动场所、楼宇外墙等所有公共部位，办公区域道路、停车场（库）等所有公共场地及"门前三包"区域的日常清洁，办公垃圾等废弃物分类、清理，化粪池清掏，灭虫除害等	17元／年／平方米	指机关办公楼（区）内的建筑物和庭院中发生保洁服务活动的区域面积，其中建筑物单层保洁服务面积按单层建筑面积计算。此费用包含由承接主体承担的清洁药剂、清洁工具、洗手液、卫生纸等低值易耗品费
绿化服务	办公楼（区）室外各类植株进行整形修剪、土壤、水肥管理和病虫害综合治理等日常养护，绿化带、盆栽的日常清洁和绿化生产垃圾的清运，办公楼（区）门前规定区域绿地的养护管理等	8元／年／平方米	指机关办公楼（区）内绿化服务区域面积。此费用包含由承接主体承担的除草机、修剪机、杀虫药剂等材料费
安全保卫服务	办公楼（区）来人来访的通报、证件检验、登记、证件退还等，门卫和日常巡逻、防盗等报警监控运行管理，车辆、道路及公共秩序维护，防汛、治安及其他突发事件处理等	20元／年／平方米	指机关办公楼（区）内建筑面积。此费用包含由承接主体承担的对讲机、安保服装、照明灯、应急包等材料费

第五章
廊坊市预算绩效管理
模式解读及案例解析

> 壹引其纲，万目皆张。
>
> ——《吕氏春秋·用民》

近年来，廊坊市预算绩效改革从政府职能履行和预算绩效管理的纵向维度出发，在政府预算、部门和单位预算、政策和项目预算"三个层级"构建了全过程、全覆盖的预算绩效管理体系。首先，加强了一般公共预算绩效管理，将政府性基金预算、国有资本经营预算、社会保险基金预算全部纳入绩效管理。其次，将部门和单位职责、行业发展规划与其预算资金结合起来，统筹考虑资产和业务活动，从运行成本、管理效率、履职效能、社会效应、可持续发展能力和服务对象满意度等方面，衡量部门整体和预算单位实施效果。最后，从数量、质量、时效、成本、效益等方面，综合衡量政策和项目预算资金使用效果，对政策和项目实行全周期跟踪问效。目前，廊坊市全过程预算绩效管理链条已经全面完成；全方位预算绩效管理格局已经进入改革深水区；全覆盖预算绩效管理体系已经挺近改革攻坚期。下面从项目、政策、部门整体和扩围四个领域记录廊坊市在预算绩效改革工作上的理念变迁、实际做法以及取得的成效。

一、项目预算绩效管理改革与实践

（一）管理体系

项目预算绩效管理作为全面预算绩效管理的基础，其改革的成效对预算绩效管理工作的持续推进是至关重要的。廊坊市一开始就将预算管理和绩效管理的流程结合起来，构建了涵盖项目事前绩效评估、项目绩效目标管理、项目绩效运行监控、项目绩效评价和项目结果应用"五个环节"的全过程、全周期预算绩效管理链条。围绕预算与绩效的一体化，通过在每个环节建立健全科学规范的管理制度和切实有效的运行机制，推动预算绩效管理标准科学、程序规范、方法合理、结果可信，将绩效理念和方法深度融入预算编制、执行和监督的全过程。

1. 建立规章制度

廊坊市先后出台了《廊坊市市级事前绩效评估管理办法（试行）》（廊财〔2019〕74号）、《廊坊市市级预算绩效目标管理办法（试行）》（廊财〔2019〕75号）、《廊坊市市级政策和项目绩效评价管理办法（试行）》（廊财预〔2019〕53号）、《廊坊市预算绩效管理工作考核办法（试行）》（廊财预〔2019〕54号）、《廊坊市市级部门绩效运行监控管理办法（试行）》（廊财预〔2019〕56号）等一系列文件，加强顶层设计，使各项工作的开展有规可依。

2. 健全指标体系

指标体系是开展绩效评价等工作的重要基础和依据。为此，廊坊市在各项办法文件中，制定了各类详尽的预算绩效指标体系，提高预算绩效管理工作的科学性、规范性和有效性。其中，项目绩效评价共性指标体系框架如表5-1所示。

表5-1　项目绩效评价共性指标体系框架

一级指标	二级指标	三级指标	指标解释	指标说明	评分规则
项目投入	决策管理	立项依据充分性	考察项目立项是否有充分的依据	评分要点： 1. 与国家相关法律法规、国民经济发展规划和党委政府政策决策相符合； 2. 与地区发展政策和优先发展重点相符合； 3. 与部门职能相符合； 4. 与部门发展规划及需求相符合	具备一个要点实际值得25%权重分
		项目立项规范性	考察项目申请、设立过程是否符合相关要求，用以反映和考核项目立项的规范情况	评分要点： 1. 项目按照规定的程序申请设立； 2. 项目立项前经过必要的可行性研究或专家论证或风险评估或集体决策等； 3. 审批文件和材料合规完整； 4. 符合公开条件的项目立项程序公开透明	具备要点1实际值得20%权重分，具备要点2实际值得40%权重分，具备要点3实际值得20%权重分；具备要点4实际值得20%权重分
		绩效目标合理性	考察项目所设定的绩效目标是否依据充分，是否符合客观实际，用以反映和考核项目绩效目标与项目实施的相符情况	评分要点： 1. 有绩效目标； 2. 目标指向明确； 3. 目标量化可衡量； 4. 目标具备可实现性； 5. 目标与工作内容具有相关性； 6. 目标具有时限性	具备要点1实际值得50%权重分，其余要点每符合一项实际值得10%权重分

续表

一级指标	二级指标	三级指标	指标解释	指标说明	评分规则
		预算编制合理性	考察项目预算编制的合理程度	评价要点： 1. 总预算细分为具体子项目预算； 2. 子项目预算内容与项目实际工作内容匹配； 3. 预算额度测算数据充分，数量与产出指标匹配，单价有标准来源	具备要点1实际值得30%权重分，具备要点2实际值得30%权重分，具备要点3实际得3实际得40%权重分
项目投入	投入管理	预算资金到位率	考察各层级预算资金及额足额到位情况，用以反映资金的到位程度	预算资金到位率=一定时期内实际到位预算资金/一定时期内项目计划投入的资金总额×100%	实际值为100%得满分，每降低1%扣权重分的10%，扣完为止
		预算执行率	考察实际支出资金额占预算到位资金额的比率，用以反映项目单位预算资金执行情况	预算执行率=实际支出数/预算到位数×100%	实际值为100%得满分，每降低1%扣权重分的10%，扣完为止
项目管理	财务管理	财务管理制度健全性	考察财务制度是否健全、完善，有效，用以反映和考核财务管理制度对资金规范、安全运行的保障情况	评价要点： 1. 已制定专项资金管理制度或有适用于本项目的财务管理制度； 2. 符合相关财务会计制度的规定	具备一个要点实际值得50%权重分

续表

一级指标	二级指标	三级指标	指标解释	指标说明	评分规则
	财务管理	财务监控有效性	考察项目单位是否为保障资金运行安全、规范而采取了必要的监控、管理措施，用以反映项目实施单位对资金运行的控制情况	评价要点： 1. 采取财务检查、抽查等必要的措施或手段对资金使用情况进行监控； 2. 具备可追溯至资金最终使用对象支出情况的必要条件或机制； 3. 具备应对各环节的资金使用不合理、不合规或不合法情况的惩戒机制	具备要点1实际值得30%权重分，具备要点2实际值得30%权重分，具备要点3实际值得40%权重分
		资金使用规范性	考察预算资金的使用规范程度。项目预算资金使用是否符合相关法律法规、制度和规定，用以反映项目资金使用的规范性和安全性	评价要点： 1. 符合国家财经法规和财务管理制度以及有关专项资金管理办法的规定； 2. 预算资金的拨付有完整的审批程序和手续； 3. 项目的重大开支经过评估认证； 4. 符合项目预算批复或合同规定的用途； 5. 不存在截留、挪用、挤占、虚列支出等情况	具备要点1~5得100%权重分，任意一项不具备得0权重分
项目管理	实施管理	财务管理制度健全性	考察该项目是否具备可参考的管理办法，反映管理制度的健全性	评价要点： 1. 具备适用于本项目的合法合规的管理制度、办法或方案； 2. 项目管理制度（机制）内容完整，覆盖明确的工作计划、工作方法、进度计划、人员配置及项目质量要求或标准； 3. 项目管理制度（机制）具备可操作性	具备要点1实际值得50%权重分，其余要点每符合一项实际值得25%权重分

续表

一级指标	二级指标	三级指标	指标解释	指标说明	评分规则
		政府采购规范性〔业务类、设备购置及维护类、基本建设及维护类、信息化工程及维护类〕	考察政府采购申请规范性、政府采购计划备案规范性、信息发布规范及时性、采购流程规范性等，反映政府采购的合规性	评价要点： 1. 项目按照政府采购规定程序进行申报； 2. 政府采购的主体范围明确； 3. 政府采购资金来源和规模明确； 4. 政府采购标的范围明确； 5. 政府采购契约形式明确； 6. 符合政府采购时限要求； 7. 政府采购事项依法进行了备案或者审批； 8. 按照政府采购法律法规规定发布政府采购项目信息； 9. 政府采购项目信息按规定及时发布； 10. 按规则相关法律法规执行	具备要点1~6实际值各得5%权重分，具备要点7实际值得20%权重，具备要点8实际值得15%权重，具备要点9实际值得15%权重，具备要点10实际值得20%权重分
项目管理	实施管理	合同管理完备性〔业务类、设备购置及维护类、基本建设及维护类、信息化工程及维护类〕	考察合同要素是否明确、清晰	评价要点： 1. 按规定签署相关合同、协议； 2. 合同双方明确、清晰、完整； 3. 合同标的物及价格明确、清晰、完整； 4. 合同中有明确、清晰、完整的质量标准或验收标准； 5. 合同中有明确、清晰、完整的交付方式及地点； 6. 合同履约期限明确、清晰、完整； 7. 合同支付方式和支付时间明确、清晰、完整； 8. 合同违约责任界定明确、清晰、完整； 9. 合同生效和解除条款明确、清晰、完整	具备要点1实际值得50%权重，具备要点2~9中一个要点实际值得6.25%权重分

续表

一级指标	二级指标	三级指标	指标解释	指标说明	评分规则
		监理规范性[基本建设及维护类，信息化工程及维护类]	考察财务监理和工程监理工作的规范性，其中重点考察财务监理在资金监控、投资控制等工作完成情况；重点考察工程监理在项目时间管理、质量管理、风险管理的工作完成情况	评级要点： 1. 聘请资质符合的监理单位； 2. 工程监理记录完整，包括安全、质量、进度等内容； 3. 监理材料形成，提交及时	具备一个得分要点实际值得50%权重分
项目管理	实施管理	资格审核（含复审）规范性[政策类（含转移性支出）]	考察资格审核及复审是否规范，用以反映项目在实施过程中是否按照所有相关规定对所有内容在规定时间内完成了资格审核且审核结果正确无误	评价要点： 1. 完成了所有规定内容的审核； 2. 审核方式透明，遵循相关规定； 3. 在规定的时间内完成了所有审核； 4. 审核结果正确无误	具备一个要点实际值得25%权重分
		信息公开实现率[政策类（含转移性支出）]	考察补贴的公示的内容、公示的方式以及公示的时间是否合规，用以反映补贴公示的规范情况	评价要点： 1. 有明确的政策公开措施及渠道； 2. 公开渠道覆盖所有受益群体； 3. 公示的信息全面完整； 4. 公示的方式遵循相关规定； 5. 在规定时间内完成了公示	具备一个要点实际值得20%权重分

续表

一级指标	二级指标	三级指标	指标解释	指标说明	评分规则
项目管理	实施管理	项目质量可控性 [业务类]	考察是否为达到项目质量要求而采取了必需的措施，用以反映对考核项目单位对项目质量的控制情况	评价要点： 1. 采取了相应的项目质量检查、考核、验收等必需的控制措施或手段； 2. 质量检查、考核、验收有明确记录； 3. 对质量考核结果及时进行反馈或应用	具备要点1实际值得30%权重分，具备要点2实际值得30%权重分，具备要点3实际值得40%权重分
		项目验收规范性 [设备购置及维护类、基本建设、信息化工程及维护类]	考察项目是否具有规范的验收工作流程，用以反映验收工作的规范性	评价要点： 1. 按验收流程及标准组织验收工作； 2. 相关验收文件齐全、有效	具备一个要点实际值得50%权重分
		设备巡检规范性 [基本建设及维护类]	考察设备日常巡检情况	评价要点： 1. 按照制度进行定期巡检； 2. 巡检有记录； 3. 巡检查出问题及时进行处理	具备要点1实际值得30%权重分，具备要点2实际值得30%权重分，具备要点3实际值得40%权重分
		工程变更规范性 [基本建设及维护类]	考察项目工程变更是否规范	评价要点： 1. 工程变更理由与条件合理； 2. 工程变更经由规范流程审核、批准； 3. 工程变更的图纸设计要求和标准等同原图设计文件； 4. 工程变更设计审核批准后进行施工	具备一个要点实际值得25%权重分

续表

一级指标	二级指标	三级指标	指标解释	指标说明	评分规则
项目管理	实施管理	三算一致性[基本建设及维护类]	考察项目成本的控制情况	评价要点： 1.设计概算不超过投资估算，设计概算与投资估算的偏差控制在合理范围内； 2.审定价格不超过设计概算，审定价格与投资估算的偏差控制在合理范围内	具备一个要点实际值得50%权重分
		供应商资质符合程度[信息化工程及运维类]	考察供应商相关资质是否符合相应的要求	评价要点： 1.供应商资质符合相关要求； 2.供应商供应团队符合相关要求； 3.供应商供应设备、产品符合相关技术参数标准	具备要点1实际值得30%权重分，具备要点2实际值得30%权重分，具备要点3实际值得40%权重分
		系统运维规范性[信息化工程及运维类]	考察项目运行（包括运行）阶段系统运行维护运行是否到位，用以反映系统运维的规范程度	评价要点： 1.配置专业运维人员； 2.定期或不定期记录系统运行的情况； 3.依据系统运行问题进行必要的维护与完善	具备要点1实际值得30%权重分，具备要点2实际值得30%权重分，具备要点3实际值得40%权重分
	数量	项目实际完成率	考察项目实际产出与计划目标的对比	实际完成率=（实际产出数/计划产出数）×100%	实际值为100%得满分，每降低1%扣减权重分的1%，扣完为止

183

续表

一级指标	二级指标	三级指标	指标解释	指标说明	评分规则
项目产出	质量	项目质量达标率	考察项目产出质量	质量达标率=（质量达标产出数/实际产出数）×100%	实际值为100%得满分，每降低1%扣权重分的1%，扣完为止
	时效	项目完成及时率	考察项目完成的时效性	完成及时率=［（计划完成时间-实际完成时间）/计划完成时间］×100%	实际值为100%得满分，每降低1%扣权重分的1%，扣完为止
	成本	成本标准吻合度	考察项目成本标准的吻合情况	成本标准吻合度=（现有成本标准/计划成本标准）×100%	实际值为100%得满分，每偏离1%扣权重分的10%，扣完为止
	经济效益	—	项目实施给经济发展带来的直接或间接影响情况	此四项指标非设置项目绩效评价指标时必须考虑的共性性要素，可根据实际情况有什么目标设置相对应的指标	实际值达到目标值得满分，每降低1%扣权重分的1%，扣完为止
	社会效益	—	项目实施给社会发展带来的直接或间接影响情况		实际值达到目标值得满分，每降低1%扣权重分的1%，扣完为止

续表

一级指标	二级指标	三级指标	指标解释	指标说明	评分规则
项目效果	环境效益	—	项目实施给生态环境带来的直接或间接影响情况	此四项指标非设置项目绩效评价指标时必须考虑的共性要素，可根据实际情况有什么目标设置相对应的指标	实际值达到目标值得满分，每降低1%，扣权重分的1%，扣完为止
	可持续影响	—	项目后续运行及成效发挥的可持续影响情况		实际值达到目标值得满分，每降低1%，扣权重分的1%，扣完为止
	满意度	受益对象满意度	社会公众或服务对象对项目实施效果的满意程度	社会公众或服务对象是指因该部门工作而受到影响的部门（单位）、群体或个人，一般采用社会调查的方式开展	实际值达到目标值得满分，每降低1%，扣权重分的1%，扣完为止

注：项目类型包括业务类、政策类（含转移性支出）、设备购置及维护类、基本建设及维护类、信息化工程及维护类，未说明适用类型的指标，均适用于所有类型。

185

3. 规范工作流程

为确保预算绩效管理工作的高效、有序实施，廊坊市财政局组织编制了各项具体的工作流程，指导各项工作顺利开展。主要工作流程如下：

（1）事前绩效评估工作流程。

事前绩效评估工作由财政部门组织协调，部门和单位具体实施。事前绩效评估工作流程主要围绕项目事前绩效评估和政策事前绩效评估进行讲解。

程序一般包括事前绩效评估准备、事前绩效评估实施、事前绩效评估报告审核以及事前绩效评估结果应用四个阶段（见图5-1）。

第一阶段：事前绩效评估准备阶段。

首先，财政部门确定事前绩效评估的范围。其次，预算部门确定本部门及所属单位事前绩效评估对象。最后，财政部门、预算部门和单位成立事前绩效评估组或委托第三方机构开展事前绩效评估。

第二阶段：事前绩效评估实施阶段。

首先，评估组或受委托的第三方机构开展前期调研，充分了解评估对象的具体情况，以识别重要评估事项、履行评估责任和实现评估目标。其次，评估组或受委托的第三方机构制定相应的工作方案。再次，评估组或受委托的第三方机构深入部门和单位采集数据。又次，评估组或受委托的第三方机构运用相关评估方式、方法对项目的必要性、可行性、财政支持方式、项目预算等进行综合评估，形成事前评估报告。最后，各预算部门汇总提交事前评估报告。

第三阶段：事前绩效评估报告审核阶段。

财政部门负责审核《政策（项目）事前绩效评估报告》《部门整体项目事前绩效评估报告》，填写《事前绩效评估报告审核表》。事前绩效评估报告审核结果分为"合格"与"不合格"。

第四阶段：事前绩效评估结果应用阶段。

事前绩效评估结果应用包括结果反馈、整改落实和信息公开。

1）结果反馈。

事前绩效评估报告审核结果为"合格"，评估结果（绩效评级）可被

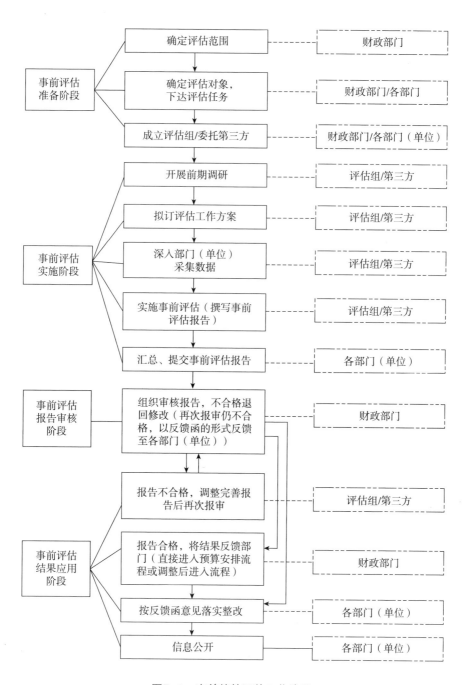

图5-1　事前绩效评估工作流程

采用。

事前绩效评估报告审核结果为"不合格",评估结果（绩效评级）不被采用。评估组或受委托的第三方机构要按照财政部门《事前绩效评估报告审核表》中的意见对报告进行修改并再次报送，经修改完善后的报告审核结果仍"不合格"，财政部门可根据审核情况填写《事前绩效评估结果反馈函》，反馈至被评估的部门和单位。

2）整改落实。被评估部门和单位按照事前绩效评估结果反馈函落实整改。

3）信息公开。部门应将本部门及所属单位的评估结果按照政府信息公开的要求向社会公开。

（2）绩效目标管理工作流程。

绩效目标管理工作包括工作布置、部门设置与审核、财政部门审核以及批复应用四个阶段（见图5-2）。

在工作布置阶段，财政部门布置绩效目标申报工作。

在部门设置与审核阶段，预算单位按照预算编制和绩效管理的要求设置绩效目标，并提交主管部门进行审核，提出审核意见并反馈给预算单位，预算单位则要根据主管部门审核意见进行修改完善并重新提交主管部门审核。未按要求设置绩效目标或绩效目标设置不合理且不按要求调整的，不得纳入项目库管理，也不得申请部门预算资金。主管部门审核汇总后报送财政部门。

在财政部门审核阶段，财政部门应依据绩效目标设置要求，并结合部门绩效目标审核情况，对各部门报送的绩效目标进行审核，提出审核意见并反馈给部门。根据绩效目标管理工作的实际需要，财政部门可委托第三方参与绩效目标的审核工作。部门根据财政部门审核意见，组织进行本部门及所属单位绩效目标调整和完善，重新报送财政部门审核。审核结果为"优"或90分（含）以上，直接进入下一步预算安排流程；审核结果为"良"或80分（含）到90分的，财政部门可与相关部门或单位进行协商，直接对其绩效目标进行完善后，进入下一步预算安排流程；审核结果为"中"或60分（含）

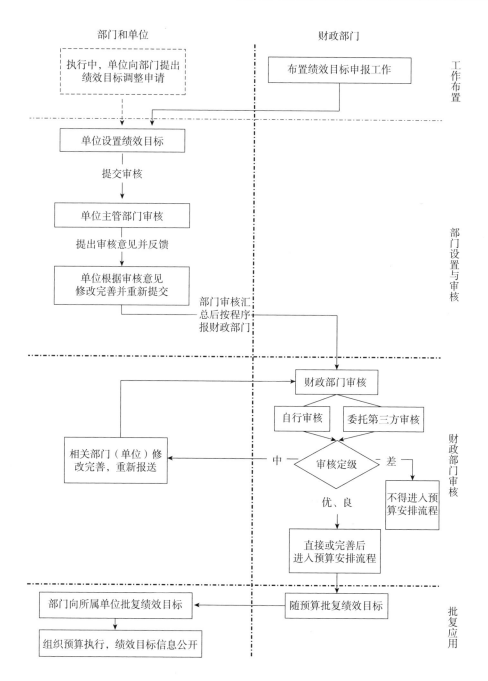

图5-2　绩效目标管理工作流程

到80分的，由相关部门或单位对其绩效目标进行修改完善，按程序重新报送审核；审核结果为"差"或60分以下的，不得进入下一步预算安排流程。

在绩效目标批复应用阶段，财政部门在批复部门预算时，一并批复绩效目标。部门在批复所属单位预算时，同步批复绩效目标。预算批复后，财政部门和各部门各单位应当按照批复的绩效目标加强预算执行管理，并根据绩效目标实现程度及时拨付资金。预算批复后，部门和单位应按照政府信息公开有关要求，公开绩效目标，自觉接受社会监督。财政部门按照相关规定，逐步推进重要绩效目标与预算草案同步报送人大、同步向社会公开。

（3）政策和项目绩效自评工作流程。

政策和项目绩效自评工作包括评价准备阶段、评价实施阶段、结果形成阶段与结果应用阶段（见图5-3）。

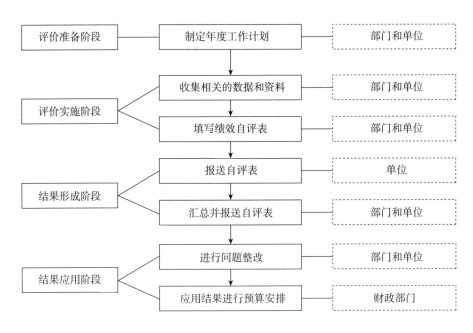

图5-3 政策和项目绩效自评工作流程

1）评价准备阶段，部门和单位应结合预算绩效管理工作要求，综合考虑评价数量、评价规模和评价重点等情况，将绩效自评工作列入部门年度工作计划中。

2）评价实施阶段，年度预算执行完成后三个月内，部门和单位应对照设定的绩效目标，在财政部门规定的时间内完成自评价，并填写《政策绩效自评表》或《项目绩效自评表》。

3）结果形成阶段，单位应按要求将自评表上报主管部门，部门汇总审核后，随同本部门的自评表于年度预算执行完成后的三个月内报送财政部门。

4）结果应用阶段，自评工作结束后，部门和单位应针对发现的问题及时实施整改，财政部门督促部门和单位对评价过程中发现的问题进行整改，并将自评结果作为预算安排的重要参考依据。

（4）绩效运行监控工作流程。

主要分为三个阶段，如图5-4所示。

1）准备阶段。

第一，部门和单位在预算申报时，按政策和项目编制《政策（项目）绩效运行年度计划表》，报送财政部门。

第二，在部门预算批复下达后，部门和单位出具《项目资金支出承诺书》，依照之前编制的《政策（项目）绩效运行年度计划表》，汇总形成《部门年度项目绩效运行计划表（汇总表）》；出具《部门年度整体支出承诺书》及附表《部门整体绩效运行年度计划表》，报送财政部门。

第三，财政部门审核部门报送的《部门整体绩效运行年度计划表》和《政策（项目）绩效运行年度计划表》，将重点领域的重大政策和项目列为重点监控对象，有针对性地采取绩效目标实现程度监控、预算执行进度监控、中期绩效评估等方式进行重点监控。

2）实施阶段。

第一，部门和单位按照绩效监控要求，在政策和项目实施期间，特别是实施的重要节点，采集、整理和分析相关数据信息，并与年度绩效目标计划、资金支出进度计划等加以比照，及时调整、合理把控政策和项目实施进程，确保政策和项目规范实施，达到预期绩效。

第二，部门和单位定期开展绩效运行监控工作。对进行预算支出进度监

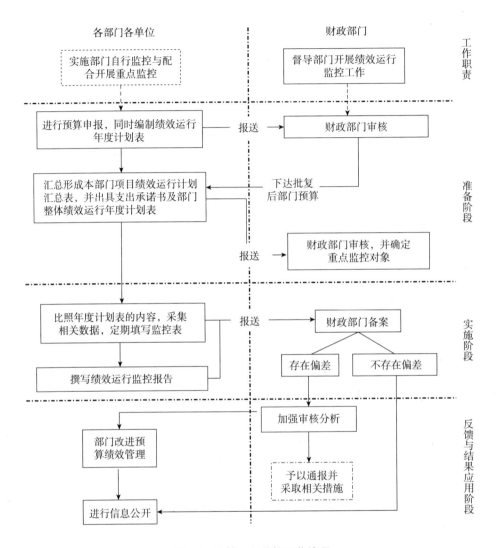

图5-4 绩效运行监控工作流程

控的政策和项目填写《政策（项目）预算执行进度监控表》（见表5-2），按月度报送财政部门；采取绩效运行监控方式的政策和项目支出填写《政策（项目）绩效运行监控表》（见表5-3），按季度报送财政部门。

第三，年度绩效运行监控工作结束后，部门和单位应对照年初批复的《政策（项目）绩效运行年度计划表》和《部门整体绩效运行年度计划表》，

表5-2　政策（项目）预算执行进度监控表

（××年度）

项目（政策）名称			
主管部门		负责人	
实施单位		负责人联系方式	
项目总投资（万元）		年度预算数（万元）	
计划开始时间	年　月　日	计划完成时间	年　月　日
监控时段	年　月　日~ 年　月　日		
项目总目标		项目年度目标	

时间节点	计划支出目标（%）	实际支出进度（%）	偏差值	偏差原因	改进措施	下期预计支出进度
1月						
1~2月						
1~3月						
1~4月						
1~5月						
1~6月						
1~7月						
1~8月						
1~9月						
1~10月						
1~11月						
1~12月						

表5-3 政策（项目）绩效运行监控表

（××年度）

项目（政策）名称		负责人	
主管部门		负责人联系方式	
实施单位		年度预算数（万元）	
项目总投资（万元）		计划完成	
计划开始时间	年 月 日		
监控时段	年 月 日~ 年 月 日		
项目总目标		项目年度目标	

绩效指标	指标分类	绩效指标	年度目标值	目标完成情况（填写目标完成率）				偏差原因分析					改进措施
				第一季度	第一到第二季度	第一到第三季度	第一到第四季度	经费到位情况	制度保障	人员保障	硬件条件保障	其他	
	预算执行	预算执行率	已审核的指标目标值										
	产出指标	已审核的绩效指标											
	效果指标	……	……										

分别撰写《政策（项目）绩效运行监控报告》《部门整体绩效运行监控报告》，报送财政部门。

3）反馈与结果应用阶段。

部门和单位针对绩效运行监控中发现的问题，尤其是执行偏差、项目预期目标完成存在难度的项目，及时采取纠偏措施，并向财政部门备案。

（二）典型案例

本部分从2019～2021年廊坊市财政局开展的项目类预算绩效管理工作中，选取6个案例来介绍廊坊市开展项目类预算绩效管理工作的具体情况。关于这6个重点项目情况如表5-4所示。

表5-4　2019～2021年廊坊市的8个重点项目绩效管理情况

序号	项目类型	项目名称
1	事前评估	某专线更新硬件、软件项目
2	事前评估	某农业专项资金项目
3	事前评估	某指挥中心升级改造项目
4	事前评估	某改革实验区项目
5	绩效评价	某旅游专项资金项目
6	绩效评价	某信息化项目

1. 某专线更新硬件、软件项目

2014年1月，廊坊市某专线和某群众服务热线平台正式投入运行。为了在新的形势下及时地掌握社会民情，更好地为百姓服务，做好民生诉求受理、办理服务工作，项目单位提出了进一步改进市长专线和群众服务热线系统的要求。该申报项目的事前评估情况如下：

（1）项目绩效目标。

项目绩效目标分总体目标和年度目标两种，具体如下：

总体目标：通过项目的开展，进一步方便群众拨打，全天受理、办理公众通过电话方式提出的咨询、建议、意见、投诉和求助，方便快捷地满足公众提出的合理诉求；及时解决公众在生产生活中遇到的困难；建设运行维护好热线受理平台，有效保证日常受理通畅；打造24小时不下班政府。

年度目标：通过项目的开展提升了该专线的服务能力和水平，更能快捷、高效服务，打造某群众服务热线和某专线为民服务品牌。与各承办单位协调联动，确保及时妥善处置各类诉求。

（2）项目内容。

更新该专线硬件设备及软件系统项目内容包括：呼叫中心系统、业务受理子系统、人工座席功能、班长监控功能、业务协同监督系统建设、重办不满意诉求、逾期未回复诉求、业务统计分析报表、业务统计、知识库、回放系统；数据库双机热备软件、数据库服务器、应用服务器、交换机、存储服务器、防火墙、服务器操作系统安全加固系统SSR、智能语音交换机、短信猫、话务员座席等。

（3）项目预算金额。

根据项目基本信息表、项目绩效目标申报表，项目预算金额为411.75万元，主要包括：软件开发和设备集成金额为251.00万元，通信设备、应用及数据服务器、防火墙、座席电脑、大屏幕等硬件设备金额为160.75万元。拟通过向廊坊市财政局申请202A年预算资金完成本项目建设。

（4）评估内容与结论。

1）立项必要性。

某专线电话于2001年10月正式开通，开通之初有两条线路，两部电话，6名工作人员，承担着从接听、记录、交办、督办到统计、分析等工作任务。随着政府与市民的互动日益增多，2009年将"两线两话"升级为"四线四话"，增设了网上市长信箱、自动录音、传真等新功能。2014年1月1日开通了某群众服务热线电话，某专线和某群众服务热线平台正式投入运行。到202A年1月，两条热线的硬件设施服务满6年，达到报废界限。近期两条热线的软硬件系统频繁出现故障，随时可能出现系统瘫痪，且难以有效维护，造成运行缓慢，功能落后，使群众误认为热线难以拨通。为了降低人员成本，提高办理效率，进一步推动政府服务前移，提升社会管理水平，两条热线需完善升级。项目具有较强的现实需求，有一定的必要性。

2）投入经济性。

项目预算构成情况：软件研发和设备集成金额为121.00万元；通信设备、应用及数据服务器、防火墙、座席电脑、大屏幕等硬件设备金额为160.75万元。

根据查看评估会现场提供的资料，整个方案对政务云融合不够，会造成重复投资和浪费；根据GB/T 36964相关标准要求细化软件造价，调整项目预算。

3）绩效目标合理性。

绩效目标未能全面涵盖项目实施所有内容，效益目标不明确。

绩效指标设定不全面。建议数量指标设定为"软件采购×套""硬件采购×台/套""系统开发×个/套"等；质量指标增加"来电接通率""办结率"等指标；社会效益指标增加"社会影响力"等指标；满意度指标增加"市民满意度"。

绩效目标的设置围绕做好为民服务展开，与年度工作目标一致，与现实需求相匹配；受益群体为群众，定位较明确。

项目绩效总体目标基本明确，年度目标未能全面涵盖项目实施所有内容，效益目标不明确，绩效目标与预计解决的问题及现实需求基本匹配，受益群体基本明确。

4）实施方案可行性。

项目需求的分析缺少数据支撑，项目建设的技术的前瞻性不足，项目的建设方式及部分建设内容不符合当前的发展趋势，项目功能与"政企直通车"项目有交叉可能；项目的实施方案不够翔实，技术论证效果弱，且与原有的人员雇佣合同存在交叉，新系统建成后，衔接关系不清晰。系统安全性等级标准未定；用新系统替换老系统的工作方式，但缺少数据迁移的安全性的完整的方案；呼叫中心的模块的预算依据不充分，78万元的预算过高，成本推断不足；技术方案的选择缺少完整的论证，安全方案无实际内容。

5）筹资合规性。

本项目资金来源为市级财政资金，拟通过向廊坊市财政局申请2020年预算资金完成本项目建设。

6）总体结论。

项目具有较强的现实需求，但需求的分析缺少数据支撑，项目建设的技术的前瞻性不足，实施方案不够翔实。根据事情绩效评估会专家意见，该项目建议"暂缓支持"，待项目单位补充提供完整、准确的相关资料后，再进行预算申报，并予以支持。

（5）相关建议。

第一，待预算单位完善相关资料，经论证完成后再行推进；

第二，进一步完善可行性报告；

第三，合理进行数据迁移；

第四，先行支持规划设计经费。

2. 某农业专项资金项目

某农业专项资金项目由项目单位申请，202A年拟申请市级财政资金为14000.00万元，用于开展202A年乡村振兴工作，其中包括三部分内容：一是乡村振兴示范点建设市级专项资金子项目，主要用于202A年乡村振兴示范点村庄规划、2009年以来已建成乡村振兴示范点基础设施、公共服务设施建设及改造提升、旧村复垦等方面；二是人居环境整治子项目，主要用于打造特色突出、三产融合的现代农业精品园区、建设宜居宜业宜游美丽乡村片区、建设融生态资源、农耕文明于一体的乡村旅游精品线路、构建城乡一体、融合发展的公共服务网络、打造体现新时代农民精神风貌的文化大戏、构建"自治、法治、德治"结合的现代乡村治理体系六个方面；三是乡村振兴示范区专项经费子项目，主要用于完善农村垃圾治理监管机制、完善农村改厕后续服务体系、提高农村污水治理试点覆盖范围、推进村庄清洁行动、畜禽养殖废弃物资源化利用和村庄规划编制等方面。

（1）项目绩效目标。

项目绩效目标分为项目总目标和项目年度绩效目标两种，具体如下：

1）项目总目标。

示范点项目：通过项目的开展实现着力建设一批农村新型社区、产业园区、生态功能区"三区"同建的乡村振兴示范点的工作要求，积极推进全市乡村振兴示范点建设。确保打造一批"设施配套、功能完善、环境优美、宜居宜业宜游"的乡村振兴战略综合体，在全市美丽乡村建设中发挥示范引领作用。

示范区项目：通过项目实施，加快全市农村集体产权制度改革发展。

人居环境整治项目：通过项目的开展以建设美丽宜居乡村为导向，以农村生活垃圾、厕所革命、生活污水治理、村容村貌提升等为主攻方向，整合各种资源，强化各项举措，汇聚各方力量，全域扎实推进农村人居环境整治工作，加快补齐农村人居环境短板，为新时代全面建设经济强市美丽廊坊奠定基础。

2）项目年度绩效目标。

示范点项目：通过项目的开展，完成1套污水处理设施建设、完成4个公厕建设，完善示范点基础配套设施的建设及维护，不断完善示范点基础设施。

示范区项目：通过项目实施，完成对55个左右重要节点村街的补助，推动农村发展、完善农村治理，保障农民权益，探索形成农村集体经济新的实现形式和运行机制。

人居环境整治项目：通过项目的开展完成150个村的村容村貌整治，150个村的厕所改造配套设备设施，3个县完成农村垃圾治理（除固安县），30个试点村的污水治理补助工作，实现村容村貌整治验收合格率达到95%以上，厕所改造配套设施安装验收合格率达到95%以上，平原地区村庄生活垃圾有效治理率95%以上，污水治理验收合格率达到95%以上，实现农村人居环境明显改观。

（2）评估内容。

本次事前绩效评估是以该农业专项资金项目为评估对象、以预算为评估重点的评估工作。其中包含"乡村振兴示范点建设市级专项资金项目""乡村振兴示范区专项经费项目""人居环境整治项目"三个子项目。本次事前绩效评估主要针对立项必要性、投入经济性、绩效目标合理性、实施方案有效性、筹资合规性五方面进行综合评估、分析与论证，并提出相关建议，论证思路如图5-5所示。

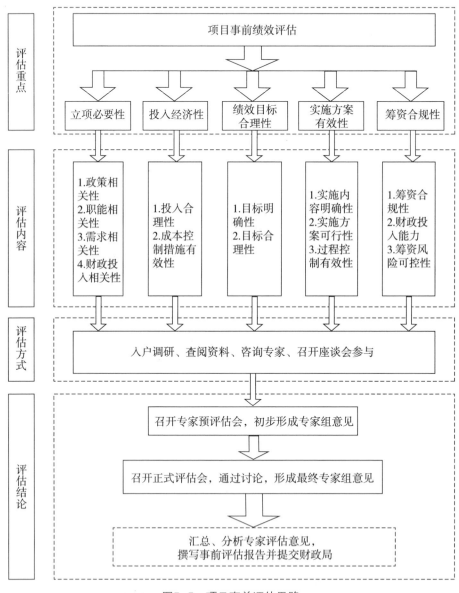

图5-5 项目事前评估思路

1）项目立项必要性。

第一，项目政策相关性、职能相关性较好，但项目中部分内容的政策相关性不足。首先是示范点项目政策性文件中要求各市、县都要积极筹集资金支持乡村振兴示范点建设工作，未直接提出需市级财政资金支持；其次是示范区项目政策性文件中要求各市选定1~2个示范区进行集中支持，重点打造，但是实际预算内容为对4个市管县均予以支持，项目实施方式与政策要求存在不一致；最后是项目未见中长期规划，政策依据充分性不足。

第二，项目需求迫切性不明显。项目单位对近几年财政专项资金大量投入后的建设成果、前期立项项目进展现状未进行统计分析说明，往年实施效果呈现不充分，三个子项目202A年必须同步实施的紧迫性、必要性的分析不足，需求迫切性不明显。

2）项目绩效目标合理性。

第一，项目整体绩效指标内容与子项目绩效指标对应性不足。该项目共分为示范点项目、示范区项目、人居环境整治项目三方面内容，整体目标、产出指标、效益指标也应结合三方面进行设置，以清晰阐述项目情况。但该项目整体绩效指标内容与三个子项目的绩效指标不匹配，部分产出指标如数量指标未全部体现三部分内容。

第二，部分绩效指标设置合理性不足。首先是质量指标仅设置为资金发放100%，未设置奖补资金考核质量标准；其次是时效指标未设置各子项目申报、评审、验收、资金拨付等环节的时间节点；再次是未制定成本控制指标，项目对县（区）配套、企业自筹要求不明确，市级资金引导效果不明确；最后是社会效益指标设置合理性不足，内容为质量指标方面内容，且覆盖不完整，未涉及示范点项目相关内容。

3）项目实施方案有效性。

首先，项目尚未履行内部决策程序，且前期可行性论证不足，前期筹备资料完整性不足。其次，项目实施计划可行性不足，三个子项目均为奖补类项目，但202A年度市级层面筛选奖补项目的机制及申报遴选程序不明确，奖补和建设资金边界不清晰，资金使用方向与项目申报名称存在差异。最后，管理机制健全性不足。市级层面未制定评审标准、验收标准、质量标准等制度约束文件，项目执行监管措施不明确；项目涉及财政资金的二次分配，但未见专项资金管理办法，资金拨付至各县（区）后的监管方式、验收方式、后续考核方式不明确，管理机制和管理制度不完善。

4）项目投入经济性。

第一，资料归集情况较差，部分资料前后内容存在不一致性。第二，项目实施内容存在重复投入的风险。第三，项目市级、县（区）级、企业自筹资金配比标准不一致，市级资金占比过高，与市级资金应发挥引领撬动的作用不一致。第四，三个子项目未拨付资金占比较大，项目资金沉淀巨大，资金投入风险较大。第五，购置抽粪车的数量、单价合理性有所不足，需要进一步确认资金投入后是否有效使用，是否有相关技术人员能够操作不明确，可能造成资产闲置。第六，预算编制合理性不足，部分预算明细不符合资金支持范围。

5）项目筹资合规性。

评估认为，该项目财政投入存在较大风险，前期资金申报未进行论证，筹资方式的规范性不足，项目资金管理及后期监管措施有待完善，且前期任务完成情况不清晰。

（3）评估结论。

该项目预算编制明确性不足、需求迫切程度不明确、绩效目标设置合理性不足、实施方案细化程度不足、资金投入方式存在风险，且后续监管、验收机制、筛选机制、评审细则均不明确，项目执行风险及财政资金投入风险较大，综上所述，建议"不予支持"。

（4）相关建议。

建议加强绩效目标设定管理，提高目标设定的科学合理性；提高绩效管理意识，强化资金监管主体责任意识；完善项目预算和实施方案，加强立项论证和前期调研分析，加强项目验收及管理，完善项目管理制度，明确资金使用范围、核算事项、内控流程、补贴标准；建立廊坊市乡村振兴中长期规划，对涉及农业农村建设的项目进行全面梳理，避免出现财政资金的重复投入风险、财政资金使用效率和效益不足的风险，完善人居环境整治的长效管理机制；对资金结余结转情况进行盘点，摸清项目之前年度的沉淀资金的具体情况，有效盘活存量资金；建立项目库，实行项目库管理模式；充分征求村民意愿，体现乡村振兴的农民建设主体意识；规范国有资产管理，对于购置的抽粪车应进行梳理，提高车辆使用效率。

3. 某指挥中心升级改造项目

某指挥中心升级改造项目总建筑面积约为530平方米。项目整体设计，分期实施，包括交通指挥大厅调度区、决策会议区、大屏幕显示区、设备机房、设备保障机房等功能区的方案设计及建设。本项目涉及的商品应用软件采购：一体化综合指挥分析平台、实名勤务报备系统、路况管理平台、重点车辆管理系统、指令发布管理平台。

（1）项目绩效目标。

项目绩效目标：项目总体绩效目标：通过指挥中心升级改造项目建设成一套集日常会议、多功能会议为一体的指挥性会议室；通过项目的开展实现大数据技术整合的交警电子警察系统、卡口系统、稽查布控系统、呈现执勤警力分布违法趋势分析、车辆技战法分析等可视化展示；本项目的实施，能够为项目单位提供信息化、网络化、智能化的管理手段，为公众提供实时方便的交通诱导信息服务，能够进一步提高管理部门的决策水平，提升城市交通管控能力和社会服务水平，促进廊坊市智能交通的发展。全面提升廊坊市智能交通管理水平。

项目年度绩效目标：通过升级改造现有指挥中心，构建情报研判主导、高效扁平指挥、精准机动勤务、实时监督监管"四位一体"的现代勤务机制，满足大数据时代社会对公安工作明确、快速、高效、灵活、智能的要求。

（2）评估内容。

1）立项必要性。

项目与国家、地方及行业政策相关，与主管部门及实施单位职责相关，与行业中长期规划及年度重点工作相关，具有迫切的现实需求且不具备可替代性，属公共财政支持范围，立项必要性充分。

2）投入经济性。

项目整体配置偏高，投入规模偏大成本测算依据不够充分，项目成本控制措施不够全面，投入不够经济，未充分体现节约原则。

3）绩效目标合理性。

项目绩效目标基本明确，与主管部门或实施单位的中长期规划目标、年度工作目标基本一致。项目绩效目标具有一定的先进性与前瞻性，但项目预期效果包括降低交通拥堵指数、降低警力使用成本、减少污染物移动源排放量等与本项目不完全相关，解决上述问题更多地需要其他方面或环节的改进与提高。

4）实施方案有效性。

该项目技术路线存在偏差，基础保障有待进一步充实，同时项目申报程序尚不够完整，过往管控措施有待进一步健全。最后，由于项目未制定专门的实施方案，且相关程序尚未履行完整，以往年度项目执行情况存在诸多不确定性，实施方案有效性有待进一步提升。以大屏幕显示系统为例，如表5-5所示。

目前业内大尺寸显示解决方案主要包括小间距LED、DLP和液晶拼接等技术。项目《可行性研究报告》对三种配置方案进行了比较，总体来看，LED拼接方案并非最佳方案，但本项目仍采用了该方案。同时，项目主要由项目单位通过招投标委托专业机构实施，在技术及人力资源方面保障较为有效，但由于缺少主管部门及相关专业部门的参与，相关基础保障仍有待进一步充实。

5）筹资合规性。

项目筹资合规且不存在重复投入，但项目一次性投入偏大，在当前财政收支矛盾日益显现的情况下，对市级财政平衡构成了较大挑战，同时作为重大的信息化建设项目，项目实施面临着上级主管部门标准与要求变化、后期运维费用增加，与其他政务信息系统互联互通不畅等风险，项目单位未对此做出分析。

表5-5　大屏幕显示系统方案比较

项目		LED拼接	DLP拼接	液晶拼接
技术特点	优点	点间距小，灵活多变的显示面积及分辨率（模块化可任意无缝拼装）1080P、16：9显示、高亮度、亮度、灰度可调且具备逐点校正功能	高清1080P显示，亮度衰减慢（长期使用亮度出现不均匀）有缝隙，适合长时间显示计算机和静态图像，可靠性高、耗电低	低功耗、重量轻、寿命长（一般可正常工作5万小时以上）、无辐射、画面亮度均匀，长期使用后亮度或色彩易出现失衡现象等
	缺点	需要3米以上的观看距离	亮度较低，但是适合长时间观看	不易把单元尺寸做大，不能做到无缝拼接
接墙应用比较	拼接缝大小	无拼缝	小于0.5毫米，拼缝处亮度偏暗，容易出现框图视觉	约3.5毫米，而且拼缝数量很多，整体效果很差
	空间及安装	安装方便快捷，占用空间较少	需要较大的安装空间和维护空间	超薄机身，安装方便快捷，占用空间少
	整屏均匀性	均匀性很好，出现亮度失衡可进行逐点校正，整屏平整度≤0.1毫米	由于采用的DLP技术，长期使用后亮度和色彩容易出现失衡	每个屏之间的颜色均匀性和亮度均匀性很难调节（拼接工艺简单，非封闭箱体式，受环境光影响较大）
	安装环境要求	功耗高，对用电要求高，压铸铝箱体散热量小	功耗高，对用电要求高，热量大，对装修及空调要求高	功耗低，对安装环境要求不高
资金投入	建设成本	高	较高	低
	维护成本	满足7×24小时不间断运行100000小时超长工作寿命	7×24小时不间断运行80000小时超长工作寿命	7×24小时不间断工作，5万至10万小时的使用寿命

（3）评估结论。

项目与国家、地方与行业政策相关，现实需求迫切，属公共财政的支持范围；项目整体投入偏高，投入经济性不充分；项目绩效目标基本明确、合理；项目实施内容明确，但技术路线存在偏差；项目筹资合规，但对市级财政平衡构成了挑战。经评估，项目综合得分为71.9分，评估等次为"良"，建议对该项目"部分支持"。

（4）存在的主要问题。

首先，该项目需求分析有待进一步深化；其次，项目整体投入偏高，成本测算依据不够充分；再次，项目成本控制措施不够全面，未充分体现节约原则；又次，项目技术路线存在偏差，基础保障有待进一步充实；最后，项目财政投入存在一定风险，项目单位未作相关分析。

（5）相关建议。

第一，为了实现政务信息系统的统筹、共享与衔接，本系统建设应当充分征求信息化主管部门的意见，履行向工业和信息化部门及发展改革部门的报批程序，同时申请项目单位科技信息化处的充分参与。

第二，建议在深入分析需求、明确标准的基础上，本着保基本、行节约的原则，科学地测算预算，严谨地申报预算，避免技术不适用或配置偏高的资源浪费问题。

第三，建议项目单位在充分吸收其他地区经验的基础上，制定科学、合理、可行的实施方案，结合国家及省级主管部门要求，优化项目技术路线。

第四，建议对大屏显示系统方案进一步深入论证，采用更为经济、实用的LCD配置；决策室、音响及机房配置适当调低；所用桌椅等办公用品严格按照廊坊市级标准执行；应用软件在有上级配发或现有软件可用情况下暂不购置。

4. 某改革实验区项目

2020年8月廊坊市被正式确定为"基于教学改革、融合信息技术的新型教与学模式"实验区。为落实实验区工作目标，扎实有效开展实验探索，项目单位申请设立202A年度"基于教学改革、融合信息技术的新型教与学模式"实验区项目，拟通过新建1个廊坊智慧教育大数据平台、升级改造1个廊坊市教育数据监测平台（简称"监测平台二期"），实现教师业务全流程线上化以及廊坊市中小学教育教学资源共享，整合教育领域综合数据，为教育管理者和教育教学改革提供数据参考。

（1）项目绩效目标。

1）项目总目标：通过项目的开展实现廊坊市教育信息化"三全两高一大"的发展目标，全面推进智慧教育发展；实现深入落实立德树人根本任务，在积极实施课程改革、教学改革前提下，以学生发展为中心，遵循学生身心发展规律、学习规律、教育规律和信息技术应用规律，探索信息技术、智能技术支撑下适应廊坊市经济社会和教育发展实际需要的教与学模式，推进信息技术与教育教学的深度融合，变革教与学方式，提升廊坊市教育治理水平和教育公共服务水平，促进廊坊市优质教育均衡发展，提高全市教育教学质量，加快廊坊市教育现代化进程。

2）项目年度绩效目标：一是通过项目的开展打造全新功能的廊坊智慧教育云服务平台，实现在线办公、在线教学、在线教研、在线师训、在线阅读、在线虚拟实验等智慧教育服务功能，为教育管理和教育教学改革提供支撑；解决当前廊坊市教育信息化发展中存在的问题。二是监测平台二期子项目对一期区块链服务平台进行节点升级、系统接入、数据监控中心升级、数据决策中心升级等，为教育管理者提供数据依据，为教育教学改革提供参考。三是做好网络信息安全等级保护测评和整改工作，确保智慧教育云服务平台和教育质量监测大数据平台全年正常运行，网络信息安全可靠、稳定，确保教育管理和教学改革实验各项工作顺利，使师生、家长满意度和社会对教育服务的认可度大大提高。

（2）评估内容。

本次事前绩效评估的内容主要围绕项目立项必要性、绩效目标合理性、实施方案可行性、投入经济性、筹资合规性五方面进行综合评估和分析。具体为：

立项必要性，主要评估项目设立是否与国家、河北省、廊坊市的相关行业政策相关，是否与主管部门职能、规划及年度工作重点相关，是否有迫切的现实需求和确定的服务对象，是否属于财政资金支持范围等。最后评估认为，项目与实验区关系不清，区域政策相关性有待提升；项目受益对象较为明确、属于公共财政支持范围，但对业务需求迫切性依据不足。

绩效目标合理性，主要评估项目绩效目标是否明确，是否与相关规划、计划相符，是否与现实需求相匹配，绩效指标是否细化、量化、可衡量，指标值是否合理、可考核等。最后评估认为，项目个别产出绩效指标设置不够清晰；项目绩效目标与项目预计解决的问题不够匹配。

实施方案可行性，主要评估项目实施方案是否合理可行，是否经过前期论证，是否制定有效的过程控制措施和保证项目绩效可持续发挥的配套机制等。最后评估认为，项目申报、审批程序较为规范，但项目管理制度不健全，缺少业务管理、信息化建设、财务管理等制度，项目管控能力有待进一步加强。

投入经济性，主要评估项目投入产出比是否合理，成本测算是否充分，成本控制措施是否科学有效等。最后评估认为，项目预算测算依据不充分，2个平台的预算编制较为粗略，项目成本控制措施有效性有待提升。

筹资合规性，主要评估项目资金来源渠道、筹措程序是否合规，财权与事权是否匹配，财政投入方式是否合理，筹资风险是否可控等。最后评估认为，项目资金来源渠道合规，但未制定筹资风险应对措施，对财政资金承受能力预估不足。

（3）评估结论。

评估工作组通过查阅资料、专家咨询和召开评估会议等方式，对项目的立项必要性、绩效目标合理性、实施方案可行性、投入经济性和筹资合规性五方面内容进行了评估。基于以上评估结果，该项目综合评估得分为55.90分，评估等级为"差"，评估意见为"不予支持"。

（4）根据项目存在的问题而提出的改进建议。

第一，夯实项目实施基础，进行充分的调研论证。

建议做好需求调研与专家论证工作，充分了解廊坊市学校、教师、学生等直接受益对象的业务需求，并明确项目现有平台、资源现状和使用情况，新建平台和原有平台之间的关系，以避免需求不明、财政资金投入不合理而带来的风险。

第二，规范项目绩效目标表的填报。

首先，建议提高项目总目标、项目年度绩效目标与项目内容的匹配度，并将"全面贯彻落实廊坊市教育信息化'三全两高一大'"的项目总目标在实施期内进行分解，按年度制定与项目预期目标相对应的分项工作拟达到的产出与效果。其次，细化项目绩效指标，提高绩效指标设置的准确度，避免项目绩效指标设置不明晰所带来的指导意义不强等问题，且项目绩效指标应尽可能地覆盖项目内容。最后，建议设置可量化、具有考核性的指标值，指标值的设置应贴合实际，不能设置偏高或者偏低；如果指标确实不易量化，应尽可能地做到分级分档描述。

第三，注重归口管理，加强项目顶层设计并完善项目实施方案。

首先，建议细化归口管理相关措施，明确提高教育信息化工作的各方职责，细化日常请示、指导、统筹、监督等内部分工；规范教育领域督导职能的行使，提升督导权威性，进而落实到督导工作中。其次，制定整体项目实施方案，统筹项目实施进度、组织机制、管控措施，夯实信息化工作的顶层设计与项目落地等。最后，细化项目实施方案，如职责划分、参与部门之间的统筹、项目招投标过程、验收标准、基础保障条件落实等内容。

第四，提高预算投入合理性，增强成本测算依据充分性。

首先，建议根据细化后的项目内容，结合项目特点与现实需求，编制项目预算，厘清预算编制的建设内容，避免建设内容概念不清、成本重复投入风险。其次，选择专业的信息化建设方面公司开展三方比价、询价等工作，提高预算编制的合理性。最后，在明晰原有平台与新建平台之间关系的基础上明确项目所需投入，并开展专家论证。

第五，提高筹资风险意识，制定筹资风险应对措施。

首先，建议项目单位结合项目内容，对项目执行过程中的系统风险和非系统风险，制定具有针对性、可行性强的应对措施。其次，针对"职责划分不清，资金是否存在重复投入等问题"厘清参与各方职责，并做好资金投入相关情况的摸底，避免财政资金重复、交叉投入压力。

5. 某旅游专项资金项目

2011年，廊坊市发布《廊坊市人民政府办公室关于加快发展旅游业的意见》，指出要紧紧围绕廊坊市建设"京津冀电子信息走廊、环渤海休闲商务中心"的发展定位，坚持政府扶持、社会参与、部门联动、市场运作的原则，以大项目为抓手，进一步挖掘整合旅游资源，做大做强休闲养生、商务会展、生态观光、家居购物四大旅游主导产品，提高旅游经济发展的规模和质量，全面对接京津、共享资金、错位发展，全力打造国内著名、国际知名的休闲城市。自此，廊坊市开始设立该发展专项资金，并依据2016年廊坊市出台的《关于印发〈廊坊市市级旅游发展专项资金管理办法〉的通知》（廊财行〔2016〕2号），明确该专项资金扶持重点和投资方向。

（1）项目内容。

廊坊市201C年市级旅游业发展专项资金主要支持了两方面内容，即廊坊市第四届文化旅游产业发展大会（以下简称文旅大会）相关活动和旅游公共服务。文旅大会相关活动包括四部分：市级文旅大会主体活动、补贴市级文旅大会承办地、补贴各县级文旅大会承办地、用于文旅大会配套活动及申办省文旅大会。旅游公共服务包括：对下旅游公共服务设施补助、旅游厕所补助、自驾游驿站、公共服务体系深度融合品牌宣传、3A景区明示牌设立、旅游厕所检查、旅游厕所管理系统维护等。

（2）项目目标。

1）总目标。

《廊坊市旅游业"十三五"发展规划》提出，"十三五"时期廊坊市旅游业发展目标是"要紧紧抓住京津冀协同发展、北京新建设、通州建设北京城市副中心等重大历史机遇，立足京津冀，面向环渤海，对接国际化，站在大区域旅游格局的高度谋划全市旅游发展"。

2）阶段性目标。

项目单位制定的项目绩效目标为：引导撬动更多社会资金投资旅游产业，推动旅游与产业融合发展，为打造本市旅游升级版提供项目支撑，创建具有较强知名度、美誉度和影响力的本市旅游目的地体系。

（3）项目开展情况。

1）文旅大会相关活动。

201C年10月廊坊市第四届文旅大会在固安县顺利召开，在此之前的4～10月，廊坊市共组织了市文旅大会新闻发布会、廊坊市文化旅游项目推介会、廊坊市非遗创意精品展、美丽中国行采风活动、廊坊月季之城摄影大赛、精品旅游线路推选等20场次配套活动，吸引了数十家省级以上媒体发布报道137篇。同时，201C年8月，除市文旅大会承办地固安县外，专项资金支持了廊坊其余9县（市、区）分别召开了县级文旅大会，带动了区域旅游产业发展。

2）旅游公共服务。

专项资金帮助各县（市、区）完善了旅游公共服务设施建设，全年共支持建设旅游厕所50座，自驾游驿站3座，房车营地1处，游客服务中心及景观石多处，进一步改善了廊坊市旅游环境。

（4）综合评价情况及评价结论。

1）评价结果。

按照《廊坊市财政局关于印发〈廊坊市市级政策和项目绩效评价管理办法（试行）〉的通知》（廊财预〔2019〕53号），通过评价项目综合得分76.73分，综合绩效评定结论为"中"。

2）主要绩效。

201C年，该专项资金支持开展了文旅大会及其配套活动，同时也对廊坊各县（市、区）的县级文旅大会和旅游公共服务设施建设进行了补贴。文旅大会顺利举行，并举办各类配套活动20余场，吸引了数十家省级以上媒体发布报道137篇，对廊坊市旅游品牌推广起到了一定的促进作用。文旅大会承办地固安县在文旅大会举办当月实现游客人数显著增长，达到37万人次，且外地游客占比70%，旅游收入达到1900万元。专项资金也帮助各县（市、区）建设完善了旅游公共服务设施，全年共支持建设旅游厕所50座，建设自驾游驿站3座，房车营地1处，游客服务中心及景观石多处，进一步改善了廊坊市旅游环境。

但项目存在缺乏科学的绩效管理和项目管理理念、预算编制科学性不足、管理制度不健全、客群分析不充分、文旅大会创新不足、对形成旅游品牌促进作用不明显、文旅大会影响呈现边际递减效应，项目可持续影响不足等问题。201C年，廊坊市旅游收入增速居全省末位，文旅大会模式对旅游业发展的实质性促进作用略显疲态，专项资金的效益有待改善。

（5）存在的问题。

一是缺乏科学的绩效管理和项目管理理念，立项规范性不足；二是预算编制科学性不足，资金支持内容和拨付方式有待调整；三是管理制度不健全，资金支出科学性不强，执行缺乏规划；四是营销缺乏科学性，客群分析不充分，不利于资金效益最大化；五是文旅大会形式单一，缺乏创新，对形成旅游品牌作用不明显；六是文旅大会影响呈现边际递减效应，项目可持续影响不足。

（6）相关建议。

1）政策建议。

首先，树立绩效意识，重视项目管理，提高项目申报规范性。建议项目单位树立绩效管理意识，重视绩效管理工作，重视绩效目标填报，依据预算情况、实际工作计划合理填报绩效目标。

其次，科学编制预算，严格把控预算申报和资金支持内容。建议项目单位申报预算时，邀请旅游发展、财政等方面专家与市文广旅局共同就专项资金如何申报进行研讨，结合下一年度工作计划科学编制预算。

再次，完善管理制度，加强资金管理和决策机制的顶层设计。建议市文广旅局应尽快会商市财政局制定专项资金管理办法，管理办法应明确资金使用原则、支出范围、支出方式、监督评价、权责分工、负面清单等。同时，应通过资金管理办法或其他方式完善资金支出决策的顶层设计，确立科学、统一的决策机制。

最后，抓住后文旅大会时机，多措并举，打造新增长点。廊坊市作为新兴旅游发展地区，背靠京津，旅游业发展时间短、潜力大。在文旅大会影响出现边际递减效应的情况下，廊坊市应当抓住后文旅大会时机，实现旅游业的"提质增效"，打造新的增长点，实现后来居上。

2）改进措施。

首先，重视客群研究，提高产品吸引力，实现精准对接与营销。建议项目单位重视市场调研工作，从自然增长的客户开始进行市场调研，实现客群精准化甄别，达到从原本4P（产品、价格、渠道、促销）营销策略向4C（顾客、成本、便利、沟通）营销策略的转变，明晰游客需求，关心游客感受，着力提高游客旅游体验。

其次，融入创新思维，结合本地文化，打造旅游品牌，发展特色旅游。旅游发展既要理念创新，也要服务和产品创新。要将创新思维融入包括文旅大会在内的整个旅游工作中来，大到整体的旅游规划，小到文旅大会的单项活动，都要以创新思维来对待。对外继续打响廊坊品牌，对内整合全市旅游资源，与本地文化进行创新整合，真正实现全域旅游的目标。

6. 某信息化项目

为规范信息化项目资金管理和使用，充分发挥财政资金政策引导作用，提高财政资金使用效益，廊坊市财政局于202A年B月22日至C月30日，对某信息化项目开展重点绩效评价。

（1）主要内容及实施情况。

1）主要内容。

通过该信息化项目，满足项目单位及下属各级机构之间信息互联互通、业务高效协同，为该部门体系建设与完善提供技术保障。

2）实施情况。

该信息化项目从201D年开始实施，截至201E年该项目主要建设内容包括系统建设及改造升级类、网络接口类、运维安全类和其他类，共计四大类49个子项目，经统计其中45个子项目已完工，4个子项目未完工。具体内容如表5-6所示：

表5-6 项目实施概况

单位：个

序号	项目类别	实施年份						合计
		2014	2015	2016	2017	2018	2019	
1	系统建设及改造升级类	0	7	8	1	7	1	24
2	网络接口类	0	1	1	3	7	4	16
3	运维安全类	0	0	0	1	2	2	5
4	其他类	1	0	1	1	1	0	4
小计		1	8	10	6	17	7	49

（2）项目绩效目标。

1）总体目标。

根据《廊坊市区域卫生平台规划方案》，以信息化手段为基础，提升医疗服务水平，降低医药费用，方便群众看病就医；提升公共卫生服务水平，促进基本公共卫生服务均等化；提升卫生管理和科学决策水平，推进卫生事业科学发展，促进廊坊市卫生信息化建设。

2）阶段性目标。

a. 一期建设（201F~201G年）：第一阶段以建设区域卫生信息平台为主，主要任务是搭建基于云计算技术的区域卫生信息平台，达到以下目标：建设云数据中心，实现虚拟化资源池，资源集中管理和分配。建设为上层应用提供统一平台级的PAAS平台。

b. 二期建设（201H~201K年）：二期建设主要在已搭建的云平台上进行拓展，达成以下目标：业务方面主要将市县各级医院、疾控中心、血站、医学情报站、社区卫生服务中心、乡镇卫生院、农村卫生室等接入区域卫生信息平台，实现各级医疗机构之间的业务协同；在技术方面主要解决大数据处理和灾备机制等关键技术问题。

c. 三期建设（201E~202A年）：在一、二期建设的基础上，重点建设决策支持相关的业务应用，提高区域卫生信息化的决策支持水平。

（3）绩效评价情况及评价结论。

根据2020年9月18日召开的专家评价会，与会专家对项目单位2014～2019年该信息项目绩效目标完成情况进行分析，较为全面地了解和掌握了项目实施的绩效情况，通过数据资料收集、分析、现场访谈及实地核查，对项目绩效进行了客观评价及专家评分，项目绩效评价结果较差。

（4）存在的问题。

该项目存在以下问题：项目规划不完整、架构缺业务；项目决策、立项不规范；绩效目标缺失；预算编制不精准、资金分配无依据；部分项目停滞，投入资金未发挥应有作用；项目建设早，后期维护更新压力大。

（5）相关建议。

针对以上存在的问题提出相应的建议：梳理分析现有业务情况，完善总体架构；强化决策依据，夯实立项基础；整改部分现有项目，夯实项目建设效果；准确编制预算，提高资金使用效率；规范资金使用，强化资金使用监控；完善项目绩效目标和评价体系；建立健全项目制度，完善项目管理措施；加快项目的应用部署进度，开展项目中期评价；根据业务实际甄别项目应用，精确测算运营维护资金；减少低效的项目资金投入，节约财政资金。

（三）特点及成效

廊坊市将绩效管理全程融入项目层面的预算编制、执行和监督各环节，首先实现并不断优化项目层面的全过程绩效闭环管理。

1. 持续扩大事前绩效评估范围，严把绩效关口

2020年市本级预算编制中，廊坊市要求所有新增政策和新增150万元以上项目全部开展事前绩效自评估，在此基础上，廊坊市创新开展了1个部门整体、1个信息化建设专项，以及新增政策和重大项目事前绩效评估，总计评估政策2个、项目237个，评估资金8.3亿元，审减资金5.6亿元，审减率67%，有力冲击部门粗放资金管理理念，显著节省财力资源。2021年市本级预算编制中，事前绩效评估全面扩围提标，廊坊市不仅要求所有新增政策和项目，不

分金额大小，全部开展事前绩效自评估，实现"无评估不新增"，而且市财政局组织了4个部门整体、1个信息化运维专项，以及新增重大政策和项目事前绩效评估，总计评估项目达419个，涉及资金达12.78亿元，审定6.87亿元，审减5.9亿元，审减率46%，审减率的下降也从侧面反映出廊坊市各预算部门绩效意识的提高、预算单位项目谋划能力的提升。同时，廊坊市认真总结前期实践，及时弥补短板，研究制定事前绩效评估内部规程，明确每个环节的相关要求和责任分工，不断解决事前评估项目选取、评估结果科学应用等问题，推动事前绩效管理规范化、制度化。

2. 从严审核绩效目标，提升预算项目质量

经过两年实践，目前廊坊市已将四本预算全部纳入绩效目标管理范畴，实现全市所有项目、所有资金绩效目标填报全覆盖。另外，按照全年编预算机制要求，廊坊市对所有绩效目标分阶段、分级审核，组织第三方对重点绩效目标进行重点审核，倒逼各预算部门提升预算项目谋划质量，特别是在2021年市本级预算编制中，在"一上"阶段就将近27.5亿元的项目挡在库外，不仅从源头上提升资金效益，而且初步实现了预算收支平衡，相较往年预算编制效率大幅提升。同时，廊坊市首次启动了全年编预算工作机制，并根据项目特点，具体分为三个阶段，部门全年申报、财政分段审核。第一阶段，审核政策性项目绩效目标指标，通过对政策性项目立项依据进行重新梳理，明确政策变动和最新支出标准，审核完善59个政策性项目绩效目标指标。第二阶段，分级审核经常性项目绩效目标指标，在部门预算主管科室对全市所有经常性项目绩效目标指标进行初审的基础上，由预算绩效科开展抽查，抽查结果不理想的，退回部门重新修改，最后由相关科室进行集中会审打分，低于90分的项目不予进入项目库。第三阶段，集中审核新增项目绩效目标指标，坚持从严从紧原则，严把新增预算绩效关。

3. 做实绩效运行监控，实现全程跟踪问效

廊坊市严格执行《市级部门绩效运行监控管理办法》，对所有项目、所有资金开展预算执行进度和绩效目标实现程度"双"监控。一方面，市

财政局将支出承诺制作为预算执行进度监控的主要抓手，每年初组织所有部门向市政府签订支出承诺书，2019年选取138个，2020年选取201个重点项目，每月开展预算执行进度监控，并以廊坊市委、市政府名义印发通报、组织约谈。另一方面，市财政局研究印发《关于严格绩效运行监控切实强化监控结果应用的通知》（廊财预〔2020〕17号），再次强调各预算部门对所有专项项目开展日常监控，市财政组织对重点项目开展季度监控、督导纠偏，并在7月，组织各部门、各预算单位完成了所有专项项目的绩效运行集中分析，在此基础上市财政局选取了4个项目开展中期评估，督导部门完成年度绩效运行监控报告。在整个监控过程中，市财政局非常注重纠偏止损，根据监控结果，及时收回低效无效资金。其中，2020年廊坊市财政局共计收回低效无效资金5.5亿元统筹用于其他急需保障的领域，并强化监控与预算安排挂钩，压减支出进度缓慢的部门2021年度预算资金2.5亿元。

4. 做深绩效评价，做真结果应用

首先，廊坊市要求各部门各单位对2019年市本级所有专项项目组织开展了自评，实现绩效自评全覆盖，进一步强化预算部门绩效意识，提升项目管理能力。其次，市财政局一丝不苟，严格开展自评复核工作，对其中82个部门、152个项目自评结果进行复核，复核等级为"中"和"差"的项目占比17.86%。于是出现了一种情形，部分主管部门多次要求补充材料、做出解释，对全市各主管部门触动很大，不断发挥绩效约束作用，从而也更进一步提升了各部门强化预算绩效管理工作。最后，深入开展财政绩效评价。在2019年开展6个重点领域政策、11个重点项目开展财政绩效评价的基础上，为切实提升绩效评价质量，市财政局按照省厅要求，专门研究出台了办法，建立评价任务、结果应用两个清单制度，精心选取38个政策和项目、5个领域开展重点绩效评价，涉及资金42.7亿元。其中，4项政策评价整体结果不佳，只有1项政策评价结果为"良"；30个预算项目评价结果多为"良"和"中"，无"优"级项目，评价质量明显提升，并首次汇总形成了评价结果应用清单，市财政局对相关政策和项目提出了优

化调整、核减预算、不予安排预算、政策清退等具体调整意见，根据评价结果压减2021年度预算资金3.52亿元，正在不断破解评价结果应用难的突出问题。

5. 加大绩效信息公开力度，打造阳光财政

廊坊市研究出台绩效信息公开办法，对公开范围、公开渠道、公开方式等方面进行明确规定，要求市直各部门将绩效目标纳入预算公开范围，将部门整体及项目绩效目标编入部门预算进行公开。市财政局将组织开展的重点绩效评价结果纳入政府决算公开范围，在政府决算信息专栏公开；市直各部门将部门整体及项目绩效自评、重点绩效评价结果编入部门决算进行公开，2020年市财政局实现了部门所有专项项目绩效自评全覆盖、全公开。同时，市财政局按照省厅要求，精心制作绩效文本，提交人大审议。其中，2020年预算绩效文本包含了18个重点部门整体及所有项目绩效目标指标，2021年预算绩效文本实现了部门整体绩效目标指标、项目绩效目标指标双双全覆盖，并首次要求部门公开整体绩效目标指标，加快拓展绩效公开的边界和深度。

二、政策预算绩效管理改革与实践

（一）管理体系

政策性项目是指中央、省、市各级政策中明确规定需市本级财政每年必须安排资金保障、服务于特定目标或工作任务的项目。2019年，为更好地保障必要刚性支出、提升预算编制效率、建立政策性绩效目标指标及标准体系，廊坊市审定了市本级的100个政策性项目，首创市本级政策性项目库，实行动态化管理，给予2020年入库项目足额资金保障，有力贯彻落实上级政策精神。2021年，市财政局对部门申报2021年预算的政策性项目进行更新审核，对相应政策文件进行归纳梳理，形成了覆盖18个部门和单位、包含61个项目（59个申报2021年预算的项目纳入文本）、涉及资金8.56亿元的2021年政

策性项目库。

1. 建立规章制度

为加强政策类项目的预算绩效管理工作，廊坊市先后出台了《廊坊市市级事前绩效评估管理办法（试行）》（廊财〔2019〕74号）、《廊坊市市级预算绩效目标管理办法（试行）》（廊财〔2019〕75号）等系列文件。

2. 健全指标体系

在各项办法文件中，廊坊市制定了各类详尽的政策类项目预算绩效管理指标体系，加强对预算绩效管理工作的指导。其中，政策绩效评价共性指标体系框架如表5-7所示。

3. 规范工作流程

为确保政策类项目预算绩效管理工作的顺利开展，廊坊市财政局组织编制了各项工作流程。

（二）典型案例

本部分从近几年廊坊市财政局开展的政策类项目预算绩效管理工作中，选取五个案例来介绍廊坊市开展政策类预算绩效管理工作的具体情况。关于这五个政策绩效管理的情况如表5-8所示。

1. 某类特色产业集群高质量发展事前评估

项目单位根据廊坊市政府提出的县域特色产业振兴的主要目标及重点任务出台编制了《关于大力培育和支持县域特色产业集群高质量发展的十六项措施（讨论稿）》，202A~202C年拟利用市级财政资金2亿元，政策执行第一年（2021年支付资金）拟利用市级财政资金2750万元，用于支持县域特色产业集群高效发展。该政策项目的事前评估情况如下：

表5-7 政策绩效评价共性指标体系框架

一级指标	二级指标	三级指标	指标解释	指标说明	评分规则
政策制定	制定规范	政策内容吻合度	考察政策相关财政资金管理文件支出方向是否与政策依据文件支出方向吻合	评价要点：政策依据与资金管理文件关于支出方向的描述一致	具备上述要点实际值得100%权重分
		资金立项规范性	考察政策出台是否按照规定的程序申请设立，审批文件和材料合规是否完整；必要的可行性研究或专家论证或风险评估或集体决策等	评价要点：1.按照规定的程序申请设立；2.必要的可行性研究、专家论证、风险评估、集体决策	具备要点1实际值得50%权重分，具备要点2实际值得50%权重分
		政策时限符合度	考察政策执行时限是否有超期的情况	评价要点：政策执行时段与政策文件要求相吻合	具备上述要点实际值得100%权重分
政策实施	财务管理	财务制度健全性	考察业务主管部门对于该政策的财务制度是否健全、完善、有效，用以反映和考核财务管理制度对的资金规范、安全运行的保障情况	评价要点：1.已制定专项资金管理制度或有适用于本项目的财务管理制度；2.符合相关财务会计制度的规定	具备要点1实际值得50%权重分，具备要点2实际值得50%权重分
		预算资金到位率	考察政策资金足额到位的比例	预算资金到位率=一定时期内实际到位预算资金/一定时期内项目计划投入的资金总额×100%	实际值为100%得满分，每降低1%扣权重分的10%，扣完为止

续表

一级指标	二级指标	三级指标	指标解释	指标说明	评分规则
	财务管理	整体预算执行率	考察政策资金整体预算执行情况	预算执行率=实际支出数/预算到位数×100%	实际值为100%得满分，每降低1%扣权重分的1%，扣完为止
		资金分配合理性	考察资金分配是否合理，是否依照绩效目标的要求开展	评价要点： 1.资金分配按因素进行； 2.分配因素与管理文件要求相吻合； 3.分配结果与绩效目标相吻合	具备要点1实际值得40%权重分；具备要点2实际值得30%权重分；具备要点3实际值得30%权重分
		支出方向匹配度	考察政策资金支出方向是否完全符合管理文件的相关规定	评价要点： 实际支出方向与计划支出方向内容规定完全一致	具备上述要点实际值得100%权重分
政策实施	实施管理	管理机制健全性	考察政策出台部门或牵头部门与其他部门间的协调机制是否健全、政策实施管理机制是否健全、政策的监管机制是否健全	评价要点： 1.政策涉及部门之间的协调机制健全； 2.政策的实施管理机制健全； 3.政策的监管机制健全	具备要点1实际值得40%权重分，具备要点2实际值得30%权重分，具备要点3实际值得30%权重分
		机制运行有效性	考察政策涉及部门之间的协调机制运行的有效性、政策的实施管理机制运行的有效性、政策的监管机制运行的有效性	评价要点： 1.政策涉及部门之间的协调机制制运行有效，未出现； 2.政策的实施管理机制运行有效，未出现； 3.政策的监管机制运行有效，未出现工作质量等重大问题	具备要点1实际值得40%权重分，具备要点2实际值得30%权重分，具备要点3实际值得30%权重分

续表

一级指标	二级指标	三级指标	指标解释	指标说明	评分规则
政策实施	实施管理	政策风险可控性	考察政策涉及部门是否为控制政策实施风险而采取了必需的措施	评价要点: 1.是否已制定或具有相应的政策实施风险控制要求; 2.是否采取了相应的政策风险控制措施或手段	具备要点1实际值得50%权重分,具备要点2实际值得50%权重分
政策产出	数量	实际完成率	考察政策数量,用以反映和考核政策产出数量目标的实现程度	实际完成率=(实际产出数/计划产出数)×100%	实际值为100%得满分,每降低1%扣权重分的1%,扣完为止
	质量	质量达标率	考察政策质量,用以反映和考核政策产出质量目标的实现程度	质量达标率=(质量达标产出数/实际产出数)×100%	实际值为100%得满分,每降低1%扣权重分的1%,扣完为止
	时效	完成及时率	考察政策实施及产出的时效性,用以反映和考核政策产出时效目标的实现程度	完成及时率=[计划完成时间-实际完成时间)/计划完成时间]×100%	实际值为100%得满分,每降低1%扣权重分的1%,扣完为止
政策产出	成本	成本标准吻合度	考察政策实施成本标准的吻合情况	成本标准吻合度=(现有成本标准/计划成本标准)×100%	实际值为100%得满分,每偏离1%扣权重分的10%,扣完为止

续表

一级指标	二级指标	三级指标	指标解释	指标说明	评分规则
政策效果	经济效益	—	政策实施给经济发展带来的直接或间接影响情况	此三项指标非设置政策绩效评价指标时必须考虑的共性要素，可根据实际情况有什么目标设置相对应的指标	实际值达到目标值得满分，每降低1%扣权重分的1%，扣完为止
	社会效益	—	政策实施给社会发展带来的直接或间接影响情况		实际值达到目标值得满分，每降低1%扣权重分的1%，扣完为止
	环境效益	—	政策实施给生态环境带来的直接或间接影响情况		实际值达到目标值得满分，每降低1%扣权重分的1%，扣完为止
	可持续影响	—	政策后续运行及成效发挥的可持续影响情况		实际值达到目标值得满分，每降低1%扣权重分的1%，扣完为止
	满意度	受益对象满意度	社会公众或服务对象对政策实施效果的满意程度	社会公众或服务对象是指因该部门工作而受到影响的部门（单位）、群体或个人，一般采用社会调查的方式开展	实际值达到目标值得满分，每降低1%扣权重分的1%，扣完为止
		工作人员满意度	政策实施相关工作人员对政策实施管理和效果的满意程度	政策实施相关工作人员一般是指具体执行政策的部门或人员	实际值达到目标值得满分，每降低1%扣权重分的1%，扣完为止

注：政策类型包括产业发展类、社会公共事业发展类、社会保障事业类、其他类，未说明适用类型的指标，均适用于所有类型。

223

表5-8　廊坊市五个重点项目绩效管理情况

序号	项目类型	项目名称
1	事前评估	某类特色产业集群高质量发展事前评估
2	事前评估	某促进主导产业发展专项政策
3	绩效评价	201A~201C年某类创新专项经费
4	绩效评价	某农业产业化资金事前评估
5	绩效评价	某会展类专项奖补资金

（1）政策范围及内容。

该项政策措施包括五个方面，十六项具体措施。第一，支持产业集群创新引领。包含：对筹建和在建的产业集群价格指数平台进行奖补；对获得省级、市级技术创新示范企业的进行奖补；对被认定为国家级、省级产业集群检验检测（平台）中心的进行奖补。第二，鼓励集群龙头企业做大做强。包含：对被认定为国家单项冠军产品企业、省级领军企业进行奖补；对上年度获评为产业名县、名镇的进行奖补；对获评省级"专精特新"中小企业、省级"专精特新"示范企业、省级"专精特新小巨人"企业进行奖补；对获得国家级、省级工业品牌培育示范企业的进行奖补；对列入国家、省级绿色制造名单（绿色工厂、绿色制造产品、绿色供应链）的企业进行奖补。第三，鼓励产业集群延链补链强链。包括：提升产业集群延链补链强链项目待遇；鼓励集群内企业建设多层厂房扩产扩能；鼓励集群内企业租赁闲置厂房或标准化厂房用于扩产扩能；鼓励招商引资引进域外产业集群链条内企业等。第四，支持产业集群开拓市场。包括：鼓励产业集群举办专业展会；鼓励产业集群企业"走出去"，开拓市场；支持产业集群宣传推介。第五，支持集群内企业绿色转型。包括：对集群企业实施环保技术改造进行奖补，建立集群内规上企业环保治理应急响应正面清单和负面清单两个方面。

（2）绩效目标。

该项政策总体绩效目标为：打造出一批产业集群典型示范平台，实现公共服务平台全覆盖；形成一批具有一定影响力和美誉度的县域特色产业集群；培育出一批产业集群高端、绿色的龙头示范企业；推动产业集群上档升级，实现高质量的发展。

202A年的绩效目标为：建成一个价格指数发布平台；评比出创业创新示范企业，省级4个、市级10个；建设省级产业集群检验检测3家，推荐申报省级领军企业20家以上；产业名镇建成2家以上，专精特新中小企业、示范企业、小巨人企业推荐上报10家以上。

（3）评估内容。

1）政策必要性及可行性判定。

政策实施的必要性方面：

该项政策的出台旨在更好地配合《河北省县域特色产业振兴工作方案》的要求，立足廊坊本地实际，积极推动廊坊市县域特色产业发展，打造县域特色产业集群，政策具备一定的现实需求和必要性。从总体上看，该项政策制定的时间紧，政策出台后影响面广。目前提交的政策措施虽已具备基本政策框架，但在项目方向、绩效目标、实现途径和预期效果等方面仍有待进一步完善，项目政策研究论证的成熟度不足。

政策实施的可行性方面：

第一，资金筹集合规性。在资金筹集上具备一定的合规性。但存在以下问题：在资金监督、绩效考核程序上也不健全。并未确定财政资金支持的原则，很有可能形成财政资金"撒胡椒面"式的简单投入而无法集中优势财政资源真正支持特色产业发展的客观后果。

第二，实施方案合理性。就现有政策方案而言，政策的实施方案较为简单，可操作性不强，难以起到保障政策顺利开展的作用。

第三，资源投入经济性。资源投入的集成统筹措施弱化，缺乏对土地、人才、财税、金融等多种政策工具的综合运用，未考虑不同政策手段之间的综合运用和协同配合，难以体现政策的战略性、前瞻性、导向性和可持续性。

2）预算调整。

该项政策拟自202B年从廊坊市一般公共预算中安排预算资金2750万元，

纳入项目单位预算。但上述预算的测算依据缺乏，无支撑数据分析资料，预算编制难以体现合理性，资金分配方式简单且缺乏论证，对政策绩效目标的支撑能力不足，暂不具备对政策预算进行调整的条件。

3）目标修订。

项目单位编制了《政策性专项项目绩效指标申报表》，编制了该项政策的总体绩效目标、202A年度绩效目标、具体绩效指标及指标值，从程序和形式上看，基本上符合相关要求。但已制定的绩效目标的清晰性、政策手段的激励性及可持续性引导作用未显著体现。

（4）评估结果。

本次政策事前评估主要通过设定政策决策、政策目标、政策投入、政策保障4个一级指标并细化到三级指标进行评估，重点关注政策实施的必要性及可行性、预算编制依据、绩效目标的科学合理性、实施方案的有效性等内容。由专家组根据政策事前评估指标体系进行打分，经平均后形成最终的评估结果。

经评估，该项政策评估综合得分65.58分，绩效级别评定为"中"。建议对该项政策"暂缓支持"。

（5）根据评估结果提出相关建议。

建议在服务与服从北京疏解非首都核心功能、促进现有特色产业转型升级、吸引更多特色企业进入廊坊创业发展、稳定财税收入的大前提下，精准对标《河北省京冀交界地区新增产业的禁止和限制目录》，精准服务各个县（市）特色产业，精准解决现有产业存在的突出问题，精准强化产业引导、顶层设计和政策集成。统筹运用财税政策、金融政策、土地政策、人才政策，完善营商环境和服务平台，全面提升该项政策的高度、广度、深度和可行性。

2. 某促进主导产业发展专项政策

为贯彻落实中共廊坊市委廊坊市人民政府印发的《廊坊市主导产业发展实施意见》（廊发〔2019〕29号）政策精神，做优做强廊坊市优势产业，推动廊坊市经济向高质量、高效益、中高端产业迈进，项目单位起草了某促进主导产业发展专项政策。该政策围绕新一代信息技术、高端装备制造、生物医药健康和临空经济的"3+1"主导产业体系，以立足破解制约产业发展的资金、土地等方面的突出问题为出发点而设立。

（1）政策范围及内容。

该政策对廊坊市"3+1"主导产业领域的企业和项目从资金、土地等方面给予奖励和支持，主要涉及七个方面，具体包括对符合要求的新建项目的奖励；对市政府投资基金支持产业化项目的扶持，鼓励园区标准化厂房建设；对重点高校和科研企业的创新平台奖励；对校企合作办学的奖励；对生物医药企业创新研发的奖励；对大数据存储企业引进创新应用企业的奖励；对特殊政策的支持。

（2）绩效目标。

该项政策总体绩效目标（202A~202C年）为：配合《实施意见》深入实施，加快培育现代产业体系，推动廊坊市经济向高质量、高效益、中高端产业迈进。到202B年，促进"3+1"主导产业取得高速发展；到202C年，主导产业对廊坊市经济增长的贡献明显增强，产业转型升级取得明显成效。

202A年度的绩效目标为：配合《实施意见》出台该政策，各县（市、区）和市直有关责任部门出台细则，确定奖励指标数，编制项目预算。

（3）评估内容。

1）政策必要性及可行性判定。

政策实施的必要性方面。产业支持政策对于廊坊市主导产业高质量发展具有重要意义，是政府支持产业发展的重要信号，对于吸引企业落地，推动企业发展可以起到不可替代的作用。廊坊市是京津冀协同发展的重要产业承载地，是未来北京产业转移的重要对象，在政策层面做好预先储备和支撑，对于廊坊高科技产业发展，与北京形成产业链有效衔接具有重要意义。该政策作为落实廊坊市委市政府出台的《廊坊市主导产业发展实施意见》的配套专项支持政策，具有必要性。

政策实施的可行性方面。该政策作为落实《实施意见》的配套专项政策，紧紧围绕"3+1"主导产业制定，政策内容多次与相关责任部门征求意见进行完善，具备了一定的可行性。但项目单位应进一步加强对《实施意见》框架结构的各部分内容的针对性和指导性设置，遵循"规划引领、协同发展；优化存量、集群发展；节约资源、绿色发展"等基本原则，在注重新建项目的同时，加强"优化存量"的匹配性。

2）目标修订。

项目单位编制了《政策绩效目标申报表》，填报了基本信息表，编制了该政策的总体目标、年度目标及具体绩效指标。但五年期的总体绩效目标过于宏观、笼统，不符合"具体、明确、可衡量"的基本要求。且总体目标与各年度或各阶段目标之间的关系以及总体目标在各年度的任务分解均未体现。

该政策各项绩效指标与绩效目标的一致性和对应性较差，《实施意见》的总体目标对202A年、202C年和202C年的主导产业的营业收入均作了具体的目标要求，而该政策作为配套专项政策，未结合廊坊市现有和以往的营业收入进行分析测算，未按照不同经济基础的各县（市、区）予以分解与量化。项目单位将落实该政策所涉及的工作手段设置为绩效指标，不够恰当、合理，未体现通过实施该政策预期达到的绩效内容和指标值，如涉及的各责任单位在各主导产业区域落实该政策拟实现或必须达成的具体任务指标等，且绩效指标缺项较多，难以比较全面地支撑绩效目标，无法判断拟实施该政策的投入和产出及其可能实现的预期效益。

（4）评估结果。

本次政策事前评估主要通过设定政策决策、政策目标、政策投入、政策保障4个一级指标并细化到二级指标进行评估，重点关注政策实施的必要性及可行性、预算编制依据、绩效目标的科学合理性、实施方案的有效性等内容。由专家组根据政策事前评估指标体系进行打分，经平均后形成最终的评估结果。

经评估，该政策评估综合得分74.26分，绩效级别评定为"中"。

（5）评估结论。

该政策是深入推进《实施意见》的配套专项政策，利用廊坊市的区位优势和产业基础，发挥创新引领作用，以培育壮大主导产业，政策出台非常必要。该政策广泛征求意见，多次修改完善，以解决制约产业发展的资金、土地等突出问题为出发点，是促进"3+1"主导产业的重要抓手。但该政策对《实施意见》框架结构各项内容的针对性不足；缺乏对财政保障能力的评估和预算总规模的测算；绩效目标不够清晰，相关绩效指标有待完善；政策内容个别表述不够严谨，对个别支持方式的应用考虑不够周全。建议对该项政策"调整完善后予以支持"。

在宏观站位上，应进一步加强廊坊市级层面"3+1"主导产业发展整体统筹协调作用，加大顶层设计的谋篇布局政策集成；在具体措施上，应充分对接《实施意见》的各项内容，细化量化绩效目标和各项指标，围绕其产业布局和发展重点，结合廊坊市各区域实际情况进一步分解政策内容，制定有针对性的创新措施和考核办法，保障该政策有效落地，为促进廊坊市主导产业经济发展发挥显著作用。

3. 201A~201C年科技创新券专项经费

为深入贯彻落实《中共中央　国务院关于全面实施预算绩效管理的意见》，强化预算管理责任，提高财政支出效益，廊坊市财政局（以下简称"市财政局"）委托第三方机构对"201A~201C年某类创新券专项经费"开展政策绩效评价，成立了绩效评价工作组，于2020年7~8月对该政策进行了政策绩效评价。

（1）政策主要内容。

该创新券专项资金用于支持在本市注册的科技型企业或创新创业团队向服务机构购买与其科技创新创业活动直接相关的服务，充分调动科技型中小企业和创新创业团队的创新积极性，激励高校、科研院所等科技创新服务机构提供创新服务的主动性和积极性。

（2）政策实施情况。

组织管理：项目单位会同市财政局负责科技创新券的政策制定、决策指导、监督审批、绩效评价，以及研究确定创新券实施过程中的有关重大事项。项目单位负责编制上报年度预算，组织考核评价与监督，会同各有关部门研究确定创新券年度工作计划及支持重点等工作。市生产力促进中心是创新券审核、发放、兑付机构，负责企业和创新创业团队注册资料的审核和创新券申请审核、创新券的发放以及兑付工作。

实施流程：该创新券首次发放采取纸质形式。2018年开始以电子券形式发放，企业或团队经审核发放机构审核通过后可以在线申请科技创新券，用于向收券机构购买与其创新创业活动直接相关的服务。

（3）政策绩效目标。

1）政策总目标。

通过政策的开展，鼓励本市企业和创新创业团队，充分利用高等院校、科研院所、科技中介等服务机构提供的资源开展研发活动和科技创新，激发企业和创新创业团队的积极性，发挥科技中介服务机构、高校、科研院所等科技创新服务资源的重要作用，营造良好的政策环境氛围，引导企业进一步加大创新投入，提高服务机构科技资源开放共享程度，营造出"大众创业、万众创新"良好氛围，让创新券真正成为本市企业科技创新"助推器"。

2）政策年度目标。

专项资金用于支持在本市注册的科技型企业或创新创业团队向服务机构购买与其科技创新创业活动直接相关的服务，充分调动科技型中小企业和创新创业团队的创新积极性，激励高校、科研院所等科技创新服务机构提供创新服务的主动性和积极性，支持符合科技型企业或创新创业团队完成技术服务50项以上。

（4）评价对象与范围。

本次评价针对廊坊市"201A~201C年某类创新券专项经费"政策开展，评价对象为201A~201C年度专项资金1100万元，评价时点为201A年1月1日至201C年12月31日。

（5）绩效评价指标分析。

1）政策制定。

政策制定一级指标15分，分为制定规范、政策目标2个二级指标，其中：制定规范11分，政策目标4分。

制定规范下设政策内容吻合度、资金立项规范性、政策时限符合度3个三级指标。其中政策内容吻合度方面，资金管理文件支出方向与政策依据文件支出方向吻合。但项目单位未对该项政策时限进行细化，政策执行时段与政策预期不一致。

政策目标下设绩效目标合理性、绩效指标明确性2个三级指标。其中绩效目标合理性方面，由于指标不够全面、量化，其与正常业绩水平难以进行比较，整体来看，绩效目标与工作内容具有一定的相关性，但设置的目标值偏低。绩效指标明确性方面，从工作内容看，201A年绩效指标缺失，201B年、201C年的预算政策绩效信息表不符合要求，需要细化和具体化，针对数量指标设置质量指标，应设置定量指标；成本指标也有缺失，未体现；效果指标中，需要补充经济效益指标，重点是政策的撬动作用要量化出来；年度绩效目标指标数量过少、不全面，指标体系的科学性、系统性方面应进一步改进，指标内容需进一步优化。

2）政策实施。

政策实施一级指标分为财务管理、实施管理2个二级指标，其中：财务管理10分，实施管理15分。

财务管理下设财务制度健全性、预算资金到位率、整体预算执行率3个三级指标。其中财务制度健全性方面，项目单位已制定专项资金管理制度，专项经费的管理和使用，坚持"科学安排、合理配置、专款专用、全程管理、追踪问效"的原则，资金管理符合相关财务会计制度的规定。预算资金到位率方面，201A~201C年市财政局批复政策预算资金1100万元，实际到位1100万元，预算资金到位率为100%。整体预算执行率方面，201A~201C年，市财政局投入某创新券资金共1100万元，实际完成兑付1027.945万元，预算执行率为93.45%。

实施管理下设资金分配合理性、支出方向匹配度、管理机制健全性、机制运行有效性、政策风险可控性5个三级指标。其中资金分配合理性方面，据调查近3年资金分配情况合理。支出方向匹配度方面，政策资金支出方向符合管理文件的相关规定。工作机制上在科技型企业和创新团队有较大的关注，管理机制健全性方面，在管理深度上，对廊坊市的经济建设有较好促进作用，但在收券方的制度规定上设置得太少，收券机构需要建立一个监督管理考核机制，不只是前端引导，还需要注重撮合机制。机制运行有效性方面，此政策为经常性政策，需要制定一个中长期规划，现有政策不够聚焦，缺少一个整体规划。政策风险可控性方面，某创新券专项资金监督检查工作遵循客观、公正和实事求是原则，确保财政资金的安全、合理、有效使用。但只考虑了实施风险，未考虑市场、法律等风险。

3）政策产出。

政策产出分为产出数量、产出质量、产出时效、产出成本4个二级指标，其中：产出数量10分，产出质量8分、产出时效6分、产出成本6分。

产出数量下设创新券发放数量完成率、支持企业数量完成率2个三级指标。其中创新券发放数量完成率方面，201A~201C年科技创新券计划发放金额1100万元，实际发放券面金额1027.945万元，完成率为93.45%。支持企业数量完成率方面，201A~201C年计划支持科技型企业或创新团队申请使用合同数量大于220份，实际支持409份，实际支持数量是预期数量的1.86倍。绩效指标实现值与目标值偏差过大，说明在预算编制与工作安排方面调研论证不充分，使二者之间未能有效衔接与匹配。

产出质量下设创新券兑付率、发放公平性2个三级指标。创新券兑付率方面，201A~201C年发放科技券共计1030万元，实际兑付金额1027.945万元，兑付率99.8%。发放公平性方面，从产业领域角度出发，共8个领域，现代服务业与优质高效农业没有体现出来，受惠行业覆盖面存在一定局限；从区域分布看，三河、大厂、霸州在财政收入上比较多，但在用券数量上，则是比较低的。

产出时效下设创新券按期发放和兑付率三级指标。201A~201C年发放及兑付表显示，科技创新券基本按预期计划发放和兑付，但201A年第三期兑付时间有延迟。

产出成本下设管理费用比1个三级指标。用于支付政府购买创新券审核发放机构、审核兑付机构的服务费不超过发放总额的8%，委托第三方专业机构的抽检费用据实列支。8%的管理费是参照河北省的规定，只有笼统的办法，管理费用与资金数量及效果相比，成本偏高。

4）政策效果。

政策产出分为政策效益、政策可持续影响、政策满意度3个二级指标，其中：政策效益15分、政策可持续影响8分、政策满意度7分。

政策效益下设带动企业研发投入、提高科技资源使用和共享率、降低中小微企业创新成本3个三级指标。带动企业研发投入方面，201A~201C年科技创新券实际发放总计10979450元，用券合同总金额25789077元，放大了2.35倍，宏观层面效果显著，但微观层面缺少相关统计信息。

政策可持续影响下设促进产学研合作、健全科技服务市场2个三级指标。其中促进产学研合作方面，本地产学研合作基础薄弱，高等院校和企业的产学研联合，这个推动作用现在没有显示出来。应进一步提高部门决策的科学化、规范化水平，促进财政科技资金投入效果、效率与效益的有效实现。健全科技服务市场方面，本地科研机构偏少、科技资源不够充裕、科技服务市场不够发达，可能影响政策效果，通过政策实施有助于改善科技服务市场环境。

政策满意度下设受益企业满意度、收券机构满意度、潜在受益企业满意度3个三级指标。向受益企业、收券机构、潜在受益企业发放调查问卷和通信调查，收到有效回复共计188份。结果表明，服务对象对科技创新券的满意度较高，但存在局限性。

（6）主要问题。

政策需求调研论证有待进一步深入，政策问题与需求导向不够明确；政策绩效目标不够清晰；政策实施机制有待进一步优化，政策实施条件有待进一步完善。

（7）相关建议。

深入开展需求与问题调研论证，进一步明确政策的需求与问题导向；优化政策绩效目标；促进政策协同；注重科技创新条件建设，加强政策实施的区域协同；积极争取国家及省级科技创新政策支持。

4. 某农业产业化资金事前评估

农业产业化创新引导资金项目自2006年立项以来，从2007年开始安排农业产业化创新引导资金项目，于每年第三季度根据《年度项目申报通知》筛选、审核、确定补助方向、项目、金额，对龙头企业建设项目予以补贴，对龙头企业品牌创建、技术成果推广示范项目予以奖励，支持龙头企业引进新技术新成果，保障农产品有效供给和质量安全。此政策项目为经常性政策，本政策资金全部来源于财政资金，201A~201C年本政策每年安排预算资金1500万元。

（1）评价结果。

在政策制定方面，本政策制定决策依据不够充分，内容不够完善；立项的规范性不足，且政策时限符合度有待提高；政策资金分配的科学性、合理性不足；政策资金绩效目标不明确，科学性不足。

在政策执行方面，缺乏政策资金后续效果跟踪；专项资金奖补制度执行有效性有待加强；政策出台部门或牵头部门与其他部门的协调机制有待提高。

在政策效果方面，绩效成果显现不足，可持续性不足；政策宣传力度不足，社会影响力弱；政策后续运行及成效，政策功能的发挥影响情况没有进行及时全面的总结分析；项目实施部门没有进行满意度调查，对项目实施的效果无追踪。

政策绩效评价总体得分为63.9分，评价等级为"中"。

（2）总体绩效目标分析。

项目单位每年申报预算资金1500万元用于对龙头企业建设项目补贴，以及对龙头企业品牌创建、出口创汇、新技术新成果推广示范项目予以奖励，支持重点龙头企业做大做强，提升档次，从而有效推动全市农业产业化龙头企业建设，加快推动现代产业体系发展。但项目单位并未就其产出效果进行分析，也无绩效产出证明资料，因此，政策绩效目标完成情况无法直接判断。

（3）具体绩效分析。

1）政策制定。

在制定规范方面，从整体看缺乏政策项目的顶层设计和阶段规划（三年中期）及项目实施年度计划，因此政策依据与资金管理文件关于支出方向的描述是否一致，无法判断。政策受益群体迫切需求吻合度不高，政策立项规范性不足。政策时限符合度方面，没有适时根据国家、省各阶段农业产业化发展战略规划及相关政策要求，进行政策调整和完善，政策内容与国家现行农业产业发展新要求及新政策的吻合不足，影响政策资金有效发挥创新引领作用。

对照某项目单位相关文件，三年绩效目标未进行调整，因此，绩效目标科学性、合理性有待加强，并未准确体现年度工作内容。因此，政策资金绩效目标不明确，合理性、科学性不足。

2）政策实施。

政策实施方面分为财务管理和实施管理两个部分。

在财务管理方面，专项资金管理制度不能很好地对资金规范、安全运行有效保障。同时，通过调研，了解到申报单位确实按照政策规定进行申报，并向受奖补企业足额拨付资金。

在实施管理方面，政策资金支出每年的申报通知中会规定重点支持范围，与"专项资金管理办法"的重点扶持方向基本一致。但政策资金分配的科学性、合理性不足，政策实施管理及监督机制不够完善。另外，各区县局的责任分工不够明确，具体责任人不落实，没有建立责任追溯机制。未制定或具有相应的政策实施风险控制要求，也未采取相应的政策风险控制措施或手段。

3）政策产出。

数量方面，实际完成情况也并未完全达到绩效目标申报表预期目标。质量方面，项目单位并未对政策实施后最终效果进行调研及分析，缺乏评价依据。

4）政策效果。

经济效益方面，通过调研发现，有部分企业将资金用于技术研发创新来降低生产成本，但大部分企业奖补资金并未用于农业产业化创新，对财政政策资金使用的成本效益不够重视，政策实施对农业产业化经营降低成本的效果一般。

社会效益方面，此政策为事后奖补政策，企业的日常用工及重点项目或产业链用工均按照运营计划正常进行，而受奖补后企业并不会因有奖补而增加用工量或追加用工成本，由此判断，项目实施对于营造农村劳动力就业环境及提高农业产业劳动力就业率的效果不够显著。

可持续影响方面，通过调研发现，政策实施并未发挥宣传引领、带动作用，社会影响力弱，政策实施对于提高企业创新力，推进农业产业化发展的可持续性影响一般。

满意度方面，通过中介机构问卷调研，受奖补企业对此政策实施较为满意。但项目实施部门没有进行满意度调查，缺乏反馈材料。对项目实施的效果，是否满足本地企业实际诉求和建议无法体现，不利于项目的改进完善。

（4）存在的问题。

1）政策制定存在的问题。

第一，政策制定决策依据不够充分，内容不够完善，从整体看缺乏政策项目的顶层设计和阶段规划（三年中期）及项目实施年度计划。第二，立项的规范性不足，政策制定缺少必要的可行性研究、专家论证、充分的风险评估。第三，政策时限符合度有待提高。政策资金分配的科学性、合理性不足。

2）政策执行存在的问题。

缺乏政策资金后续效果跟踪，对劳动力等绩效情况无证明材料及依据，对政策资金是否按要求及时足额拨付到企业没有结果检查监督环节。企业在得到补贴和奖励后没有进行专款专用，即没有应用于创新研发。没有对这部分资金有具体的要求和监管，导致企业在拿到财政资金后并没有将其完全投入到创新研发的活动中，而是将其视为一种收入。

3）政策效果存在的问题。

绩效成果显现不足，可持续性不足。政策宣传力度不足，社会影响力弱。政策后续运行及成效，政策功能的发挥影响情况，没有进行及时全面的总结分析。项目实施部门没有进行满意度调查，对项目实施的效果无追踪。

（5）相应的建议措施。

1）廊坊市农业产业化发展应与时俱进，推进廊坊市农业向专业化、市场化、现代化转变。选准优势特色主导产业，集中资金资源，着力解决好产业发展中的瓶颈制约和关键环节，打造一批结构合理、链条完整的优势特色产业集群。

2）加强调查研究，做好前期论证。明确各阶段政策实施的绩效目标，研究制定适应新形势创新政策资金支持的着力点和办法。加强政策执行的可行性，提高政策措施与政策目标的匹配度。

3）资金分配应重视资金使用成本效益分析，发挥财政资金"四两拨千斤"的作用。资金的使用应对接企业诉求，提高政策资金使用精准度和针对性，整合政策资金资源，集中重点投入。

4）加强宣传总结。多形式多渠道开展政策宣传，扩大社会影响力，发挥政策资金的导向作用，全面展现奖补企业的成效，总结政策实施中的典型经验，营造全社会共同推进的良好氛围。

5）应加强政策实施的各职能部门工作协调机制，保障项目高效运行，充分发挥财政政策资金使用的高效益。

6）完善满意度调查分析。加强满意度调查和绩效资料信息收集，扩大服务对象满意度调查范围，及时收集并汇总满意度等绩效资料，深入统计、分析调查结果，以便全面了解服务对象满意度，发掘相关需求，进一步改进与完善政策项目的实施。

5. 某会展类专项奖补资金

为深入贯彻落实《中共中央　国务院关于全面实施预算绩效管理的意见》，强化预算管理责任，提高财政支出效益，廊坊市财政局选择201A~201C年某会展类专项奖补政策开展绩效评价。

（1）政策主要内容。

依据廊坊市人民政府关于印发《关于加快廊坊市展览业发展的若干意

见》（廊政〔2005〕37号）文件要求，设立市展览业发展专项资金，大力促进展览业发展。为加快推进会展业发展，规范会展业发展专项资金使用管理，更好地发挥财政资金的导向和激励作用，不断提高会展专业化、品牌化、国际化水平，推动廊坊市产业向高端发展、经济向高质量发展，对在廊坊市举办符合补贴条件的展会、会议、会展企业、会展国际认证按照《廊坊市会展业发展专项资金管理办法》（廊财外〔2018〕6号），依据标准进行奖补。

（2）政策绩效目标。

专项资金支持廊坊市会展业发展，提高了企业引展办展积极性。发挥资金最大效益，带动了相关产业发展。支持了现有展会做大做强，使展会进一步走向了专业化、市场化、国际化。2019年度政策绩效指标如表5-9所示。

表5-9　2019年度政策绩效指标

一级指标	二级指标	三级指标	指标值
产出指标	数量指标	补贴会展数量	20个以上
	数量指标	全市展会面积	增加4万平方米以上
	数量指标	参加展览观众数量	增加8万人次以上
效益指标	经济效益指标	会展收入增加额	增加0.6亿元以上
	社会效益指标	会展贸易成交额增长量	增加4亿元以上

（3）综合评价情况及评价结论。

经评价，政策资金立项规范性不足，未开展专家论证与评估且缺乏相关可行性研究；资金分配未考虑与绩效目标吻合程度，未形成制度化、标准化的资金分配机制，管理机制不够健全，机制运行有效性方面还有待优化，未对政策实施中的不确定性与风险进行充分的评估论证；奖补资金产出指标基本完成，成本基本得到控制；政策实施效果不明显且不具备可持续性。

该政策绩效评价得分为59.00分，绩效评定等级为"差"。建议修订或优化会展业支持政策，进行全周期跟踪问效，在政策无效或低效情况下，及时调整或中止政策实施。

（4）主要问题。

1）相关政策文件老旧，与现实需求及产业发展实际已不完全相符。会展业发展专项奖补相关政策200×年制定，距今已有十多年之久，其间未根据现实需求及产业发展环境变化进行修订或调整，仅有奖补资金管理办法更新修订。在产业发展及相关政策变化较大情况下，政策因循守旧会使效果大打折扣。

2）政策实施中，未开展针对性的调查研究与论证。奖补资金政策按照固定模式实施，多年来基本未做改变，且实施过程中，未见针对现实需求的调查研究与论证，缺少相关的可行性研究、专家论证、风险评估等相关程序。

3）政策实施机制有待优化。按照十几年前的政策环境，当前的实施机制相对落后。但随着经济社会的发展及全面深化改革的推进，现行的实施机制已不合时宜。

4）未对政策实施中的不确定性与风险进行充分的评估论证。会展项目开展受各方面因素影响，政策实施中未按年度制定实施方案，并对实施过程中的不确定性与风险进行评估，并制定应对预案。

5）政策实施效果不明显。2005年《廊坊市人民政府关于加快廊坊市展览业发展的若干意见》明确确定了该市展览业发展目标。后续未再设定政策目标，但从目前看，部分目标目前仍有差距。

6）政策不具备可持续性。一是新冠肺炎疫情影响下，会展业未来发展不确定性较大；二是财政支出持续压缩，会议、展览支出是压缩重点；三是全面深化财税体制改革中，清理整顿涉企资金是重点。

（5）相关建议与改进措施。

1）在深入调查研究的基础上，修订或优化会展业支持政策。结合国家层面产业发展方向，紧扣京津冀协同发展要求，在深入调研廊坊市会展业发展实际的基础上，规划制定会展业发展扶持政策。

2）按照现代科学决策要求，履行必要的政策论证程序。在政策形成或资金立项过程中，深入开展事前绩效评估、可行性研究、专家论证、风险评估及集体决策等程序，必要时开展反向论证，最大程度增强政策制定科学性。

3）按照最新的政策环境与改革要求，优化政策实施机制。在明确政策继续实施的情况下，深入了解现行国家相关政策文件，借鉴先进地区经验，采取更加合规、简便、有效的实施方式。

4）做好政策的规划与实施方案设计。结合中长期产业发展规划，统筹谋划政策实施的中长期规划，并对中长期规划进行年度分解，制定全面、详细、可操作的实施方案，以完整的实施方案指导政策有序实施。做好会展统计工作，参考实施情况动态调整实施方案，合理实施会展业支持政策。

5）加强部门间的政策衔接。统筹与整合部门间产业发展政策与资金，发挥产业政策与扶持资金的合力，选择具备比较优势、发展潜力大的产业进行重点、持续性扶持。

6）根据环境变化优化政策方向。在新冠肺炎疫情影响持续存在的情况下，需把政策方向从扶持线下展览转向扶持线上展览；按照财税体制改革要求，把直接补贴企业的资金转向提供更加优势的公共服务和营商环境上来，以优越的环境吸引展览；把会展业发展与本地产业发展方向结合起来，以会展业促进其他产业发展，形成区域性产业发展的共振。

（三）特点及成效

1. 设立政策性项目库标准

廊坊市财政局对纳入政策性项目库的项目有具体的要求，并形成入库标准，具体如下：一是立项依据充分，有明确的政策文件要求，且必须由市本级财政予以资金支持；二是测算标准明确，政策对项目的支出标准、支出范围、保障对象等有清晰的界定，资金测算科学合理；三是实施计划完备，项目有具体的实施方案或明确的工作计划，能够合理预期项目执行情况和实施效果、合理发挥财政资金的使用效益。

2. 年度更新

廊坊市规定政策性项目库每年都要更新。2020年5月，市财政局印发专题通知，明确2021年政策性项目预算编制工作的具体要求，对政策性项目实施了梳理和更新，清退了49个项目，新增10个项目，目前在库项目61个，其中，安排预算的项目59个，并进一步提升绩效目标指标填报质量，完善政策性项目绩效指标体系，为加快廊坊市预算执行进度奠定基础。以2020年的工作为例，廊坊市财政局首先是全面梳理上年度库内项目信息。要求相关部门（单位）对上年度入库项目进行全面梳理，对于符合条件的项目进一步完善相关信息，重点完善基础信息和绩效目标指标，查漏补缺、更新提质，全面提高政策性项目信息填报质量。其次，评估新增入库项目。在对上年度政策性项目进行全面梳理的基础上，市财政局进行动态更新，对依据政策到期或调整、相关标准变化等原因导致不符合入库条件的项目提出清退意见，对于新增入库项目严格开展事前绩效评估，评估通过且符合入库条件的方可入库。最后，集中复核2021年度政策性项目。市财政局组织相关人员对申报2021年预算的政策性项目进行集中会审，按程序清退49个政策到期、无依据政策、无支出标准等的项目；新增10个政策性项目，涉及农业农村发展和营商环境建设等重点领域，包括廊坊市农业农村局动物防疫补助资金和重大动物疫情防治资金、市市场监督管理局奖补类专项资金等，最终审定61个2021年入库政策性项目（59个申报2021年预算的项目纳入文本），涉及资金8.56亿元。

3. 动态管理

廊坊市政策性项目库内的项目实行全过程预算绩效管理，并对政策项目进行全周期跟踪问效和动态评价。同时，市财政局规定新增项目需按要求开展事前绩效评估，填报绩效目标指标，提交依据的政策文件等佐证资料，市财政局审核通过后方可入库。年度预算批复后，入库项目将作为预算绩效管理重点项目，由市财政局组织开展重点绩效监控，对于预算执行及绩效目标实现程度未达预期的，及时进行纠偏整改，整改结果与下年度预算资金安排挂钩；年度预算执行结束后，市财政局选择部分正在执行的政策、项目及到期政策开展绩效评价，评价结果作为政策清退、调整完善的重要参考依据。

三、部门整体预算绩效管理改革与实践

（一）管理体系

对标对表"三全"要求，紧紧围绕预算和绩效管理一体化，始终坚持问题导向、结果导向、目标导向，制定总体计划，明确突破重点，扩围扩量、提质提标、加力加速推进预算绩效管理实施，不断实现改革新突破。

1．建立规章制度

为加快构建全方位、全过程、全覆盖的预算绩效管理体系，推动绩效管理实施对象从政策和项目向部门单位整体绩效拓展，提高部门单位整体绩效水平，根据《廊坊市人民政府关于印发廊坊市市级部门预算绩效管理办法的通知》（廊政字〔2019〕34号）等有关规定，廊坊市财政局研究制定了系列文件（见表5-10），深入推进部门整体绩效管理实施。

表5-10　廊坊市财政局印发部门整体绩效管理相关系列文件

名称	主要推进作用
《廊坊市市级预算绩效目标管理办法（试行）》（廊财〔2019〕75号）	提出部门整体绩效目标设置框架，对部门和单位的职能进行梳理，从中概括、提炼出最能反映工作任务预期的关键性指标
《廊坊市市级部门整体绩效评价管理办法（试行）》（廊财预〔2019〕47号）	提出部门整体绩效评价共性指标体系框架；提出部门（单位）整体绩效评价工作流程包含自评价、再评价和重点评价；给出自评表、自评报告、再评表、再评报告的参考模板
《廊坊市预算绩效管理工作考核办法（试行）》（廊财预〔2019〕54号）	提出对市直部门、县级财政部门进行预算管理工作的年度考核；考核分为自我考核和市级财政部门考核两个步骤；提出考核结果将作为市直部门相关经费安排的参考因素，考核结果纳入领导班子和领导干部绩效管理工作体系；给出考核评分表参考模板

续表

名称	主要推进作用
《廊坊市市级部门绩效运行监控管理办法（试行）》（廊财预〔2019〕56号）	提出对部门整体绩效目标和预算进度执行监控；提出在预算执行中期进行"中期绩效评估"，督导落实；给出部门年度整体支出承诺书、部门整体绩效运行年度计划表、部门整体绩效运行监控报告的模板
《廊坊市××（部门）预算绩效管理办法（参考模板）》（廊财预〔2019〕64号）	给出部门预算管理办法（参考模板）
《廊坊市市级预算结果应用管理办法（试行）》（廊财绩〔2020〕6号）	提出部门按照财政部门要求，根据资金性质分别向市委、市人大、市政府报送绩效结果及相关情况；提出部门整体绩效评价结果与部门专项公用经费挂钩；在部门整体绩效评价或下级政府财政运行综合绩效评价中被评价为"差"的，财政部门将提请市委市政府对其主要领导进行工作约谈

2. 健全指标体系

《廊坊市市级预算绩效目标管理办法（试行）》（廊财〔2019〕75号）中指出部门和单位申报整体绩效目标时，应当按确定格式和内容填报《部门（单位）整体绩效目标申报表》，如表5-11所示。

共性指标框架方面，廊坊市财政局先后制定了《部门整体绩效评价共性指标体系框架》《政策绩效评价共性指标体系框架》《项目绩效评价共性指标体系框架》，并结合"高质量发展统计指标体系"设计了《廊坊市部门整体绩效产出和效果指标体系（参考）》；在分行业指标体系方面，按照一个预算主管科室选取一个对口试点部门的原则，探索建立分行业、分领域、分层次的绩效指标和标准体系，目前已完成包含15类、216个指标的《共性项目绩效指标体系》，以及涵盖一般公共服务、卫生健康、节能环保、农林水四个行业领域的12个行业类别、800个指标的《分行业分领域绩效指标和标准体系》构建。在定额标准体系方面，对市本级148个预算单位近三年历史数据进行收集分析，并充分借鉴其他地方相关做法及标准，对办公费等7类运转类公用经费科目进行了修订，重新出台定额标准。分行业分领域指标和标准框架如图5-6所示。

表5-11 部门（单位）整体绩效目标申报表

填报单位（盖章）：

部门名称：			地址：			
联系人：			联系电话：			
财政供养人员数量			所属单位数量			
年度部门（单位）预算申请情况	预算收入（万元）			预算支出（万元）		
	财政拨款收入		人员经费			
	上级补助收入		日常公用经费			
	事业收入		专项公用支出			
	经营收入		专项项目支出			
	附属单位上缴收入		—			
	其他收入		—			
	合计		合计			
部门职能概述						
年度绩效目标						
年度主要任务	工作名称	对应职能	拟安排项目	预算资金	其中：财政拨款	
	重点工作一					
	重点工作二					
	……					
	合计					

年度绩效指标	一级指标	二级指标	三级指标	绩效指标描述	指标值			指标值确定依据
					符号	值	单位	
	部门产出	数量	重点工作一完成数					
			……					
		质量						
		时效						
		成本						
	部门效果	经济效益						
		社会效益						
		生态效益						
		满意度						

填报单位负责人： 填表人： 填表日期：

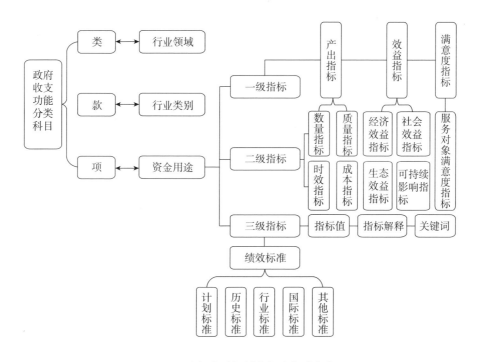

图5-6　分行业分领域指标和标准框架

3. 规范工作流程

《廊坊市市级部门整体绩效评价管理办法（试行）》（廊财预〔2019〕47号）中明确部门（单位）整体绩效评价工作流程如图5-7所示。

首先，廊坊市财政局根据现有部门整体绩效评价共性指标框架，结合最新要求和实践，调整形成部门整体绩效自评表，要求所有部门以填报自评表的形式，首次开展部门整体自评，先后完成了2018年度和2019年度部门整体绩效自评，实现全覆盖、全公开。其次，在部门自评的基础上，对其中35个市直部门的绩效自评结果和自评工作认真程度开展再评价，根据结果应用办法，对15个部门整体绩效再评结果为"良"（含）以下的部门，压减2021年部门专项公用经费126万元，真正触及部门痛点。最后，会同教育部门，在全市选取23所中小学，与县级一起开展义务教育领域部门整体绩效评价，展示全市义务教育资金绩效整体情况。同时，为提升评价质量、体现结果应用，

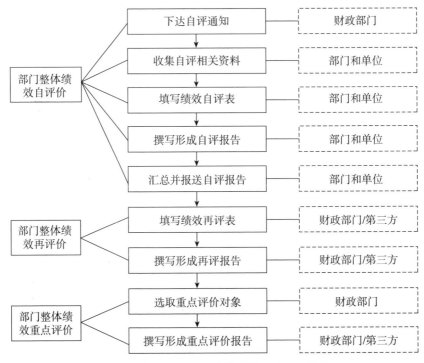

图5-7　部门（单位）整体绩效评价工作流程

和教育部门一起，先后赴7个县（市、区）、15所学校进行实地调研，组织北京资深教育专家、绩效专家，以及各级财政部门、教育部门、校长及一线教师开展了10余次座谈，最终研究拟订《关于改进廊坊市教育领域预算资金管理的意见》。

4. 赋予部门更多管理自主权

为提升部门预算管理整体水平，赋予部门更多管理自主权，廊坊市财政局结合省厅重点领域安排，自主创新，以市教育局为主体，在教育领域摸索推进竞争性分配机制，按照"宁缺毋滥、打造精品"的原则，经过层层筛选、环环把关，最终评选出"学生错题个性化纠错提升项目""人体科学馆建设项目"等7个项目，涉及金额2397万元单独安排资金予以保障，有效发挥部门主体作用，激发部门谋划好项目、提升预算管理水平的主动性和积极性。2020年，将范围扩大至教育和农业农村两个领域，并进一步完善了工作流程，形成"公开发布申报指南→线上集中培训→申报项目→工作组符合性审查→辅导申报→主管部门审核项目→聘请专家、遴选民意代表→专家提前审阅资料、召开准备会→竞争性评审会→结果公示→提交成果资料"11个固定环节。竞争性资金分配将财政预算资金从"一对一"单向审批安排，转向"一对多"选拔性审批安排，实现了不同项目同台竞技，在申报的66个教育项目、51个农业项目里优中选优、好中选好，最终确定了13个教育项目、6个农业项目、共计3250万元优先进入预算安排流程，切实推动了竞争性分配成熟化、常态化、机制化。

（二）具体做法

1. 部门整体项目事前绩效评估

（1）概述。

根据《廊坊市市级事前绩效评估管理办法（试行）》（廊财〔2019〕74号）文件精神，廊坊市财政局负责组织开展部门整体项目事前绩效评估，审核部门和单位提交的部门整体项目事前绩效评估报告，并反馈审核意见；依据事前评估结果调整预算安排。

（2）工作程序。

程序包括准备、实施、报告审核、结果应用四个阶段。

在部门整体项目事前绩效评估准备阶段，财政部门指定重点评估对象，确定评估目的、内容、任务、依据、时间及要求等方面的情况。部门和单位成立部门整体项目事前绩效评估组或委托第三方机构进行部门整体项目事前绩效评估。

在部门整体项目事前绩效评估实施阶段，按照前期调研、制定工作方案、深入部门和单位采集数据、实施事前评估等步骤逐一展开。开展前期调研：评估组或受委托的第三方机构需要充分了解评估对象的具体情况，以识别重要评估事项、履行评估责任和实现评估目标。制定工作方案：评估组或受委托的第三方机构应根据项目情况，编制事前绩效评估工作方案。工作方案中应包括但不限于：项目概况（包括背景、范围、规模、预算编制情况、项目的组织管理、绩效目标）、评估的对象及范围、评估思路及方法、评估指标体系、数据采集及社会调查方案评估工作人员安排和进度计划等。深入部门和单位采集数据：评估组或受委托的第三方机构需持《事前绩效评估通知》进入部门和单位开展数据采集工作，可以通过文件查阅、社会调查以及基础表填报三种方式采集数据，分析项目的立项背景、保障措施、绩效目标预算编制等情况。实施事前评估：评估组或受委托的第三方机构运用相关评估方式、方法对项目的必要性、可行性、财政支持方式、项目预算等进行综合评估，形成评估报告。评估报告中应包括但不限于：项目概况（包括背景、范围、规模、预算编制情况、项目的组织管理、绩效目标）、评估思路及实施流程、项目必要性及可行性判定、评分结果、项目内容和规模及预算的调整建议、项目绩效目标调整及完善建议、评估结论。部门整体项目绩效评估报告应分为总报告和分报告，分报告是对单个项目进行详细分析的结果，总报告是在归纳汇总各分报告的基础上对部门所有项目进行整合分析的结果。

在部门整体项目事前绩效评估报告审核阶段，财政部门负责审核《部门整体项目事前绩效评估报告》，审核《部门整体项目事前绩效评估报告》时，需将分项目报告逐一审核。审核方式包括：财政内部审核、邀请专家评审、组织第三方机构独立开展再评估。事前绩效评估报告审核结果分为"合格"与"不合格"。

在部门整体项目事前绩效评估结果应用阶段，事前绩效评估报告审核结果为"合格"，评估结果可被采用。评估结果为"优"，直接进入下一步预算安排流程评估结果为"良"或"中"，调整完善后进入下一步预算安排流程；评估结果为"差"，不进入预算安排流程。财政部门根据绩效评估结果填写事前绩效评估结果反馈函，反馈至被评估的部门和单位。被评估部门和单位按照事前绩效评估结果反馈函落实整改。部门应将本部门及所属单位的评估结果按照政府信息公开的要求向社会公开。

（3）部门整体项目事前绩效评估报告格式。

部门整体项目事前绩效评估报告格式包括总报告（见图5-8）和分报告（见图5-9）两部分。

2. 部门整体预算绩效目标

（1）概述。

根据《廊坊市市级预算绩效目标管理办法（试行）》（廊财〔2019〕75号）文件精神，廊坊市财政局负责组织开展预算绩效目标申报和管理工作。财政部门和各部门各单位按其职能组织实施预算绩效目标管理，建立多层次预算目标管理机制。

（2）设置原则。

对部门和单位的职能进行梳理，确定部门和单位的各项具体工作职责。结合部门和单位中长期规划和年度工作计划，明确年度主要工作任务，预计部门和单位在本年度内履职所要达到的总体产出和效果，将其确定为部门和

目 录

摘要

•概述

•评估结论

•经验做法、问题和建议

前言

一、部门项目支出概况

（一）部门基本情况

（二）本次评估涉及的部门项目支出情况

二、事前绩效评估工作情况

（一）评估思路及方法

1. 评估思路和内容

2. 评估方法

（二）评估实施过程

三、评估结论

（一）项目调整建议

（二）预算调整建议

四、附件

图5-8 总报告部分

一、项目概况

（一）基本情况

1. 项目设立背景及目的

2. 项目立项依据

（二）项目当年拟申报情况

1. 计划实施内容

2. 预算安排情况

二、项目历年情况

（一）历年资金安排情况

（二）项目当年情况

三、项目合理性分析

（一）项目安排合理性分析

（二）预算安排合理性分析

四、评分结果及预算调整

（一）综合评分

（二）预算调整

（三）绩效目标梳理

五、其他需要说明的问题

六、附件

图5-9　分报告部分

单位总体目标，并以定量和定性相结合的方式进行表述。依据部门和单位总体目标，结合部门和单位的各项具体工作职责和工作任务，确定每项工作任务预计要达到的产出和效果，从中概括、提炼出最能反映工作任务预期实现程度的关键性指标，并将其确定为相应的绩效指标。通过收集相关基准数据，确定绩效标准，并结合年度预算安排等情况，确定绩效指标的具体数值。部门和单位申报整体绩效目标时，应当按确定格式和内容填报《部门（单位）整体绩效目标申报表》（见表5-12）。

（3）部门（单位）整体绩效目标申报表。

部门（单位）整体绩效目标申报表主要反映部门（单位）的年度预算申请、年度主要任务和年度绩效指标设定情况等，是对部门（单位）整体情况

表5-12　部门（单位）整体绩效目标申报表

填报单位（盖章）：

部门名称：		地址：	
联系人：		联系电话：	
财政供养人员数量		所属单位数量	

年度部门（单位）预算申请情况	预算收入（万元）		预算支出（万元）	
	财政拨款收入		人员经费	
	上级补助收入		日常公用经费	
	事业收入		专项公用支出	
	经营收入		专项项目支出	
	附属单位上缴收入		—	
	其他收入		—	
	合计		合计	

部门职能概述	
年度绩效目标	

年度主要任务	工作名称	对应职能	拟安排项目	预算资金	其中：财政拨款
	重点工作一				
	重点工作二				
	……				
	合计				

年度绩效指标	一级指标	二级指标	三级指标	绩效指标描述	指标值 符号	指标值 值	指标值 单位	指标值确定依据
	部门产出	数量	重点工作一完成数					
			……					
		质量						
		时效						
		成本						
	部门效果	经济效益						
		社会效益						
		生态效益						
		满意度						

填报单位负责人：　　　　　　填表人：　　　　　　填表日期：

的描述。

3. 部门整体绩效评价

（1）概述。

根据《廊坊市市级部门整体绩效评价管理办法（试行）》（廊财预〔2019〕47号）文件精神，廊坊市财政局负责组织开展部门整体绩效评价工作。财政部门负责制定部门整体绩效评价管理制度；指导、监督、考核部门整体绩效评价管理工作；审核部门的自评结果，组织开展再评价和重点评价；推进部门整体绩效评价结果应用和信息公开。

部门负责建立本部门整体绩效评价管理制度；按要求开展本部门整体绩效自评价工作，汇总所属单位的自评结果后，随同本部门整体绩效自评价结果上报财政部门；指导、督促考核所属单位开展评价管理工作；配合财政部门开展再评价和重点评价工作；按要求推进结果应用和信息公开。

单位按要求开展本单位的整体绩效自评价工作，并将自评结果上报主管部门；配合财政部门开展再评价和重点评价；按要求推进结果应用和信息公开。

（2）评价内容与评价方法。

部门整体绩效评价基本内容包括：整体绩效目标的设置情况；资金投入、预算执行和管理情况；为实现整体绩效目标所制定的制度、采取的工作措施；整体绩效目标实现情况及效果；开展预算绩效管理的情况；绩效评价的其他内容。

部门整体绩效评价类型包括部门和单位开展的自评价、财政部门组织开展的再评价和重点评价三种形式。年度预算执行完成后，部门和单位要对年度整体绩效目标完成情况进行自评价，财政部门要对部门和单位的自评结果开展再评价财政部门根据管理需要，可有针对性地选取部分部门和单位依照预算执行情况和重点工作开展情况进行重点评价。部门整体绩效评价方法主要采用综合指标评价法、比较法、成本效益分析法、最低成本法、因素分析法、调查法等。

（3）评价流程。

部门整体绩效自评主要包括三个阶段：评价准备阶段、评价实施阶段和结果形成阶段。

评价准备阶段。财政部门下达自评通知，部门和单位按要求搜集资料，包括反映自身职能、中长期规划、年初工作计划、基本工作开展情况等有关资料。

评价实施阶段。部门和单位对照年初批复的绩效目标和具体指标，结合相应目标完成程度，填报《部门（单位）整体绩效自评表》（见表5–13），并对目标偏差超过30%的指标（包括未达标和超标），逐条说明原因和改进措施。

结果形成阶段。单位完成自评表填报后，应形成《部门（单位）整体绩效自评报告》（见图5–10、图5–11）。主管部门汇总所属单位的自评表和报告，随同本部门自评表和报告一并报送财政部门。

财政部门根据评价指标体系及评分规则，结合获取的评价数据和信息，独自或委托第三方机构对部门和单位的整体绩效自评结果进行抽查，实施再评价，完成《部门（单位）整体绩效再评表》（见表5–14），形成评价结论，撰写形成《部门（单位）整体绩效再评报告》（见图5–12、图5–13）。

部门整体重点绩效评价。财政部门可依据自评和再评结果，选取部分部门和单位开展部门（单位）整体重点绩效评价，必要时可邀请第三方机构独立开展，撰写完成《部门（单位）整体重点绩效评价报告》（见图5–14、图5–15）。财政部门可组织专家对报告进行评审，按照评审意见对报告进行修改完善。

（4）结果应用。

部门整体绩效评价工作结束后，部门和单位应针对发现的问题及时整改，从加强部门预算管理、履行部门职责提升部门整体效果等方面落实整改要求，并将整改结果报送财政部门。

财政部门要建立部门整体绩效评价与预算安排挂钩机制，对整体绩效好、支出进度快的合理增加预算安排，对整体绩效较差、支出进度慢的相应

表5-13 部门（单位）整体绩效自评表

部门（单位）名称					
联系人			联系电话		
评价时段	年 月 日至 年 月 日（财政统一要求）				

年度部门（单位）预算执行情况	预算收入（万元）			预算支出（万元）		
	收入科目	预算数	执行数	支出科目	预算数	执行数
	财政拨款收入			人员经费		
	上级补助收入			日常公用经费		
	事业收入			专项公用支出		
	经营收入			专项项目支出		
	附属单位上缴收入			—		
	其他收入			—		
	合计			合计		
	其中：财政拨款 其他资金			其中：财政拨款 其他资金		

年度主要任务	工作任务名称	工作任务完成情况	对应的拟安排项目	项目完成情况	预算数（万元）	执行数（万元）其中：财政拨款
	重点工作一		项目一			
	重点工作二		项目二			
	……		项目三			
			金额合计			

一级指标	二级指标	三级指标	目标值	实际值	权重	指标解释*	评分规则*	自评得分
部门管理	资金投入	预算完成率			4			
		预算调整率			4			
		支出进度率			4			

续表

一级指标	二级指标	三级指标	目标值	实际值	权重	指标解释*	评分规则*	自评得分
部门管理	资金投入	"三公经费"变动率			4			
		结转结余变动率			4			
	财务管理	财务管理制度健全性			1			
		资金使用合规性			3			
	采购管理	政府采购执行率			3			
	资产管理	资产管理规范性			1			
	人员管理	在职人员控制率			1			
	信息管理	预决算信息公开性			2			
		基础信息完备性			1			
	绩效管理	绩效信息公开性			1			
		绩效目标审核通过率			2			
		绩效管理制度健全性			2			
		绩效管理工作覆盖率			2			
	重点工作管理	重点工作制度健全性			1			
部门产出	数量	重点工作一实际完成率			15			
		重点工作二实际完成率						
		……						

续表

一级指标	二级指标	三级指标	目标值	实际值	权重	指标解释*	评分规则*	自评得分
部门产出	质量	重点工作质量达标率			10			
	时效	重点工作完成及时率			10			
	成本	一般性支出压减率			5			
部门效果	经济效益				10			
	社会效益							
	生态效益							
	满意度				10			
合计			—	—	100	—	—	0
评价结论								
绩效目标完成的指标								
尚未完成的绩效指标与偏差程度								
尚未完成的绩效指标原因说明								
改进措施	1.对部门预算编制、预算执行与部门决算等的措施							
	2.对制度完善、人员管理、资产配置等的措施							
	3.其他措施							
备注								

注：指标解释、评分规则依照部门整体绩效评价共性指标体系框架填写。

表5-14　部门（单位）整体绩效再评表

部门（单位）名称		
联系人		联系电话
评价时段		年　月　日至　年　月　日（财政统一要求）

年度部门（单位）预算执行情况

预算收入（万元）			预算支出（万元）		
收入科目	预算数	执行数	支出科目	预算数	执行数
财政拨款收入			人员经费		
上级补助收入			日常公用经费		
事业收入			专项公用支出		
经营收入			专项项目支出		
附属单位上缴收入			合计		
其他收入			其中：财政拨款		
合计			其他资金		

年度主要任务

工作任务名称	工作任务完成情况	对应的拟安排项目	项目完成情况	预算数（万元）	执行数（万元）	
					其中：财政拨款	其他资金
重点工作一		项目一				
重点工作二		项目二				
……		项目三				
		金额合计				

一级指标	二级指标	三级指标	指标解释*	目标值	自评实际值	再评实际值	权重	评分规则*	自评得分	再评得分
部门管理	资金投入	预算完成率					4			
		预算调整率					4			
		支出进度率					4			
		"三公经费"变动率					4			
		结转结余变动率					4			

续表

一级指标	二级指标	三级指标	目标值	自评实际值	再评实际值	权重	指标解释*	评分规则*	自评得分	再评得分
	财务管理	财务管理制度健全性				1				
		资金使用合规性				3				
	采购管理	政府采购执行率				3				
	资产管理	资产管理规范性				1				
	人员管理	在职人员控制率				1				
		预决算信息公开性				2				
部门管理	信息管理	基础信息完备性				1				
		绩效信息公开性				1				
	绩效管理	绩效目标审核通过率				2				
		绩效管理制度健全性				2				
		绩效管理工作覆盖率				2				
	重点工作管理	重点工作制度健全性				1				
		……								
	数量	重点工作一实际完成率				15				
		重点工作二实际完成率								
部门产出	质量	重点工作质量达标率				10				
	时效	重点工作完成及时率				10				
	成本	一般性支出压减率				5				
	经济效益					10				
部门效果	社会效益									
	生态效益									
	满意度					10				
合计			—	—	—	100	—	—		

续表

一级指标	二级指标	三级指标	目标值	自评实际值	再评实际值	权重	指标解释*	评分规则*	自评得分	再评得分
	评价结论	绩效目标完成的指标								
		尚未完成的绩效指标与偏差程度								
		尚未完成的绩效指标原因说明								
	改进建议	1.对部门预算编制、预算执行与部门决算等的建议								
		2.对制度完善、人员管理、资产配置等的建议								
		3.其他建议								
备注										

注：指标解释、评分规则依照部门整体绩效评分共性指标体系框架相关内容填写。

部门（单位）整体绩效自评报告

（参考格式）

部门（单位）名称:

主管部门:

年　月

图5-10　部门（单位）整体绩效自评报告

目　录

图5-11　部门（单位）整体绩效自评报告目录

部门（单位）整体绩效再评报告

（参考格式）

部门（单位）名称:

主管部门:

评价机构:

年　　月

图5-12　部门（单位）整体绩效再评报告

目　录

摘要

•概述

•评价结论

•经验做法、问题和建议

正文

一、部门（单位）概况

（一）部门（单位）主要职责职能，组织架构、人员及资产等基本情况。

（二）当年部门（单位）履职总体目标、工作任务。

（三）当年部门（单位）年度整体绩效目标。

（四）部门（单位）预算绩效管理开展情况。

（五）当年部门（单位）预算及执行情况。

二、部门（单位）整体绩效实现情况

（一）部门产出情况：从重点工作履行计划完成情况、完成质量、完成时效、履职成本等方面反映部门（单位）年度履职活动完成情况。

（二）部门效果情况：从经济效益、社会效益、生态效益、满意度等方面反映部门（单位）实施履职活动产生的效果及社会公众或服务对象满意程度。

三、部门（单位）整体绩效评价存在问题及改进措施

（一）主要问题及原因分析

（二）改进的方向和具体措施

图5-13　部门（单位）整体绩效再评报告目录

部门（单位）整体重点绩效评价报告
（参考格式）

部门（单位）名称:

主管部门:

委托单位:

评价机构:

年　月

图5-14　部门（单位）整体重点绩效评价报告

减少部门专项业务经费预算安排，并将部门整体绩效评价结果纳入党政领导班子年度考核。

财政部门应将部门和单位的部门整体绩效评价结果向本级政府报告，并逐步向社会公开。

4. 部门绩效运行监控管理

（1）概述。

根据《廊坊市市级部门绩效运行监控管理办法（试行）》（廊财预〔2019〕56号）文件精神，廊坊市财政局负责组织开展部门绩效运行监控管理。绩效运行监控是通过动态采集数据，及时、系统地反映预算执行、项目实施和绩效目标完成情况等重点内容，发现运行偏差并提出及时、有效的纠偏措施予以纠正，以确保预算资金按计划使用并实现预期绩效目标。

（2）基本原则。

目标导向原则。绩效运行监控以绩效目标为导向，围绕绩效目标完成情

目　录

摘要

•概述

•评价结论

•经验做法、问题和建议

正文

一、部门（单位）基本情况

（一）部门（单位）概况

（二）部门（单位）管理制度

（三）部门（单位）预算资金

二、部门（单位）绩效目标

（一）部门（单位）战略目标

（二）部门（单位）中长期规划

（三）部门（单位）职能、职责

（四）部门（单位）近三年工作计划及重点项目

（五）部门（单位）整体绩效目标

三、评价思路

（一）评价思路及关注点

（二）评价方法

（三）评价过程

四、指标体系

（一）评价指标的构建思路及权重设置

（二）评价等级

五、评价结论及绩效分析

（一）评价结论

（二）绩效分析

六、主要经验及做法、存在问题和建议

（一）主要经验及做法

（二）存在的问题

（三）建议和改进举措

七、相关附件

图5-15　部门（单位）整体重点绩效评价报告目录

况、预算执行进度等开展工作，对偏离绩效目标或存在问题的，及时采取相应纠偏措施，保障绩效目标的如期实现。

全面覆盖原则。财政部门和各部门各单位根据各自的职责组织开展部门整体、政策和项目的绩效运行监控工作，覆盖所有设置绩效目标的部门和单位、政策和项目。

突出重点原则。财政部门和各部门各单位应突出体现部门和单位职责，重点监控社会关注度高、金额较大的重大政策和项目。

（3）监控内容。

部门整体绩效目标和预算执行进度，部门预算资金落实情况、支出进度及资金使用情况；部门年度目标任务实施进度情况，分析进度滞后原因；部门整体绩效目标完成情况，是否符合预期，分析预期目标契合程度、偏离程度，是否需要调整目标，是否采取措施进行纠偏等。

政策绩效目标和预算执行进度，政策总体执行进度政策所属项目支出进度情况；政策目标任务实施总体进度情况及政策所属项目实施进度情况，分析进度滞后原因；政策总体绩效目标、政策所属项目绩效目标实现情况及预期实现程度，分析预期目标契合程度、偏离程度，是否需要调整目标，是否采取措施进行纠偏等。

项目绩效目标和预算执行进度，项目资金是否落实到位，资金支出进度及资金使用情况；项目是否按计划目标任务及计划进度实施，并分析项目目标任务未完成及进度滞后的原因项目、绩效目标和绩效指标的完成情况，是否需要修改相关目标指标等。

（4）绩效运行监控的方式。

绩效运行监控包括部门自行监控和财政重点监控。其中，部门自行监控采用绩效目标实现程度监控和预算执行进度监控两种方式，财政重点监控采用绩效目标实现程度、监控预算执行进度、监控和中期绩效评估三种方式。

绩效目标实现程度监控。在预算执行全阶段，针对绩效目标实现程度进行监控，及时发现运行中的偏差情况，并采取有效的措施予以纠偏，以确保预算资金按计划使用并实现预期绩效目标。

预算执行进度监控，在预算执行全阶段，依据支出计划进度，针对预算执行进度开展月度监控，确保财政资金按计划支出，提高资金使用效率。

中期绩效评估。在预算执行中期，财政部门根据设定的绩效目标，在"双监控"的基础上对绩效目标完成情况进行绩效评估，分析和预测绩效运行趋势，及时发现绩效运行偏离目标的状况，针对存在问题督导整改落实，确保绩效目标按期完成。

（5）监控实施过程。

部门绩效项目运行监控的实施过程包括准备、实施、反馈与结果应用三个阶段。

1）准备阶段。

部门和单位在预算申报时，按政策和项目编制《政策（项目）绩效运行年度计划表》，并报送财政部门。

在部门预算批复下达后，部门和单位出具《项目资金支出承诺书》，依照之前编制的《政策（项目）绩效运行年度计划表》汇总形成《部门年度项目绩效运行计划表（汇总表）》（见表5-15），出具《部门年度整体支出承诺书》（见图5-16）及附表《部门整体绩效运行年度计划表》，并报送财政部门。

财政部门审核部门报送的《部门整体绩效运行年度计划表》（见表5-16）和《政策（项目）绩效运行年度计划表》，将重点领域的重大政策和项目列为重点监控对象，针对性采取绩效目标实现程度监控、预算执行进度监控、中期绩效评估等方式进行重点监控。

2）实施阶段。

部门和单位按照绩效监控要求，在政策和项目实施期间特别是实施的重要节点，采集、整理和分析相关数据信息，并与年度绩效目标计划、资金支出进度计划等加以比照，及时调整合理把控政策和项目实施进程，确保政策和项目规范实施，达到预期绩效。

部门和单位定期开展绩效运行监控工作。对进行预算支出进度监控的政策和项目填写《政策（项目）预算执行进度监控表》，按月度报送财政部

部门20××年度整体支出承诺书
（模板）

市政府：

20xx年部门预算批复下达后，我单位立即按照市政府要求，制定项目资金支出计划，并承诺依法合规按时形成实际支出，确保部门整体支出按月达到序时进度，项目支出预算执行进度到6月底、10月底分别达到60%、90%以上。如未能履行该承诺，愿按照有关规定承担相应责任。

特此承诺。

附表：部门整体绩效运行年度计划表

承诺人：

廊坊市xx（单位）

20xx年x月x日

图5-16　部门年度整体支出承诺书

门；采取绩效运行监控方式的政策和项目支出填写《政策（项目）绩效运行监控表》，按季度报送财政部门。

年度绩效运行监控工作结束后，部门和单位应对照年初批复的《政策（项目）绩效运行年度计划表》和《部门整体绩效运行年度计划表》，分别撰写《政策（项目）绩效运行监控报告》《部门整体绩效运行监控报告》（见图5-17、图5-18），并报送财政部门。

3）反馈与结果应用阶段。

部门和单位针对绩效运行监控中发现的问题，尤其是执行偏差、项目预期目标完成存在难度的项目，及时采取纠偏措施，并向财政部门备案。

（6）监控结果应用。

部门和单位在绩效运行监控完成后及时向财政部门报送总体监控报告等相关材料。财政部门要加强绩效监控结果应用，对绩效监控结果进行审核分析，对发现的问题和风险进行研判，督促相关部门改进管理。

表5-15　部门20xx年度项目绩效运行计划表（汇总）

部门名称（章）：　　　　　　　填报时间：　　　　　　　　　　　　　　　单位：万元

项目名称	金额	支出计划												绩效目标完成计划（时间节点下重要绩效目标的完成进度）				承担科室	承担科室负责人	分管领导	备注
		合计	2月	3月	4月	5月	6月	7月	8月	9月	10月	11月	12月	第一季度	第二季度	第三季度	第四季度				
合计																					
一、专项公用																					
1.																					
2.																					
二、专项项目																					
1.																					
2.																					

单位主要领导：　　　　　　　主管财务领导：　　　　　　　财务科负责人：　　　　　　　经办人：

注：涉及签字均手签，包括单位主要领导、主管财务领导、分管业务领导、主管财务科室负责人、具体业务科负责人、财务科负责人、经办人。

表5-16　部门整体绩效运行年度计划表

（××年度）

部门（单位）名称				部门负责人	
主管部门					

年度部门（单位）预算情况

预算收入（万元）		预算支出（万元）	
财政拨款收入		人员经费	
上级补助收入		日常公用经费	
事业收入		专项公用支出	
经营收入		专项项目支出	
附属单位上缴收入		—	
其他收入		—	
合计		合计	

监控时段	年　月　日~　年　月　日
部门年度目标	
部门中期目标	

预算执行目标

项目	年度预算	到位预算	支出进度目标（填写预算执行率）											
			1月	2月	3月	4月	5月	6月	7月	8月	9月	10月	11月	12月
项目1														
项目2														
……														
…														
合计														

续表

	指标名称	目标值	指标权重	目标完成进度目标（如不可细化至月，可依据重要时间节点填写）											
				1月	2月	3月	4月	5月	6月	7月	8月	9月	10月	11月	12月
部门产出目标	……														
	……														
	……														
	指标名称	目标值	指标权重	目标完成进度目标（如不可细化至月，可依据重要时间节点填写）											
				1月	2月	3月	4月	5月	6月	7月	8月	9月	10月	11月	12月
部门效果目标	……														
	……														
	……														

单位主要领导：　　　　主管财务领导：　　　　财务科负责人：　　　　经办人：

注：涉及签字均手签，包括单位主要领导、主管财务领导、分管业务领导、具体业务科室负责人、财务科负责人、经办人。

部门整体绩效运行监控报告
（参考格式）

部门（单位）名称：
主管部门：

年　月　日

图5-17　部门整体绩效运行监控报告

目　录

一、部门基本情况
（一）部门概况
（二）部门整体绩效目标
（三）部门工作计划进度
（四）资金投入和使用情况
二、部门整体绩效情况
（一）完成较好的指标
（二）可能存在问题的指标
三、部门重大政策和项目绩效情况
（一）完成较好的政策和项目
（二）可能存在问题的政策和项目
四、改进措施
（一）对预算执行进度方面的建议
（二）对部门预算绩效管理及实施方面的建议
（三）对调整部门预算的建议
（四）对修订绩效目标的建议

图5-18　部门整体绩效运行监控报告目录

因绩效目标编制不合理且经过调整后绩效目标预期仍无法实现的，部门和单位要主动及时告知财政部门并采取相应措施，财政部门按程序暂缓拨款或调整预算。对发现形成无效支出及未能履行支出承诺的部门和单位，市政府按照有关规定追究相应责任。

财政部门建立定期通报机制，对预算执行不到位、支出进度排名靠后的部门进行定期通报；通报后工作仍未见成效的部门和单位，财政部门提请市政府对相关责任人进行约谈；加大部门支出与预算安排挂钩的力度，对年末预算执行工作不力的部门和单位，将相应压减下年预算规模。

（7）部门绩效监控相关报表。

（三）典型案例

廊坊市部门整体绩效管理工作于2019年底起步，经历了对5个试点部门的2018年度整体绩效自评及再评价，以及试点部门尝试开展指标库构建；2020年构建分行业指标库，2020年组织完成了35个部门的2019年度整体绩效自评抽查复核，并将复核结果进行通报；同时，根据复核结果对部门2021年专项公用经费进行了压减。

1. 廊坊市某部门2021年整体绩效目标管理

（1）概述。

根据《2020年部门整体绩效管理工作方案的通知》（廊财绩〔2020〕3号）文件精神，廊坊市财政局委托第三方成立绩效工作组，组织构建廊坊市卫生健康委员会（以下简称"市卫健委"）本部门预算绩效管理体系，主要内容包括辅导部门本级及下属单位2021年预算项目基本信息表和绩效目标申报表填报、构建部门整体绩效管理框架、构建分行业分领域指标库、开展部门整体绩效运行监控、辅导市卫健委部门整体绩效目标申报等工作。

（2）目标框架设计。

依据该部门中长期区域发展规划、行业发展规划、"十三五"规划等工作目标，结合部门"三定方案"，整合出16条职责名称，共计35条工作活动。梳理112个2021年预算项目，根据每个预算项目遴选核心绩效指标，共计

331个，形成部门整体绩效管理框架。

绩效目标辅导覆盖该部门本级及下属单位2021年所有预算项目基本信息表及绩效目标申报表，共计24份，辅导填报过程中，优先选取最具代表性、最能直接反映产出和效益的核心指标，精简实用；指标应当内涵明确、具体、可衡量，数据及佐证资料应当可采集、可获得；通过对项目支出绩效目标的完整性、相关性、适当性与可行性进行审核，提升项目支出绩效目标的规范性与合理性，提出绩效目标调整或预算安排的意见与建议，为建设项目库、编制部门预算、实施绩效监控和开展绩效评价提供基础与支撑。

（3）指标库建设。

分行业分领域指标库建设依据2018~2020年该部门本级及下属单位提供的项目数据资料，结合2018~2019年的工作总结、工作计划和部门职能职责，对部门2018~2020年所有项目进行归类整合，梳理部门和科室的履职目标并形成部门的项目清单，共计393个项目。参考财政部关于印发《2020年政府收支分类科目》的通知（财预〔2019〕142号），并结合该部门项目支出方向进行整合。分行业分领域指标库由个性指标框架和共性指标框架组成，个性指标框架共分出5类行业类别、15条资金用途，共计205个绩效指标，补充绩效指标21个，共计226个。共性指标框架结合市卫健委实际情况，分类设置了43个共性指标，合计269个指标。

（4）绩效指标应用。

根据《廊坊市市级部门绩效运行监控管理办法（试行）》的通知（廊财预〔2019〕56号）相关要求，该部门进行2020年1~9月部门整体事中监控。2020年绩效目标申报表绩效指标包含32个，从中遴选27个可衡量的绩效指标进行事中监控。监控主要从两方面进行，一方面是预算资金执行情况，包括预算资金拨付情况、预算执行单位实际支出情况以及预计结转结余情况。另一方面是绩效目标完成情况，一是预计产出的完成进度及趋势，包括数量、质量、时效、成本等。二是预计效果的实现进度及趋势，包括经济效益、社会效益、生态效益和可持续影响等。三是跟踪服务对象满意度及趋势。监控采用目标比较法，用定量分析和定性分析相结合的方式，将绩效实现情况与预期绩效目标进行比较，对目标完成、预算执行、组织实施、资金管理等情况进行分析。

（5）绩效指标申报。

按照《2020年部门整体绩效管理工作方案的通知》（廊财绩〔2020〕3号）相关要求，辅导该部门填报2021年部门整体绩效目标申报表，根据部门中长期规划、核心工作任务、2021年重点项目和年度主要任务确定部门整体绩效指标，共计51个三级指标。

2. 廊坊市某部门2021年部门整体项目事前绩效评估

（1）概述。

本次评估对象为廊坊市某部门2021年整体项目。最初拟申报项目106个，经过辅导后按照预算编制要求，将106个项目合并调整为69个项目（专项项目62个，专项公用7个），预算资金26340.35万元（专项项目25044.18万元，专项公用1296.17万元），列入2021年部门预算。

廊坊市该部门2021年整体项目申报总金额为26340.35万元，核减金额6729.76万元，资金核减率25.55%，核定金额19610.59万元。本次评估予以支持及部分予以支持项目有47个，通过率为68.12%。其中：评估结果为"优"的项目9个，占比13.04%；"良"的项目3个，占比4.35%；"中"的项目35个，占比50.72%；"差"的项目22个，占比31.88%。

（2）评估逻辑思路。

按照廊坊市财政局有关要求，针对该部门体量大、专业性强、预算安排难的特点，本次评估创新性地将局本级及所属事业单位申报的全部项目统筹考虑，开展部门整体项目事前绩效评估。其中：

整体项目评估层面，评估工作组会同全程绩效管理专家，按照事前绩效评估指标体系，针对所有项目提交的核心资料，包括立项依据文件、实施方案、项目相关管理制度、预算测算明细和标准、绩效目标等，从立项必要性、投入经济性、绩效目标合理性、实施方案可行性、筹资合规性五个方面进行评估、打分，出具定量评估结论。评估工作组根据定量打分结果，对项目进行排序，项目等级及得分排序将影响资金是否安排及是否优先安排。

单个项目评估层面，在单个项目评估分析的基础上，着重考虑纵向方面与上一年度项目及预算的对比状况、评估过程前后项目申报数量及预算调整变化情况，横向方面不同科室、不同项目类型、不同行业领域间项目及资金分布的关系，外部方面政府与第三方服务单位的关系，内涵方面预算项目与部门职责、工作活动、绩效目标及指标的对应关系等，形成对该部门整体项目事前绩效评估的总体判断，并提出相应的建议。本次评估思路及内容逻辑关系如图5-19所示：

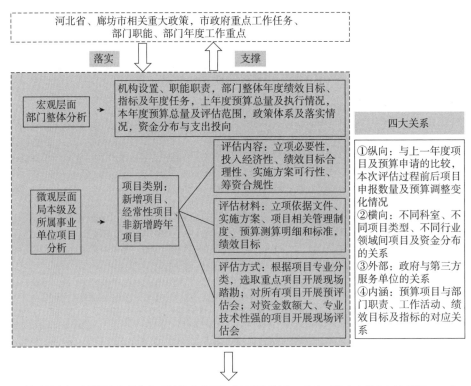

图5-19　评估逻辑思路及内容

（3）具体评估工作流程。

本次评估工作按照总体评估时间安排序时开展，具体评估流程如图5-20所示。

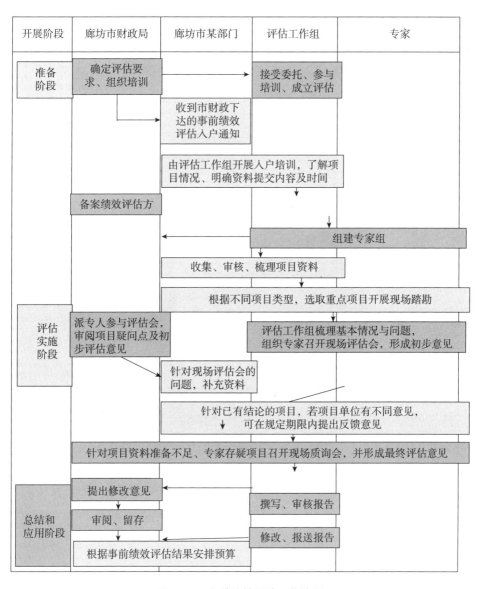

图5-20　事前绩效评估工作流程

（4）评估结论及应用。

评估工作组通过查阅资料、实地勘察、专家咨询、召开专家预评估会及专家评估会等多种方式，从项目立项必要性、投入经济性、绩效目标合理性、实施方案可行性、筹资合规性五个方面对廊坊市该部门2021年整体项目进行了事前绩效评估，整体项目平均得分等级为中，如表5-17所示。

表5-17　整体项目评估指标及得分等级情况

序号	名称	合格情况	
		合格（单项指标≥12分）	不合格（单项指标<12分）
1	立项必要性	合格	
2	投入经济性		不合格
3	绩效目标合理性	合格	
4	实施方案可行性		不合格
5	筹资合规性	合格	

整体来看，项目立项必要性、绩效目标合理性与筹资合规性平均得分均达到单项指标合格线以上，投入经济性与实施方案可行性平均得分均不合格，投入经济性与实施方案可行性有待提高。

评估结果为"优"的项目有9个，占比为13.04%；申报预算14368.79万元，占总预算54.55%，予以优先保障，核定资金14368.79万元。评估结果为"良"的项目有3个，占比4.35%；申报预算97.80万元，占总预算的0.37%，核减资金27.30万元，核定资金70.50万元，核减率27.91%。评估结果为"中"的项目有35个，占比50.73%；申报预算7133.21万元，占总预算的27.08%，核减资金1961.91万元，核定资金5171.30万元，核减率27.50%。评估结果为"差"的项目有22个，占比31.88%；申报预算4740.55万元，占总预算的18.00%，不进入预算安排流程，全部核减（见表5-18）。

依据评估结果向部门提出相关建议：

第一，依据国家、河北省、廊坊市相关政策及部门规划，立足实际需

表5-18　市某部门2021年整体项目评估结果统计

评估结果	项目数		申报预算		核减资金（万元）	核定资金（万元）	核减率（%）
	数量（个）	占比（%）	金额（万元）	占比（%）			
优	9	13.04	14368.79	54.55	0	14368.79	—
良	3	4.35	97.80	0.37	27.30	70.50	27.91
中	35	50.73	7133.21	27.08	1961.91	5171.30	27.50
差	22	31.88	4740.55	18.00	4740.55	0	100
合计	69	100	26340.35	100	6729.76	19610.59	—

求，加强项目立项必要性；第二，加强项目预算编制，强化成本控制，提高项目投入经济性；第三，建立预算绩效管理体系，充分发挥预算绩效管理作用；第四，加强实施方案编制，提高其对项目实施的保障性和指导性；第五，加强项目筹资程序和风险控制论证，提高项目筹资合规性；第六，财政部门与预算部门应建立动态评价机制，加强绩效考核，对已实施一定期限项目实行跟踪问效，对产出和效益低下项目及时清理和退出，发挥绩效评价引导作用，推动财政部门和预算部门提高行政管理水平。

3. 廊坊市某部门2021年部门整体项目事前评估

（1）概述。

此次参加评审的项目为廊坊市某部门本级单位以及下属部门专项项目和专项公用项目，共43个，涉及申报资金共7178.79万元。

最终论证结果为申报的43个项目中8个项目"不予支持"，21个项目"部分支持"，14个项目"予以支持"，资金核减额2715.20万元。

（2）评估内容。

项目论证主要从立项必要性、绩效目标合理性、实施方案可行性、投入经济性、筹资合规性五个方面进行论证。必要性包括项目政策依据是否充分，与部门职责和宏观政策衔接是否紧密，是否具有一定的现实需求及实施的必要性，是否是财政支出的范围等；可行性包括项目前期审批手续是否完备，是否具备一定的基础保障或执行条件，项目年度计划是否可行，风险防控措施是否可行，财政投入是否可持续；合理性包括项目内容是否合理，项目预算依据是否合理，项目预算内容细化程度，权责划分是否合理；预期绩效目标包括项目预期绩效目标是否明确、合理，预期绩效目标是否可实现，预期绩效目标是否细化量化。项目论证结论包括"予以支持""部分支持"和"不予支持"。

（3）部门整体项目评估流程。

结合廊坊市财政局对项目论证工作要求，此次项目工作主要分为项目论证准备、项目论证实施、项目辅导与复核阶段、项目论证报告撰写与提交四个阶段（见图5-21）。

（4）评估结论及应用。

2020年11月23日，共组织7名专家对43个项目进行评估。其中8个项目"不予支持"，21个项目"部分支持"，14个项目"予以支持"。具体结论分析如表5-19所示。

表5-19 廊坊市某部门预算项目事前绩效评估汇总

专家论证结果	项目个数&占比	按项目类型		按项目类别	
		专项项目	专项公用	新增	延续
不予支持	8	8	0	5	3
	18.60%	18.60%	0%	11.63%	6.97%
部分支持	21	13	8	0	21
	48.84%	30.23%	18.61%	0%	48.84%
予以支持	14	11	3	2	12
	32.56%	25.58%	6.98%	4.65%	27.91%

评估机构评估核定总数为4463.59万元，核定数比部门申报数减少2715.20万元，核减比例为37.82%，具体情况如表5-20所示。

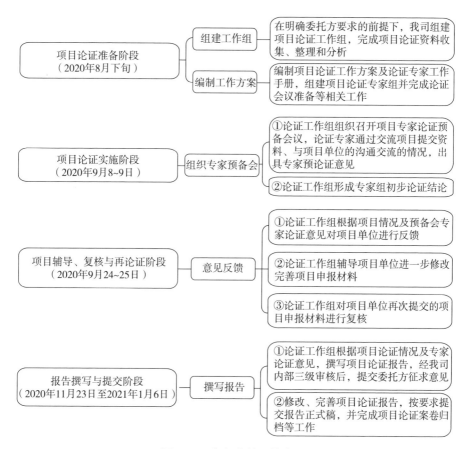

图5-21 部门整体评估流程

表5-20 2021年廊坊市某部门预算项目事前绩效评估论证结果情况统计

序号	单位	项目类型	申报数（万元）	核减数（万元）	核减比例（%）
1	廊坊市某部门	小计	5414.28	2363.10	43.65
		专项项目	4179.78	2057.20	49.22
		专项公用	1234.50	305.90	24.78
2	廊坊市某部门下属单位A	小计	45.32	0	0
		专项项目	25.00	0	0
		专项公用	20.32	0	0

续表

序号	单位	项目类型	申报数（万元）	核减数（万元）	核减比例（％）
3	廊坊市某部门下属单位B	小计	1266.79	279.10	22.03
		专项项目	902.59	176.10	19.51
		专项公用	364.20	103.00	28.28
4	廊坊市某部下属部门C	小计	295.00	73.00	24.75
		专项项目	273.00	73.00	26.74
		专项公用	22.00	0	0
5	廊坊市某部下属部门D	小计	75.40	0	0
		专项项目	72.40	0	0
		专项公用	3.00	0	0
6	廊坊市某部下属部门E	小计	82.00	0	0
		专项项目	39.00	0	0
		专项公用	43.00	0	0
合　计			7178.79	2715.20	37.82

根据专家组论证意见，廊坊市该部门2021年部门整体加权（部门整体加权得分为各项目按照资金量加权的分数）得分等级为良（见表5-21）。

表5-21　整体项目平均得分统计（按评估内容）

序号	名称	主要问题
1	立项必要性	大部分项目符合国家、河北省、廊坊市相关行业宏观政策，与部门职能相关性较高，政策依据较充分。但个别项目现实需求不够充分，财政支持的必要性不足
2	投入经济性	大部分项目内容及预算依据较合理，但预算内容的细化程度较差，且权责划分的合理性有待提升
3	绩效目标合理性	大部分项目提交的申报文本预期绩效目标不明确，可实现程度难以判断，预期绩效目标的细化量化程度较差

续表

序号	名称	主要问题
4	实施方案可行性	大部分项目实施方案不够完善，未能明确表述项目总体思路、技术方法、工作量、主要成果以及风险管控措施等，对项目未来的规划也不够清晰
5	筹资合规性	申报项目基本属于公共财政支持范畴，项目申请市本级资金的筹资合规性和财政投入能力基本符合要求，但部分项目实施内容、预算测算等过程论证不够充分，筹资、投资等存在后续实施风险，且项目单位对这些风险未进行深入分析并提出有效的控制措施，个别项目筹资风险的不确定性较高

综合专家意见，总结梳理本次项目申报中存在的不足，提出如下建议：第一，明确部门权责，做好项目预算申报统筹。明确各部门权责，厘清专项公用与专项业务经费项目之间的边界。树立部门总预算意识，建立廊坊市该部门内各下属部门之间统筹协作机制，做好项目预算统筹工作。第二，总结以往成效，做好项目实施工作方案。总结以往年度的工作内容、预算执行情况及工作成效。加强对项目中长期规划、年度计划的重视度，做好项目实施工作方案。第三，细化项目明细，做好项目预算编制工作。结合以往经验及相关标准，进一步细化项目预算明细，使项目预算更加充分、合理、科学，做好项目预算编制工作。第四，完善绩效目标，做好项目绩效管理工作。完善绩效目标申报填报机制，依据项目内容与工作计划，设立项目绩效目标，填报相关的绩效指标，提高绩效意识，做好项目绩效管理工作。

4. 廊坊市某部门2021年部门整体项目事前评估

（1）概述。

本次评估对象为廊坊市某部门及所属事业单位2021年申报的所有预算项目，以及廊坊市各区县分部门2021年申报的所有预算项目。共计申请186个项目，项目预算申请总金额33010.34万元。

从该部门的申报资金投入方向上来看，用于核心职责的直接投入占预算申报金额的50%左右；用于信息化建设与运维、环保宣传、法制信访、研究规划和普查等间接性业务投入占预算申报金额的40%左右；用于机构运转等其他支持性投入占预算申报金额的10%左右，整体预算申报结构比较合理。

经过评估，建议支持预算金额13832.67万元，核定调减预算金额19177.67万元，调减比例为58.10%。

（2）评估思路。

按廊坊市财政局有关要求，针对该部门资金体量大、项目申请多、专业性强、预算核定难的特点，本次评估工作首先统一从立项必要性、绩效目标合理性、实施方案可行性、投入经济性及筹资合规性五个方面综合考核，对每个项目财政是否支持进行充分的论证。其次针对考核得分在60分以上，符合立项要求的项目，对项目工作内容进行梳理确定，并从多个角度对每项工作内容的预算资金进行测算、核定项目金额。

（3）评估结论及应用。

从2021年市该部门预算事前绩效评估得分来看，市级部门和各区县分部门表现接近。一是两者的平均得分接近。二是两者在预算编制上所体现的主要问题一致，两者得分最低项一致，都是投入经济性方面得分最低，主要的问题都集中在预算编制的科学性、成本控制的有效性方面，缺少预算明细、预算制定与工作内容、工作量缺乏对应性、预算标准高等问题比较普遍；同时实施方案可行性方面都是两者得分次低的一项，实施方案不完整、不细致、缺少对未来预算执行的指导性、前期论证不足等问题在市局和分局层面带有普遍性。三是对于市级部门和区县分部门来说，新增项目的预算编制问题更多一些（见表5-22），主要的拉分项仍然是实施方案可行性和投入经济性。

市级部门和区县分部门共计申请186个项目，项目预算申请总金额33010.35万元，市县两级部门项目最终建议总金额13832.67万元（见表5-23）。

市级部门及所属事业单位、下属区县分局的186个项目平均得分等级为中，立项140个，不予立项46个，立项比例75.27%（见表5-24）。

表5-22　事前绩效评估打分结果（市级部门和区县分部门）

单位	项目类别	立项必要性	绩效目标合理性	实施方案可行性	投入经济性	筹资合规性	总分
市级部门	新增项目	14.08	12.49	9.28	8.94	14.25	59.04
	延续性项目	17.83	14.00	11.93	11.23	16.17	71.16
	专项公用	18.00	16.00	16.00	11.50	14.00	75.5
	市局平均分	16.64	14.16	12.40	10.56	14.81	68.57
区县分部门	新增项目	13.42	11.36	8.97	7.67	17.21	58.63
	延续性项目	18.63	12.79	11.85	10.83	19.24	73.34
	专项公用	19.37	13.63	12.11	10.00	19.53	74.64
	分局平均分	17.14	12.60	10.98	9.50	18.66	59.04

表5-23　某部门2021年项目申报金额核定情况汇总

单位：万元，%

项目类别	市局项目	区县分局项目
申报金额	22996.97	10013.38
核定调整金额	−12606.58	−6571.09
建议金额	10390.39	3442.28
核定调整率	−54.82	−65.62

表5-24　2020年、2021年申报项目立项/不立项个数对比

单位：个

是否立项	市局	区县分局
不立项	17	29
立项	49	91
总计	66	120

其中，评估等级为"优"（90（含）~100分）的项目0个，"良"（80（含）~90分）25个，"中"（60（含）~80分）115个，"差"（60分以下）46个。

按照资金使用方向，共有第三方服务、环保业务经费、基本建设等9类。其中，市级部门申请66个项目中，第三方服务项目最多，有33个，最终立项25个；基本建设类项目申请最少，有1个。其余分类2~9个；区县分局120个项目中，第三方服务项目申请最多，有31个，最终立项15个，基本建设最少有，4个。其余分类4~27个。具体项目分类立项情况如表5-25所示。

表5-25　按项目分类2021年申报项目立项情况

序号	项目分类	市级某部门			区县级分部门		
		立项	不立项	总计	立项	不立项	总计
1	第三方服务	25	8	33	15	16	31
2	环保业务经费	6	2	8	23	4	27
3	基本建设	0	1	1	1	3	4
4	设备采购	1	2	3	7	4	11
5	设备运维	2	0	2	0	0	0
6	信息化建设	1	4	5	9	1	10
7	信息化运维	9	0	9	5	1	6
8	宣传	3	0	3	10	0	10
9	专项公用	2	0	2	21	0	21
	总计	49	17	66	91	29	120

按资金使用方向分类，市该部门资金主要流向第三方服务类项目，建议预算金额共计7133.54万元，第三方服务类项目核定调整金额最多，共计5483.68万元。区县级分部门资金主要流向第三方服务类项目，建议预算金额共计1439.44万元，第三方服务类项目核定调整金额最多，共核定调整2487.29万元（见表5-26）。

表5-26　按资金使用方向2021年项目预算申请与核定金额情况

单位：万元

序号	资金使用方向	市级某部门			区县级分部门		
		2021年预算申报金额	核定调整金额	建议预算金额	2021年预算申报金额	核定调整金额	建议预算金额
1	第三方服务	12617.22	5483.68	7133.54	3926.73	2487.29	1439.44
2	环保业务经费	2458.06	1979.03	479.03	1992.83	1103.70	889.13
3	基本建设	39.87	39.87	0.00	283.37	91.72	191.65
4	设备采购	1185.39	1054.10	131.29	1127.36	1011.00	116.36
5	设备运维	292.65	95.09	197.56	0.00	0.00	0.00
6	信息化建设	1787.23	1731.28	55.95	621.04	370.74	250.30
7	信息化运维	3095.24	1281.12	1814.12	847.88	576.81	271.07
8	宣传	177.33	82.45	94.88	312.95	227.04	85.91
9	专项公用	1343.98	859.96	484.02	901.22	702.80	198.42
	总计	22996.97	12606.58	10390.39	10013.38	6571.09	3442.28

依据评估结论给出部门相关建议：

第一，明确项目立项依据，新增、延续项目各自做好功课。理清项目实施的文件依据，针对新增项目切实开展项目立项前期调研，以识别项目实施中存在的风险因素，对项目的可行性、必要性做出充分的论证。对延续性项目做好以往工作成效、产出情况、需要解决的问题的总结，对购买服务类项目要做好科室自身能力分析。

第二，大力细化预算编制，整合管理提升投入经济性。建议所有项目应提供预算明细，应把项目明细详细列出，实现预算编制精细化。建议所有项目应提供预算编制依据材料，如市场询价报价单、技术标准或行业标准、项目往年预算或实际支出金额、工程造价预算书、同类项目中标公告等相关材料，实现预算测算有据可依。建议准确编制项目预算，在预算编制前，应基于该项目往年预算支出情况，或其他类似项目预算支出情况，开展市场询价或比选，避免预算编制"虚高"。建议部门在上层打破科室、项目、分局孤岛，对工作内容或方式相近的政府购买服务项目、系统建设运维项目等部门同类项目量比较大、多个部门都有的项目类型，进行梳理，建立横向牵头管理，从而实现资金、人员、设备等集约化的运用，提升财政投入经济性。

第三，完善项目绩效指标，提高指标设置水平。建议加强项目绩效目标梳理，理清项目实施周期绩效目标和年度绩效目标的区别。做全做满绩效产出指标和效果指标，产出指标要求包括数量、质量、时效、成本指标，效果指标要求包括经济效益、社会效益、环境效益、可持续发展、满意度指标，以便对项目进行综合考核。建议精准提炼项目绩效指标，避免项目绩效指标内容宽泛、无法聚焦、细化的问题。建议修改与项目本身关联不大的指标，采用更具关联度的指标替代。

第四，做实项目实施方案，强化项目实施保障。补充和完善项目可研报告、实施方案、实施计划、制度文件、招标方案、人员安排等实施材料。

5. 廊坊市某部门2020年整体绩效运行监控

（1）概述。

2020年廊坊市某部门开展部门整体监控的时段为2020年1~9月，截至2020年9月底，该部门整体支出进度比例为61.41%，由于年初疫情影响，导致部分项目进展缓慢，资金支出滞后。

（2）部门整体绩效目标。

贯彻落实党中央和省委、市委关于卫生健康工作的方针政策和决策部署，树立大卫生、大健康理念，推动实施健康中国、健康廊坊、健康家庭战略，以改革创新为动力，以促健康、转模式、强基层、重保障为着力点，把以治病为中心转变到以人民健康为中心，为人民群众提供全方位全周期健康服务。一是更加注重预防为主和健康促进，加强预防控制重大疾病工作，积极应对人口老龄化，健全健康服务体系。二是更加注重工作重心下移和资源下沉，推进卫生健康公共资源向基层延伸、向农村覆盖、向生活困难群众倾斜。三是更加注重提高服务质量和水平，推进卫生健康基本公共服务均等化、普惠化、便捷化。四是更加注重计划生育利益导向，改革完善计划生育服务管理。五是协调推进深化医药卫生体制改革，加大公立医院改革力度，推进管办分离，推动卫生健康公共服务提供主体多元化、提供方式多样化。

（3）部门整体绩效情况。

截至2020年9月底，部门整体绩效指标完成情况如表5-27所示。

部门整体资金预算执行率为61.41%，由于年初疫情影响，导致部分项目进展缓慢、资金支出滞后。

（4）监控结果应用。

依据监控结果提出建议：第一，对预算执行进度方面的建议。由于2020年上半年受新冠肺炎疫情影响，未达到序时完成进度，部门将在最后一个季度加快工作开展。因为截至9月底运维款未拨付，运维款资金到位后，部门需加速支出。第二，对部门预算绩效管理及实施方面的建议。加强对基层医疗机构的医疗质量管理，促进优质医疗资源下沉，增加优质医疗资源总量和可及性。第三，对修订绩效目标的建议。由于年初预算申报时测算较多，形成了与年初目标值偏差。将更为精准细致测算人数申报预算，尽量避免其他因素影响，使工作执行目标尽量与年初制定目标达到一致。

对重点项目资金的建议：第一，对医药卫生体制改革专项资金，多与财政沟通，积极争取预算。第二，对京廊中医药协同发展8.10工程项目经费，积极争取财政预算，根据疫情防控形势加快项目开展。第三，对全民健康信息化项目资金，运维款资金到位后，将加速支出，积极督促医疗机构完善院内设备环境改造。

6. 廊坊市某部门201×年度部门整体绩效评价

（1）背景。

根据河北省财政厅《关于印发〈全面实施预算绩效管理推进工作方案〉的通知》（冀财预〔2019〕21号）精神，廊坊市某部门被确定为市级预算绩效管理重点突破领域。为推动全面实施预算绩效管理改革试点，提升教育领域财政资金使用效益，切实加强廊坊市教育领域部门整体绩效管理，强化支出责任，加强资金监管和资金问效工作，市财政局和市教育局共同组织了本次教育整体绩效评价工作。

（2）评价思路及工作重点。

1）评价整体思路。

本次整体绩效评价工作，梳理总结教育相关部门存在的现实问题，为教育部门改进工作提供建议和依据。同时促进教育部门树立以结果为导向的预算绩效管理理念，提高部门决策水平，提升预算绩效管理工作水平，保障资金使用的规范性、安全性，充分发挥财政资金的效率和效果。通过对各重点单位整体评价情况的梳理，结合廊坊市教育发展管理的现状，对廊坊市教育的发展提出建设性的意见。

2）部门评价重点。

本次评价围绕被评价单位201×年度部门整体支出情况开展，主要对被评价单位整体绩效目标的设置情况、资金的投入、预算的执行和管理情况、为实现部门整体绩效目标所制定的相关制度、为实现绩效目标所采取的保证措施、部门整体绩效目标的实现程度及效果、部门开展预算绩效管理的情况等内容进行评价。结合整体绩效评价指标体系的内容，本次评价的主要关注点如下：

a. 部门整体绩效目标的设置情况：评价部门整体绩效目标的设置是否符合国家法律法规、国民经济和社会发展的总体规划；是否符合部门的职责和中长期规划；是否符合部门的客观实际；设立依据是否充分，设定的绩效指标是否清晰、细化、可衡量；是否与部门总体目标相关联，与部门具体工作相匹配；部门绩效目标的制定程序是否规范。

填报单位：廊坊市卫生健康委员会

表5-27　部门整体绩效监控情况

单位：万元

一、基本情况	部门单位名称	××部门				
	预算安排情况（调整后）		监控时点		2020年1月至9月底	
			资金到位情况		资金执行情况	预算执行率
	预算数：	44789.54	到位数：	3715.36	执行数：	27505.16
	其中：财政资金	44789.54	其中：财政资金	3715.36	其中：财政资金	27505.16
	其他		其他		其他	61.41%
二、预算执行情况						
三、目标完成情况	年度预期目标			具体完成情况		总体完成率
	预计完成居民健康档案电子建档人数62万人，建档率85%；及时足额补助、扶持医疗机构7家，保质保量完成信息化建设；及时完成对符合条件的独生子女家庭的补助和奖励；及时完成8.10工程建设数量13个以上；孕妇产前筛查率达到80%以上；深入推进医药卫生体制改革，不断提高廊坊市卫生健康服务能力和水平			目前已经完成了市辖区居民健康档案电子建档人数84.1万人，高血压健康管理人数8.9万人，糖尿病健康管理人数2.8万人；及时足额补助、扶持了医疗机构7家；保质保量完成信息化建设；及时完成了对341名符合条件的独生子女家庭的补助奖励；及时拨付资金支持建设到8.10工程建设数量达到13个；孕妇产前筛查率达到91.87%；全市救治了32名新冠情确诊患者，较好完成新冠疫情防控工作；深入推进了医药卫生体制改革，不断提高了廊坊市卫生健康服务能力和水平		83.23%

续表

一级指标	二级指标	三级指标 （与绩效目标申报表一致）	预期指标值 （截至12月底的预期值）	指标完成值 （截至9月底的完成情况）	指标完成率 （目前完成进度比率）
产出指标	数量指标	重点项目完成数	≥9个	3个	33.33%
		村卫生室实施国家基本药物制度数量	=331个	331个	100.00%
		居民健康档案电子建档人数	≥62万人	84.1万人	100.00%
		高血压健康管理人数	≥7.8万人	8.9万人	100.00%
		糖尿病健康管理人数	≥2.8万人	2.8万人	100.00%
		奖助医院数	=7家	7家	100.00%
		扶助独生子女家庭人数	=758人	686人	90.50%
		扶助农村部分计划生育家庭奖励人数	=7806人	7605人	97.43%
		受补助计划生育救助公益金独生子女家庭人数	=1111人	851人	76.60%
		开展一体化管理试点数量	=10个	90个	100.00%
		8.10工程建设数量	=13个	13个	100.00%

四、年度绩效指标完成情况

续表

一级指标	二级指标	三级指标	预期指标值	指标完成值	指标完成率
产出指标	数量指标	（廊坊专家）中医药适宜技术培训人数	≥300人	30人	10.00%
		孕妇产前筛查率	≥80%	91.87%	100.00%
		独生子女父母申请数量	=600人	341人	56.83%
		维护系统运维数量	≥5套	0套	0
		支付已签订合同剩余款项数量	≥6个	1个	16.67%
	质量指标	应补尽补率	=100%	100%	100.00%
		故障处理率	=100%	100%	100.00%
		培训考察通过率	≥95%		
	时效指标	资金拨付及时率	=100%	100%	100.00%
		重点工作完成及时率	=100%		
		系统故障处理及时率	=100%	100%	100.00%
	成本指标	一般性支出压减情况			
效益指标	经济效益指标				

四、年度绩效指标完成情况

续表

一级指标	二级指标	三级指标	预期指标值	指标完成值	指标完成率
效益指标	社会效益指标	孕产妇死亡率			100.00%
		婴儿死亡率	≤3.5‰	1.15‰	100.00%
		每万人口全科科医生	≥2.5名/万人	2.49名/万人	99.60%
		三级医院平均住院日	≤8日	9.13日	85.87%
		居民健康电子档案建档率	≥85%		
		健康信息化系统直接受益人次	≥50万人次	187万人次	100.00%
		达到基本标准机构数量	≥70个	68个	97.14%
		降低出生缺陷发生率	≤1.5%	0.9%	100.00%
	生态效益指标				
	可持续影响指标				
	满意度指标	医疗机构满意度	≥95%		
满意度指标		社会公众满意度	≥95%		

四、年度绩效指标完成情况

续表

| 五、绩效目标执行出现的偏差和采取的措施 | 偏差指标：
扶助独生子女家庭人数预期指标值=758人，指标完成686人；扶助农村部分计划生育家庭奖励人数预期指标值=7806人，指标完成值7605人；（廊坊专家）中医药适宜技术培训人数预期指标值≥300人，指标完成值=1111人，独生子女父母申请数量预期指标值=600人，指标完成值341人；维护系统运维数量预期指标值≥6个，指标完成值1个；每万人口全科医生预期指标值≥2.5名/万人，支付已签订合同剩余款项数量预期指标值≥5套，指标完成值0套，指标完成值30人，指标完成值≥2.5名/万人，指标完成数量预期指标值≥70个，三级医院平均住院日预期指标值≤8日，指标完成值68个。
指标偏差原因和改进措施：
1.（廊坊专家）中医药适宜技术培训人数预期指标值≥300人，指标完成值30人。偏差原因：由于上半年新冠疫情影响，未达到时序完成进度。
改进措施：我部门将在最后一个季度加快工作开展。
2.扶助独生子女家庭人数预期指标值=758人，指标完成686人；扶助农村部分计划生育家庭奖励人数预期指标值=7806人，指标完成值7605人；受补助计划生育家庭人数预期指标值≥300人，指标完成值=1111人，独生子女父母申请数量预期指标值=600人，指标完成值341人。
偏差原因：由于年初预算申报时测算人数较多，形成了与年初制定目标不一致。
改进措施：将更为精准细致测算申报预算，尽量避免其他因素影响，使工作执行目标尽量与年初制定目标达到一致。
3.每万人口全科医生预期指标值≥2.5名/万人，指标完成值2.49名/万人；三级医院平均住院日预期指标值≥70个，指标完成值68个。值≤8日，指标完成值9.13日；达到基本标准机构数量预期指标值≥70个，指标完成值68个。
改进措施：加强对基层医疗机构的医疗质量管理，促进优质医疗资源下沉，增加优质医疗资源总量和可及性。
4.维护系统运维数量预期指标值≥5套，指标完成值0套；支付已签订合同剩余款项数量预期指标值≥6个，指标完成值1个。
偏差原因：截至9月底运维款未拨付。
改进措施：运维款资金到位后，将加速支出 |

b. 部门资金的投入、预算执行和管理情况预算的编制情况：评价部门预算的编制流程是否合规；预算的编制是否准确和全面；预算的编制依据是否充分、合理；预算配套资金的编制是否准确、合理。预算的执行情况：评价部门预算资金的执行情况，是否按照进度进行支付；预算执行是否与预算批复相符；预算结余、结转资金的处置是否合规；三公经费的控制程度是否合规；政府采购的执行是否符合规定；预算资金使用的决策程序、使用程序、监督程序是否执行有效、合规。预算调整情况：评价部门预算调整是否合理、合规；部门预算调整是否经过财政部门的批复。预算管理情况：评价部门预算管理制度是否健全；预算管理制度的执行是否有效；部门预算信息公开是否真实、完整、合规。

c. 部门为实现整体绩效目标所采取的保障措施：评价部门为实现整体绩效目标，是否制定了符合部门实际情况的管理制度；管理制度是否得到有效的执行；部门整体的组织管理机构及控制程序是否健全、有效。

d. 部门整体绩效目标的实现程度及效果：评价部门整体绩效目标完成数量、完成质量、完成进度、成本控制等方面是否与计划相符；评价部门整体支出产生的各项效益是否达到了预期；评价部门整体支出对社会经济发展及资源的持续影响程度是否达到预期；评价部门整体支出对受益对象或服务对象的满意度是否达到预期。

e. 部门开展预算绩效管理的情况：评价部门是否制定预算绩效管理制度；预算绩效管理制度内容是否完整、具有可操作性；是否按照相关规定开展预算绩效管理工作；绩效管理信息收集是否全面、准确、及时。以此推动部门预算绩效管理工作的深入开展。

（3）评价结果及应用。

本次评价由市本级及各县（市、区）分别选取重点初中和小学各一个开展重点评价，目前已完成全部23个重点评价单位的部门整体支出评价工作，平均评价得分82.12分，涉及资金6.67亿元。通过评价工作揭示了部门管理中存在的问题，并提出了有针对性的整改建议。

（四）特点及成效

1. 梳理部门职能职责，建立绩效管理框架

以"部门职责—工作活动—预算项目"为主要思路，构建部门整体预算绩效管理框架。

（1）部门职责梳理。

以"三定"方案为基础梳理部门职责，对"三定"方案中规定的各项职能按照部门权责、职能事项进行分解。通过对部门长期规划、年度工作计划等事业发展规划进行梳理并与科室座谈，梳理出部门核心职责。部门职责梳理主要反映部门为社会提供公共服务的核心职能，以及为部门有效达成工作目标提供服务的专业职能。

（2）工作活动梳理。

工作活动梳理以部门职责为基础，按照政府决策部署、部门事业发展规划、近几年主要工作开展情况、科室职责梳理归纳各项工作活动。在长期发展规划、预算项目与部门职责对应后，将工作活动进行再次归纳和总结，确保一项部门职责下的工作活动不重复、不交叉且全面。工作活动对应一个或多个项目的绩效目标内容，绩效目标设置注重科学性及可考核性，设定具体指标分为产出指标与效果指标，其中产出指标包括数量、质量、成本、时效等指标；效果指标包括经济、社会、生态、服务对象满意度等指标；指标主要以定量指标为主、定性指标为辅，通过部门三年预算决算报告及与单位的各项目负责人进行访谈，了解具体工作内容，最终订立每个项目的核心指标，同时邀请专家参与审核，最终完成部门整体预算绩效管理框架建设。

2. 绩效目标审核与辅导

（1）项目绩效目标审核与辅导。

第一，通过收集项目资料及与项目负责人进行沟通，对部门申请预算的项目一一进行了解。第二，对项目的绩效目标表的合规性、相关性、可行性、完整性进行审核，对不符合要求的项目绩效目标辅导项目单位进行修改

完善，使项目绩效目标和绩效指标细化、量化、可衡量，且能反映出项目预计要达到的产出和效果。

（2）部门整体绩效目标辅导。

首先，在部门的职责进行梳理的基础上，确定部门的各项具体工作职责。其次，结合部门中长期规划和年度工作计划，明确年度主要工作任务，预计部门和单位在本年度内履职所要达到的总体产出和效果，将其确定为部门和单位总体目标，并以定量和定性相结合的方式进行表述。再次，依据部门总体目标，结合部门的各项具体工作职责和工作任务，确定每项工作任务预计要达到的产出和效果，从中概括、提炼出最能反映工作任务预期实现程度的关键性指标，并将其确定为相应的绩效指标。最后，通过收集相关基准数据，确定绩效标准，并结合年度预算安排等情况，确定绩效指标的具体数值。

以农业农村局部门整体绩效指标为例，部门产出指标共设置数量、质量、时效、成本四项指标，其中，数量三级指标设置7个，质量三级指标设置10个，时效三级指标设置3个，成本三级指标设置1个。部门效果指标共设置经济效益、社会效益、生态效益、满意度四项指标，其中经济效益三级指标设置1个，社会效益三级指标设置2个，生态效益三级指标设置1个，满意度三级指标设置1个，部门整体三级指标数量共计26个。指标来源包括：年初工作计划提出目标、相关文件要求目标、部门"十三五"规划推定的某时间节点合理指标。

（3）部门绩效文本辅导。

以辅导后的项目及部门整体绩效目标表为基础，结合部门职责、市政府工作部署、部门战略发展规划、年度工作计划与工作要点等，辅导部门完成绩效文本信息的编制。绩效文本分为总体绩效目标、分项绩效目标、工作保障措施三部分。首先，总体绩效目标反映出预计本年度内所要达到的总体产出和效果，并以定量和定性相结合的方式进行表述。其次，分项绩效目标是对总体绩效目标进行进一步分解细化，分项制定绩效目标，并相应设置每一分项目标的核心绩效指标和指标值。最后，根据预测可能存在的问题、环境变化的趋势，制定能控制偏差，保证绩效目标实现的保障措施。

3. 建立分行业分领域绩效指标库

绩效指标库建设按照"全面调研，搭建框架—分类收集，形成体系—提炼指标—专家论证—完善内容"思路进行指标库建设工作。

（1）全面调研，搭建框架。

全面收集财政部、省内外与部门工作职能相关的文件；开展实地调研，通过座谈交流，研讨绩效指标库建设的组成部分和数据信息，搭建部门所属行业领域指标库框架。

根据财政部《分行业分领域绩效指标和标准体系》和《2020年政府收支分类科目》内容，财政部指标库中的行业和领域对应"类""款"两级，资金用途对应"项"级内容。根据《2020年政府收支分类科目》，部门指标库作为针对具体行业的标准体系建设，分类层级相比财政部门指标库应更为细化："分类"对应《2020年政府收支分类科目》科目编码"项"级内容，"资金用途"对应该项下开展的具体活动，在此基础上形成包括产出、效益、满意度指标的三级指标，指标以定量指标为主、定性指标为辅，绩效指标可采集、可衡量、可比较，操作简便、实用性强。

（2）分类收集，形成体系。

根据部门项目资金使用基础信息、部门职能文件、工作规划和实施方案，借助专家各自研究擅长领域的专项资金特点和属性，全面收集行业指标的信息内容。

具体绩效指标及标准来源主要以2018~2020年近三年部门开展的项目内容，寻求项目设立与执行的文件依据，如预先制定的中长期或年度规划、计划、目标等数据，形成计划标准；对于延续性项目，根据历史年度完成值或前三年平均水平，形成历史标准；对于具有明确行业标准项目，根据国家或省市公布的相关行业标准明确的指标数据或统一的技术要求和规范，形成行业标准；对于具备有科学依据的其他来源及数据口径的参考标准，形成其他标准。

（3）逐一讨论，核定指标。

组织行业专家、绩效管理专家、财务专家组成绩效指标库研究小组，对绩效指标逐一讨论，整合类似指标及内容，删减不适用指标，增加新指标及信息。

（4）专业论证，规范可行。

邀请绩效管理专家、行业专家和部门科室等有关人员，采取网上提意见和现场论证两种方式对绩效指标库进行专业的研究论证。围绕绩效指标库的科学性、实用性、完备性、规范性、可操作性等进行论证，对反馈意见进行整理分类并逐一分析后，对绩效指标库有关内容再次进行补充完善。

4. 开展部门整体和重点项目全年绩效监控

（1）辅导部门填写整体绩效监控表。

辅导部门按照年初部门整体绩效目标，梳理指标完成情况，通常在每年第三季度末填报《部门整体绩效监控情况表》，监控预算执行情况、目标完成情况及三级指标完成情况。

（2）辅导填写部门年度重点项目绩效监控表。

梳理部门年度重点政策和项目工作计划与绩效目标，辅导部门填报《20××年度重点项目绩效运行计划表（汇总）》，其中包括支出计划和绩效目标完成计划。辅导部门按照《20××年度重点项目绩效运行计划表（汇总）》，梳理重点政策和项目第一到第三季度预算执行情况和绩效指标完成情况，并总结偏差原因，制定改进措施，填报《项目绩效运行监控表》。

（3）辅导部门撰写部门整体绩效监控报告。

辅导部门结合部门整体和重点项目运行监控情况，撰写《部门整体绩效运行监控报告》，报告内容主要包括部门概况，绩效目标、工作计划进度、部门整体及重点政策和项目第一到第三季度绩效指标完成情况、改进措施、整改情况等内容。

四、预算绩效管理改革的提质扩围

经过两年多的改革实践，廊坊市全面实施预算绩效管理取得了明显成效且正抓紧提速扩围，重点评价已经涵盖社保基金、政府投资基金、国有资本经营预算、政府债务项目、政策性融资担保等领域。

（一）2019年度廊坊市城乡居民基本医疗保险基金绩效评价

1. 基本概况

（1）政策背景。

本项目主要由廊坊市医疗保障局主导实施，该局为市政府工作部门，正处级单位，2018年12月底正式挂牌成立。廊坊市先后建立了城镇职工基本医疗保险制度、新型农村合作医疗制度和城镇居民基本医疗保险制度。2016年，按照国务院印发的《关于整合城乡居民基本医疗保险制度的意见》（国发〔2016〕3号）、河北省政府《关于整合城乡居民基本医疗保险制度的实施意见》（冀政发〔2016〕20号）中关于"整合城镇居民基本医疗保险和新型农村合作医疗2项制度，建立统一的城乡居民基本医疗保险制度"有关要求，在2016年全面完成城镇居民基本医疗保险和新型农村合作医疗整合工作的基础上，廊坊市于2017年开始执行全市城乡一体的城乡居民基本医疗保险政策，并同步开展居民大病保险工作。

（2）政策内容。

廊坊市城乡居民医疗保险筹集的资金主要用于廊坊市城乡居民基本医疗保险及城乡居民大病保险两方面内容。其中廊坊市城乡居民基本医疗保险实行市级统筹，参保覆盖范围为"具有本市常住户籍且不属于城镇职工基本医疗保险参保范围的城乡居民；本市辖区内各类大中专院校的在校学生；取得本市居住证且未在原籍参加基本医疗保险的外来人员及其未成年子女"。参保人按照自然年度预缴下年度个人参保费用，可享受"门诊统筹待遇、门诊特殊疾病待遇、住院医疗待遇、生育补助待遇、异地就医待遇、大病保险待遇、一般诊疗费"7类待遇。

廊坊市城乡居民大病保险的保障对象为"廊坊市当年参加城乡居民基本医疗保险的所有居民"，保障范围为"参保年度内按城乡居民基本医疗保险政策报销后，个人累计负担的合规医疗费用超过大病保险起付线以上的部分"。

2. 资金管理

2019年度，廊坊市城乡居民基本医疗保险基金当年收支结余–6××××万元，年末基金滚存结余4××万元，基金可持续运营面临较大压力。其中：

廊坊市城乡居民基本医疗保险基金各级财政补助资金（不含城乡医疗救助资金安排的对困难城乡群众个人缴费部分的补助资金）实际到位金额为1×××××万元；廊坊市城乡居民基本医疗保险参保人数（业务数据）为3××××××人，个人缴费标准为220元/人（低于国家标准250元/人）。

廊坊市城乡居民大病保险人均筹资标准，自2019年9月20日零时起执行75元/人，与自2018年11月27日起执行的大病保险人均筹资标准相比，每人增加了15元，符合2019年度国务院《政府工作报告》中"继续提高城乡居民基本医保和大病保险保障水平，居民医保人均财政补助标准增加30元，一半用于大病保险"的要求。

3. 评价结论

本次评价围绕2019年度廊坊市城乡居民基本医疗保险基金，在2020年7月与廊坊市医疗保障局6个科室开展座谈、2020年8月调取4家医院近400万条参保业务数据现场核实、回收146份参加城乡居民医保的城乡居民满意度问卷的基础上，从组织机构构成、业务流程、资金流模式三个维度对基金的管理模式、运行情况及效果情况进行全面分析及评价，形成2019年度廊坊市城乡居民基本医疗保险基金综合评价得分及等级，评价等级为"中"。

4. 存在问题及建议

廊坊市城乡居民基本医疗保险在落实2019年全市参保居民的医疗待遇保障，针对贫困建档立卡人员取消大病保险封顶线、报销比例提高5个百分点等对贫困人口的政策倾斜力度方面，落实了国家及河北省的相关要求，参与了脱贫攻坚并做出一定程度的贡献，但还存在以下问题需进一步改进提升。

（1）个人缴费标准低于国家规定，存在财政资金负担风险。

2019年度廊坊市城乡居民医疗保险基金筹集的个人缴费标准为220元/人，低于国家规定标准250元/人。建议廊坊市医疗保障主管部门严格按照国家标准筹集基金，准确测算参保年度内参保人数，并加强医疗费用支出增长需求、个人缴费标准增长趋势等因素的预期研判，为基金收支平衡做好"开源"工作。

（2）基金重复参保管理、信息动态监控管理存在提升空间。

2019年度存在重复参保"城乡居民基本医疗保险与城镇职工基本医疗保险"一年以上居民27324人，参保人员人数变动信息管理不及时；存在参保人员身份证号码信息错误的有957条，该错误信息主要为建档立卡贫困人口及其他特殊人员信息，数据的归口管理责任部门为残联，部门间的协同经办服务水平有待提升。建议从政策源头、加强信息系统建设管理等多个维度发力，强化信息动态监控管理，提高有关部门协同经办服务能力，强化贫困建档立卡人员及其他特殊人群的参保信息管理，做到应保尽保数据确保准确。

（3）医保目录使用不规范、基金存在不合理支出，参保人负担及基金支出负担加重。

2019年度，廊坊市存在未按河北省基本医疗保险诊疗项目及医疗服务设施项目目录使用，定点医疗机构违反医保目录、违规收费，增加参保人员负担等情况；大病保险经办合同列支了商业保险公司成本7××××万元，基金支出不够合理，增加了基金支出负担。建议加强医保目录使用的指导及培训，加大基金支出监管，减轻参保人员负担与基金支出负担研究、制定商业保险公司成本支付机制，避免在基金中支出商业保险公司成本。

（4）基金超支增速较快、收支严重不平衡，可持续运行风险较大。

2019年度，廊坊市城乡居民医疗保险筹资总额为2×亿元，相比2018年增幅9.33%；统筹基金总支出29.63亿元，相比2018年增幅19.19%。基金支出增速高于基金收入增速，当年收支结余−6××××万元，且超支增速远高于2018年及当年廊坊市GDP增速。建议廊坊市医疗保障主管部门深入分析超支原因、廊坊各市县实际情况，在政策红线内，寻找基金运行绩效水平不断提高的突破点，建立科学、稳定的筹资增长机制与可持续运行机制，逐步实现基金收支平衡。

（5）基金管理制度、机制建立不够完善，精细化管理水平有待提升。

基金运行风险评估、预算执行监督与风险预警、医保结算清算以及预付金监管方面未形成明确的制度文件，定期培训机制、基金宣传机制、监督检查机制、基金问题整改机制尚未建立，医疗保险基金财务对账制度更新不够及时；基金管理方面，存在各市县级医保局的职责分工未根据机构改革情况更新、部门分工协作机制运行不够有效、大病保险未开展年度结算、定点医院报销基金拨付超时等问题。建议廊坊市医疗保障主管部门完善基金运行管理制度体系与机制，严格执行制度规定，加强基金运行服务流程及各个节点的时效性管理，加强基金运行精细化管理为基金收支平衡做好"节流"工作。

（6）居民医疗保险缴费人数、基金筹集金额数据前后不一致，基金筹集情况不透明。

按照廊坊市医疗保障局提供的财务数据口径，2019年度城乡居民基本医疗保险基金的缴费人数为3××××××人（其中正常缴费人数3××××××人、特殊人员缴费人数1××××人）；按照业务数据口径，参保人数为3××××××人。财务数据与业务数据不一致，相差26人，且原因不明。基金筹集金额方面，根据《2019年度城乡居民医保基金运行情况分析》，基金筹集总量为2×××亿元。根据财政资金补助金额、个人缴费情况计算，基金筹集总量应为2×亿元。由于财务数据、业务数据因统计年度不同，导致缴费人数、基金筹集金额等数据前后不一致，基金筹集情况不够透明。建议廊坊市医疗保障局在财务预算年度、业务执行年度的基础上，梳理、统计财务与业务数据的差异并做原因分析说明，确保不同口径下，同一个年度内，财务数据与业务数据相一致，并尽量做到在居民医保系统内公开。

（7）城乡居民对医保政策知晓率略低，待遇保障水平及居民综合满意度存在提升空间。

评价机构通过问卷调查方式获取146份有效问卷，其中56.7%的问卷认为自己参保的是"新农合"，58.9%的问卷建议加大政策宣传力度，50.7%的问卷建议加大政策宣传途径，城乡居民对医保基金相关政策知晓程度略低；居民对医保基金经办机构办事便利程度、经办机构服务态度、经办机构反馈及时性的满意度均值为75.83%，居民对医保基金综合满意度存在进一步提升的空间。廊坊市城乡居民基本医疗保险基本统筹基金总支付率较

2018年度下降了0.04%，城乡居民医保基金统筹内个人总自负率较2018年度增长了0.04%，政策范围内个人自负率较2018年度增长了0.26%，居民待遇保障水平存在提升空间。建议廊坊市县两级医保局通过"线上、线下"相结合的方式，加强居民医保政策宣传力度，切实提升居民对医保政策的理解。同时，通过对基本医疗保险"药品目录、诊疗项目目录及医疗服务设施项目目录"相关政策的落实，对"定点医疗机构"的协议管理，以及经办服务能力、水平、态度的提升等，为居民能够享受更加优质、便捷、精准的医疗服务创造有利条件，适当提高政策范围内医疗费用支付比例、缩小个人负担比例，稳步推进居民待遇保障水平，从而提高居民对医保基金的综合满意度。

（二）201×年度某政府投资基金项目绩效评价

1. 项目概况

为加快推进廊坊市政府投资基金工作，改革财政支出方式，充分发挥政府投资基金在撬资本、增就业、促发展的重要作用，站位当前廊坊市财政改革全局，切实转变财政资金"无偿补助"的观念，增强财政资金"股权投资"意识，为此特设立政府投资基金。作为政府出资设立并按照市场化方式运作的政策性母基金，廊坊市政府投资基金秉承"政府主导、市场运作、科学决策、防范风险"原则，将市级战略性新兴产业、工业技改、科技创新、农田水利、大气治理、旅游、基础设施（PPP）等专项资金逐步纳入母基金管理，成立政府投资宏观决策和办事机构，组建母基金公司。

评价工作组通过查阅资料、专家咨询、访谈等多种方式，独立、客观、公正地开展评价工作，对基金合规性、基金效率、基金效果等方面进行评价，形成该基金的评价结论。

2. 绩效评价实施情况

（1）评价目的。

通过开展绩效评价工作，对基金合规性、基金效率、基金效果等进行全面的了解与评价，总结经验，发现问题，为后续基金管理提供参考。

（2）评价对象。

本次绩效评价对象为某政府投资基金，从基金合规性、基金效率、基金效果等方面入手，对基金的实施情况和效果进行分析和评价。

（3）评价方法及指标。

1）评价方法。

评价方式上采取现场调研与非现场评价相结合的方法，运用综合指标评价法、比较法、成本效益法、因素分析法、调查法等方式方法开展工作，充分听取各方意见和建议，对基金进行综合评价。依据廊坊市财政局关于印发《廊坊市市级政策和项目绩效评价管理办法（试行）》的通知（廊财预〔2019〕53号），评分等级表述参照"政策和项目绩效评价结果（绩效评级）划分为四个等次，"优"等次：90（含）~100分、"良"等次：80（含）~90分、"中"等次：60（含）~80分、"差"等次：60分以下。

2）评价指标体系。

本次评价根据政府投资基金绩效评价指标框架，结合基金特点，设置基金的合规性、基金的效率、基金的效果3个一级指标，下设9个二级指标和29个三级指标。

3. 绩效评价结论

基金设立、管理与投资基本合规，出资来源明确，具备一定的现实需求；投资方向符合国家、行业及区域政策，但在基金投入领域市场化资本供给不足；基金决策与托管程序基本规范，但母基金尚未进行托管；基金出资符合基本要求，审计报告出具无保留意见，托管报告未提出异议；子基金管理费用提取合理，但因政府投资基金与市场化运作主体界限不清，导致母基金管理费用不明确；基金定位符合政策要求，基金目标不够明确具体且未设定绩效目标，投资进度存在一定的滞后性，基金引导和带动方面有初步效果，但不够显著。

此次该政府投资基金的评价得分所属等级为"中"。评价指标体系如表5-28所示。

表5-28　政府投资基金的评价指标体系

一级指标	二级指标	三级指标
合规（40分）	基金设立（20分）	设立规范
		设立合理
		投资方向
		基金管理人
		基金托管
		基金出资
	基金管理（20分）	财务管理
		管理费用
		基金投向
		投资决策
效率（40分）	目标定位（7分）	基金定位
		基金目标
	团队配置（9分）	投决会专业性
		管理团队专业性
		激励机制
	投资管理（18分）	投资进度
		风控合规
		投后管理
		退出机制
	治理结构（6分）	出资人职责
		内部治理
效果（20分）	放大效果（7分）	基金规模放大
		目标产业放大
		投资规模放大
	引导作用（7分）	推广宣传
		带动同类基金
		带动同产业投资
	社会效益（6分）	扶持效果
		持续影响

4. 评价结果应用

（1）主要问题。

第一，政府投资基金与市场化运作主体界限不清晰；第二，基金公司内部控制管理有待进一步完善，投资决策有待进一步优化；第三，基金缺少相对具体的目标，且未编制绩效目标；第四，基金管理专业性有待提升，激励约束机制有待完善；第五，基金风险控制不够完善，投资效率有待进一步提升；第六，基金治理结构有待优化，退出机制有待进一步明确；第七，基金发挥持续影响限制因素较多。

（2）相关建议。

第一，在深入研究论证的基础上，出台市级政府投资基金管理规定或办法；第二，按照市场规律及国有企业管理相关要求，完善企业内部控制体系；第三，优化投资决策及管理团队，促进基金管理专业化和专门化；第四，把风险控制摆在更加突出的位置，参照其他基金管理模式完善激励约束机制；第五，在理顺机制的基础上制定投资规则与计划，提高投资效率；第六，按照现代企业管理要求完善治理结构，保障出资人有效履职，管理人科学管理；第七，针对性破解各种限制因素，争取在"十四五"时期切实发挥基金作用。

（三）201×年度廊坊某级国有资本经营预算绩效评价

1. 项目评价背景

为了进一步规范和加强财政专项支出管理，提高财政资金使用效益和效率，廊坊市财政局委托第三方机构，根据《中华人民共和国预算法》、《中共河北省委 河北省人民政府关于全面实施预算绩效管理的实施意见》（冀发〔2018〕54号）、《中共廊坊市委 廊坊市人民政府关于全面实施预算绩效管理的实施意见》（廊发〔2019〕23号）、《廊坊市市级国有资本经营预算管理暂行办法》（廊财建〔2017〕107号）等文件精神，对201×年度廊坊某级国有资本经营预算开展绩效评价。

2. 基本情况

201×年，廊坊某级国有资本经营预算收入为3631万元，支出安排2585

万元，其中，用于国有企业资本金注入2113万元，用于解决历史遗留问题及改革成本支出472万元。同时，落实国务院有关国有资本经营预算调入一般公共预算资金不低于19%的要求，按照28.8%调入一般公共预算统筹使用1046万元。

3. 评价结论

该国资委在国有资本经营预算的收入和支出方面基本按照相关规定执行，能够按照要求组织所属企业上缴国有资本经营收益，以及编制国有资本经营预算支出计划。

但在国有资本经营预算相关管理制度、资金分配决策及资金使用监督管理等方面仍存在不足。所属企业存在绩效目标不明确，资金使用不规范等情况。资金使用未统筹考虑廊坊市国有企业发展布局和规划，资金使用效果较差。

项目总体得分等级为"中"。具体评价指标体系如表5-29所示：

表5-29　201×年度廊坊某级国有资本经营预算绩效评价指标体系

一级指标	二级指标	三级指标
资金决策	资金投入	资金结构合理性
		资金执行情况
	资金收入	资金收益制度健全性
		资金执行情况
资金管理	资金申请	项目立项依据
		资金投向和额度的合理性
		项目目标合理性
		项目决策流程
	资金管理	制度建设
		国资监管履职情况
		资金使用规范性
		资金到位情况
		资金使用情况报告

续表

一级指标	二级指标	三级指标
资金效果	项目产出	产出数量
		产出质量
		产出时效
		产出成本
	项目效果	经济效益
		社会效益
		可持续影响
		服务对象满意度

4. 评价结果应用

（1）主要问题。

资金决策方面：第一，决策机制不健全，科学程度不高。项目遴选的原则、过程、被选理由不明确。第二，资金投入结构的合理性和效益性差。对各类资金使用（补充注册资本金、增加注册资本金、解决历史遗留问题）没有整体全盘考虑，没有重点且缺少中长期规划。资金安排与当年市委市政府关于国企改革发展的年度重点任务没有衔接。第三，收益上缴覆盖面较小，执行率较差。国资委的资金管理仅针对国资委下属管辖企业，其他主管部门下属企业未能列入统筹考虑范围内。

资金管理方面：第一，绩效目标合理性不足。201×年该国有资本经营预算支出项目未设置具体的考核指标；相关下属企业绩效目标不清晰明确，可考量性较差；部分公司提供的绩效自评表部分产出指标及效果指标的设置不科学。第二，部分预算编制审核机制不严谨。部分投资额度与企业绩效目标匹配度较差，项目资金编制依据资料不够。按照相关要求，作为处理历史遗留问题资金，结余后应该按照一般公共预算管理要求，退回结余资金，或重新申报继续使用结余资金。第三，监管制度不够完善，相关资料缺失。第四，项目单位资金使用存在不规范现象。

资金效果方面：第一，国有资金的资金使用效益不高，总体效果不突出，实际保值增值情况不足。国资预算项目具有经济性，同时也具有社会性，其目的应为国有经济战略性调整、产业结构优化升级、国有企业政策性亏损补贴，因此保值增值的效果通过年度安排项目实施体现提升和改进程度说明分析不够。第二，项目单位资金使用效率欠佳。

（2）建议及改进措施。

1）加强中长期规划，重视顶层设计。

一是搞好顶层设计，制定国有企业发展和布局的总体规划。二是突出国有资产优化配置，资金安排与当年市委市政府关于国企改革发展的年度重点任务衔接，改变国有资金的使用处于被动打补丁状态，提高资金使用效益。

2）规范国有资本经营预算收支制度及流程管理。

一是按照国有资本经营预算管理要求，规范管理和使用国有资本经营预算资金，组织实施国有资本经营预算支持事项的过程；根据国有资本经营预算资金的性质，对企业国有资本经营预算执行进行分类管理，包括资本性预算、费用性预算和其他支出预算。二是健全制度、完善机制、优化决策，改进国有资本经营预算和国有资本收益收缴管理，强化国有企业和资本运营监管。对于资本预算批复明确具体投资、建设项目的支持资金，企业不得用于其他项目投资或委托理财等财务性投资。

3）重视收益制度建立与落实，追缴应交未交收益。

一是加强主管部门意识，明确各执行部门职责，确保国有资本经营预算收益目标完成，加强制度落实。二是根据各公司具体情况可以一次性或分年补缴。

4）优化国有资本经营预算分配机制。

一是明确资金使用的分配依据，细化分配原则，规范决策程序；项目立项要经过事前必要的可行性研究、专家论证、风险评估。二是加强项目申请材料的审核，根据企业的现状及发展和变革的诉求，项目单位应制定具体工作实施及资金使用方案。国资应以收定支，考虑轻重缓急、投入产出效益等因素，制定完善的资金分配方案。

5）激发企业原生动力，加强企业的主体责任意识。

一是企业以盈利为目的，国有企业除了要承担经济责任，同时要承担社会责任和政治责任。二是通过国有企业改革，逐步实施国有资本的退进和布局调整。制定合理企业退出机制，对经营管理状况不好且在规定期限内仍不能有效改善经营管理状况的非公益性的国有企业，考虑注销公司的方案。

6）加强绩效管理意识。

一是加强对国有资本经营预算绩效管理政策学习，科学编制项目绩效目标和绩效指标，为部门履行预算绩效管理责任奠定基础。二是关注绩效目标的设定，国资委统筹制定可操作的绩效考核指标体系，可参考借鉴国务院国资委考核分配局《2019年国资委企业就评价标准值》设置有针对性的国有企业运营管理考核指标，明确各公司对标标准。

（四）廊坊市201×年地方政府专项债券项目资金绩效评价

1. 项目基本情况

本次评估重点对201×年廊坊市地方政府专项债券项目资金进行绩效评价。从专项债券资金投入来看，201×年廊坊市人民政府提出并实施27个地方政府专项债券项目，涉及债券融资金额192800.00万元，发行期限5年。河北省廊坊市财政局委托第三方对27个项目中选取的4个项目进行了绩效评价，项目分别是河北省廊坊市艺术大道（大皮营引渠—西环路）东西贯通工程、河北省廊坊市龙河高新区1#、2#雨水泵站工程、河北省廊坊市201×年小街巷工程和河北省廊坊市朝阳体育文化公园，具体项目资金支出计划明细如表5-30所示。

表5-30　廊坊市地方政府专项债券绩效评价项目资金支出计划明细

单位：万元

专项债券项目	使用债券额度	项目总投资
河北省廊坊市艺术大道（大皮营引渠—西环路）东西贯通工程	31065	74511
河北省廊坊市龙河高新区1#、2#雨水泵站工程	14670	24450
河北省廊坊市2018年小街巷工程	500	980
河北省廊坊市朝阳体育文化公园工程	2110	21000

2. 评价目的及重点

（1）评价目的。

廊坊市地方政府专项债券项目绩效评价的主要目的包括：一是"合规借债"，包括了解项目申报的合理性，对项目申报方式、评审过程及项目规划情况进行评价，遴选出的项目是否能够按照政策要求执行，对项目规划及申报不合理的地方进行梳理；二是"规范用债"，包括评估项目执行的规范性，对项目申报、债券资金使用的规范化等进行审查，对其不符合规范的操作进行流程梳理，查找漏洞、及时纠偏；三是"科学还债"，包括衡量收支总量平衡性，评估融资规模与项目全生命周期预期收益是否相匹配，探索其偿债来源及还本付息的科学性；四是"优化管理"，通过上述三项关键问题的查找及原因分析，对优化政策执行、完善项目申报、债务管理、资金使用等提供决策依据。

（2）评价重点。

根据专项债券特性，结合绩效评价原则及项目实施内容，从项目立项、项目过程管理、项目产出、项目效果四个方面建立涉及专项债券资金"借、用、管、还"全流程的评价指标体系（见图5-22），特别针对专项债券项目立项、资金落实、风险管理、信息披露等方面设置对应的个性指标，其中政府债务风险管理主要评价专项债券项目偿债能力，包括专项债券项目偿债来源、融资与项目收益平衡、成本产出比。

3. 绩效评价指标体系

评价指标的设计中，以目标为导向，将共性指标和个性指标相结合，确定绩效评价的指标体系，对指标进行赋权，明确指标的解释和评价标准，选取合理的评价对象，后续确定出评价的证据、证据来源和证据的收集方法。共构建4项一级指标，12项二级指标，26项三级指标，38项四级指标。由于本次评价的四个项目均为在建工程，尚未进行竣工验收，结合财政局的委托要求，故绩效评价重点为专项债券的债务管理能力及风险预警机制，尤其加大了项目投入和项目过程管理两个阶段的指标权重，其中，在项目投入部分设置了项目立项、资金落实、风险管理等方面的个性指标。政府债务风险管理

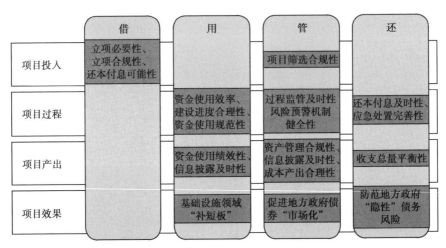

图5-22　廊坊市2018年地方政府专项债券绩效评价指标设计逻辑

是专项债券项目的核心，因此针对该指标，又设置了偿债来源、融资与项目收益平衡、成本产出比等个性指标来全面地评价专项债券项目偿债能力。评价指标体系分类情况如表5-31所示。

表5-31　评价指标体系分类情况（附分值）

一级指标	二级指标	三级指标	四级指标
项目投入（56分）	项目立项（21分）	项目立项合理性（6分）	债务风险可控性（2分）
			项目主体合规性（2分）
			资金来源合规性（2分）
		项目立项规范性（6分）	立项程序规范性（3分）
			立项手续齐全性（3分）
		收支总量平衡性（9分）	预期项目收益科学性（3分）
			偿债计划合理性（3分）
			偿债资金稳定性（3分）
	目标设定（5分）	绩效目标合理性（5分）	项目收益可能性（3分）
			目标设置合理性（2分）

续表

一级指标	二级指标	三级指标	四级指标
项目投入 （56分）	资金落实 （18分）	资金安排合理性（12分）	资本金占比合规性（3分）
			债券规模合理性（3分）
			债券结构科学性（3分）
			债券周期合理性（3分）
		债券资金到位率（3分）	债券资金到位率（3分）
		资金到位及时率（3分）	资金到位及时率（3分）
	风险管理 （12分）	政策宣贯到位性（6分）	政策宣传到位性（3分）
			政策讲解全面性（3分）
		考核问责机制健全性 （6分）	考核问责到位性（3分）
			债务风险小组分工协调性（3分）
项目过程 （26分）	业务管理 （9分）	政府采购规范性（4分）	采购流程规范性（2分）
			合同管理规范性（2分）
		项目进度合理性（3分）	项目进度合理性（3分）
		项目监理规范性（2分）	项目监理规范性（2分）
项目过程 （26分）	财务管理 （11分）	财务制度健全性（2分）	财务制度健全性（2分）
		债券资金使用率（3分）	债券资金使用率（3分）
		资金使用合规性（3分）	资金使用合规性（3分）
		财务监控到位性（3分）	财务监控到位性（3分）
	信息披露 （6分）	信息披露规范性（3分）	信息披露规范性（3分）
		信息披露及时性（3分）	信息披露及时性（3分）
项目产出 （12分）	项目产出 （6分）	项目完工率（3分）	工程修建完工率（3分）
		完工及时率（3分）	工程完工及时率（3分）
	偿债产出 （6分）	专项债券偿债率（2分）	专项债券偿债率（2分）
		债券偿债及时率（2分）	债券偿债及时率（2分）
		债务风险预警到位率 （2分）	债务风险预警到位率（2分）
项目效果 （6分）	经济效益 （2分）	—	—
	社会效益 （2分）	—	—
	可持续 影响 （2分）	—	—

4. 评价结果及应用

（1）评价结果。

经指标测评，廊坊市2018年地方政府专项债券项目资金绩效评价最终得分等级判定为"中"。

（2）存在问题。

结合专项债券资金"借、用、管、还"全生命周期，针对廊坊市2018年地方政府专项债券项目进行绩效评价，发现存在立项不合规、立项必要性较低、立项程序不规范、资金使用不规范、建设进度慢、资金使用效率低、信息披露不到位、偿债能力有风险这八个问题。

（3）政策建议。

1）建立信息披露机制，完善信用评级体系。

进一步完善地方债特别是专项债的信息披露标准，搭建地方政府信用评级体系，合理形成市场化的信用利差。

2）科学设置债券期限，匹配基建项目特性。

鼓励各地结合项目建设和实施周期发行10年期以上的长期专项债券，更好匹配项目资金需求和期限，发行专项债券时采取本金分期偿还方式，平滑存续期内偿债压力。在发行期限方面，地方政府债券在保持3年至10年中长期债券为主要品种的基础上，15年、20年、30年期等超长期限品种发行进一步增加。

3）推广使用政府与社会资本合作模式（PPP），提高项目管理能力。

鼓励社会资本通过特许经营等方式，参与城市基础设施等有一定收益的公益性事业投资和运营。专项债的资金成本优势结合PPP的项目管理优势，能够解决专项债的项目储备不足、项目论证不完备、项目管理不精的问题和PPP的融资难、融资贵等问题，也能吸引社会资本参与公益性项目建设并获得合理回报，既拓宽社会资本投资渠道，也减轻政府举债压力。

（4）改进措施。

1）跟进"借用管还"整改，提升债务管理能力。

研究今后根据专项债券资金"借、用、管、还"全生命周期，进一步规范管理的思路和措施。一是完善项目相关手续申报审批，对廊坊市权限范围内的协调解决，对需要上级审批的，要尽快汇报，妥善解决。二是市财政局对今后几年的政府性基金收入形成整体规划，根据廊坊市地方政府专项债券今后几年的偿债情况，进行合适总量和期限匹配，确保到期债务能得到及时偿还，不出现债务风险。三是项目主管部门住建局要加强项目过程监管工作，从事前申报，到事中和事后管理，都要有人靠上去盯紧管好。

2）严格债券项目筛选，强化收支总量平衡。

精准聚焦，加大对党中央、国务院确定重点领域和重大项目的支持力度，开好合法合规举债"前门"。一是要建立发债项目必要性、可行性研究论证机制。二是要加强项目储备与管理，是确保地方政府专项债券发行与高效使用的重要支撑。三是专项债券项目要强调收益，推进专项债券不搞一刀切，要实事求是地对成熟优选的项目积极推进，防止一哄而上，从源头控制债务风险。

3）规范债券资金使用，完善专项债券管理。

建立全方位的监督机制，坚决堵住违法违规举债"后门"。一是通过将债务纳入预算管理，明确地方政府举债规模和债务收支要报人大批准，接受人大监督；二是通过建立地方政府性债务公开制度，明确各地区要定期向社会公开政府性债务及其项目建设情况，自觉接受社会监督；三是规范地方政府债券信用评级，促进地方政府债券投资主体多元化；四是完善考核问责机制，明确把政府性债务作为一个硬指标纳入政绩考核，强化教育和考核。

4）制定应急处理预案，完善风险预警机制。

建立风险预警，评估各地区债务风险状况，对债务高风险地区进行风险预警。列入风险预警范围的债务高风险地区，要积极采取措施，加大偿债力度，逐步降低风险；完善应急处置，制定应急处置预案，建立责任追究机制。

（五）201×年度廊坊市某融资担保有限公司绩效评价

1. 评价背景

为了进一步规范和加强财政专项支出管理，提高财政资金使用效益和效率，廊坊市财政局委托第三方，根据《中华人民共和国预算法》、中共河北省委河北省人民政府关于《全面实施预算绩效管理的实施意见》（冀发〔2018〕54号）、中共廊坊市委廊坊市人民政府关于《全面实施预算绩效管理的实施意见》（廊发〔2019〕23号）、河北省财政厅河北省地方金融监管局关于印发《河北省政府性融资担保、再担保机构绩效评价暂行办法》的通知（冀财金企〔2020〕22号）等文件精神，对201×年度廊坊市某融资担保有限公司开展绩效评价。

2. 企业概况及整体绩效目标

公司经营范围：借款担保、发行债券担保等融资担保业务。投标担保、工程履约担保、诉讼保全担保，与担保业务有关的咨询业务，以自有资金进行投资。

公司任务目标按照《廊坊市人民政府国有资产监督管理委员会监管企业负责人年度经营业绩考核办法》（廊国资规〔2017〕1号）执行。201×年企业负责人经营业绩考核指标及完成情况如表5-32所示：

表5-32　2019年企业负责人经营业绩考核指标及完成情况

项目指标		考核目标	实际完成	完成率（%）
基本指标	利润总额（万元）	330	333.08	100.93
	融担业务小微企业占比（%）	≥60	85	130.77
	全员劳动生产率（万元/人）	25.56	29.87	116.86
分类指标	业务笔数（笔）	160	163	101.88
	担保金额（万元）	20000	21900	109.5
其他指标	净资产收益率（%）		0.78	

3. 评价思路

本绩效评价以多维度反馈评估法为总体设计的指导思想，其特点是多元化评价维度设计、多渠道信息搜集以及多视角分析。评价重点涵盖公司决策、公司管理、公司产出、公司效果四个方面，通过发挥市财政局、市主管部门、第三方评价机构等不同主体的特点，确保本次绩效评价结果的全面性，避免单一视角造成的片面性。

评价目的旨在：①制定廊坊市某融资担保有限公司绩效指标评价体系，全方位评价政策效益、经营能力、风险控制和体系建设等方面，深入发掘其作为政府性融资担保机构在管理、运作、效果等方面存在的问题及原因。②出具该融资担保有限公司绩效评价报告，提出具有建设性、可行性的建议，指导未来一个时期的政府性融资担保机构管理和运营等方面工作，为政府决策及以后年度财政预算资金安排提供参考依据。

4. 评价结果及应用

（1）评价结论。

该融资担保有限公司在目标制定、决策流程、管理制度等方面有相对完善的制度和政策，能较为全面地规范企业目标、发展规划、业务流程和风控制度等；在经营方面，国兴担保在业务增长、风险代偿方面都有不错的表现，在支持小微企业的政策效应方面也达到了一定标准。

同时，该融资担保有限公司也暴露出一定问题，比如业务结构不合理、业务集中度过高、银行授信使用率不充足、缺乏主动风控防御制度、综合费率过高等方面，希望在后续的发展中能够改善。

项目总体评价得分等级为"中"（见表5-33）。

表5-33　国兴担保绩效评价得分

一级指标	二级指标	三级指标
决策	目标设定	目标合理性
		年度目标合理性
	决策过程	决策程序
管理	资金管理	资金分配合理性
		资金使用合规性
	资产管理	资产管理规范性
		现金资产管理制度
		不良资产管理制度

续表

一级指标	二级指标	三级指标
管理	人员管理	人员设置规范合理性
		薪酬绩效管理
	业务管理	参与政府性融资担保体系建设情况
		银担合作情况
	风险管理	担保代偿率
		代偿回收率
		流动性比率
		拨备覆盖率
		担保客户集中度
		依法合规经营情况
	制度管理	财务管理制度健全性
		业务制度规范合理性
		风险制度建设
产出	经营能力	年末融资担保在保余额增长率
		当年新增融资担保金额增长率
		净资产收益率
	资源维持能力	资本充足率
		国有资本保值增值
效益	政策效益	当年新增小微企业和"三农"融资担保金额占比
		当年新增单户1000万元及以下小微企业和"三农"融资担保金额占比
		当年新增单户500万元及以下小微企业和"三农"企业融资担保金额占比
		当年平均融资担保综合费率
		满意度
		规范收费

（2）项目成效。

1）战略规划合理，经营发展基础较稳健。

公司在发展战略层面的"十三五"宏观规划目标比较全面，基本符合国务院《融资担保公司监督管理条例》等国家对国有融资担保机构经营管理的相关规定。公司决策层面管理制度相对健全，且具备一定合理性，能够有效进行组织决策；公司整体长期规划较全面，经营能力和可持续发展基础较稳健。

2）管理制度健全，公司运营规范。

该融资担保有限公司在资产管理方面有较为成熟的现金、不良资产管理的制度和管理办法；业务管理和风险管理方面制度健全，落实到位。

3）积极发挥政策效益，重点解决小微企业融资问题。

该融资担保有限公司在在保余额和新增业务方面都实现了客观增长，近三年小微企业累计申报数量和获得资金扶持的占比情况均稳步增长；201×年度完成融资担保业务63笔，小微企业和"三农"融资担保户数56个（500万元以下55个），占比85%以上。

（3）存在的问题。

1）战略规划职能职责定位不清晰。

公司在战略规划层面对于落实《融资担保公司监督管理条例》第五条规定的相关性比较薄弱，规划以及年度经营业绩计划的内容中对于"政府性融资担保"职能职责定位不够清晰；落实国家和省政府有关坚守主业、聚焦支小支农、积极服务小微企业和"三农"为主体的政策导向不够聚焦，工作思路和经营目标的重点不够充分。

2）公司管理有效性不足。

公司业务制度和财务制度基本健全，但是制度的有效性不足。制度中欠缺贯彻落实省市政府对国有融资担保类金融机构合规经营，以及支持小微企业、支农企业和参与政府性融资担保体系建设情况的工作机制。

3）公司绩效有待优化提升。

担保产出总量增长较快，但产出结构不合理，特别是非融资担保户数占比远超融资担保户数占比，多数时期非融资担保金额占比过大；担保客户集中度过高，且不同年度产出结构变化不均衡，公司对产出结构控制力度不足。

（4）建议及改进措施。

1）精准定位服务群体，提高公司绩效意识。

一是以公司发展定位、发展规划、年度计划为落脚点，精准定位公司的客户目标；积极开展创新发展和前瞻研究工作，分析受益服务对象的基础信息情况，如廊坊市小微企业和"三农"企业数量是多少，中小企业融资需求等。二是重视开展的服务性宣传举措，让潜在中小企业了解公司服务业务，提高其政策知晓率、实际覆盖率。三是建立有效的公司绩效管理机制，提高绩效管理意识和管理水平，以绩效为导向开展运营工作；明确公司存在的意义和开展有效服务的意识，提高企业实施的有效性。

2）明确"政府性"战略定位，落实公司决策流程。

公司整体的中长期规划较全面，经营能力和可持续发展基础较稳健；但需要进一步明确公司经营的"政府性"战略定位，学习贯彻国有金融企业绩效评价意识。加强对中小微"三农"领域的减费让利措施力度，进一步提升支持服务中小微"三农"、降低中小微企业融资成本的政策绩效水平；明确落实经营班子集体决策程序，强化决策制度体系有效性。

3）强化内部管理，提高制度有效性。

一是人才专业化配置及培训规划措施尚需进一步加强，加强企业的人才培养，提高专业结构的合理性；逐步接近和达到国内金融行业的平均水平。二是严谨财务管理，财务管控措施及会计核算规范化水平需进一步完善，充分重视工作中的财务与审计风险、财务核算的合理性；降低办公用品购置价格标准，严格落实专项资金单独核算。

4）规范公司业务流程，落实风险防控机制。

在进一步完善业务制度流程的基础上，进一步落实风险担保政策的落实，制定防控具体措施；区别主动营销和被动拓展业务的经营模式，针对科技型企业、园区企业等细化担保条件，落实风控措施；适当调整担保集中度，降低担保风险，避免偿贷工作对于该融资担保有限公司人力财力的损耗，以及第三方押品出质人形成的损失。

5）调整公司业务布局，体现政策倾向性。

合理布局公司发展业务板块，充分履行国有企业的社会责任，降低公司管理的成本，充分实现对于小微和"三农"企业的支持程度；重点加大对"三农"业务扶持力度，提高主业的资金与人员技术保障，合理确定整体业务布局，测定各项业务比重，集中主业业务量，提高市场适用性，提高抗压能力。

6）充分发挥国有资金运行效果，提高社会效益。

进一步调整年度的合理综合费率，充分体现国有担保融资机构的政策带动效应；多维度考量银行合作模式，优先选择授信率较高的银行，提升额度使用率，提高资金放大倍数，及时撤出相关的保证金，提高资金的有效使用率；根据宏观政策、环境治理和经济调整等多重因素，及时就融资担保业务的开展调整方向。

（六）廊坊市园林局201A~201C年度绿化养护成本（全成本）绩效评价

1. 评价概述

为进一步加强预算绩效管理，提高绩效意识，强化支出责任，提高财政资金使用效益和财政支出管理水平，根据《中共廊坊市委廊坊市人民政府关于全面实施预算绩效管理的实施意见》（廊发〔2019〕23号）、《廊坊市财政局关于开展财政支出政策和项目绩效评价工作的通知》（廊财监〔2020〕6号）等文件要求，由廊坊市财政局与第三方机构共同组成评价工作组，对廊坊市某部门绿化养护业务开展成本绩效评价工作，结合行业标准、廊坊市情和市场实际，从业务活动成本角度，对绿化养护活动支出标准进行核对比较，对绿化养护业务活动从成本、质量、绩效三个方面进行确认与评价，形成成本绩效评价报告。

2. 成本绩效评价思路

本次成本绩效分析的论证思路是从绿化养护项目的实际情况出发，通过分析与论证，从中确认费用、质量标准与绩效指标，明确它们之间的关联性；以此为标准，对绿化养护项目的成本绩效做出相应的评价，其中最重要的是确认成本与质量标准、绩效指标在建立规范化成本绩效评价体系与使用这一体系进行评价的过程中，主要采取了业务相关法确定服务项目的范围与区分边界；采用专家指导法确定质量标准与绩效指标；采用作业成本法、相关因素法等确定项目费用规范与标准；采用比较法对成本与质量、绩效进行比较分析；最后，从综合的角度对各种方法可能的结论进行筛选与讨论，并参照专家意见进行相应的修订。

3. 绿化养护成本标准的确认

廊坊市某部门201A~201C年绿化养护类项目总支出为23605.84万元。其中：绿化养护性质的费用合计为19524.50万元；非绿化养护类支出合计为4081.34万元。

本次成本分析主要针对绿化养护性质的支出展开，将该类费用按成本核算对象分为：道路绿化养护（含重要节点）、市区游园（含步行街管道局游园）、公园养护、苗圃四类，并按此分类进行相应的历史成本分析。

本次历史成本分析在核对201A~201C年实际成本的基础上，对上述成本核算对象的成本支出内容进行进一步细分，并分析其主要成本构成及其合理性；选取可类比城市绿化植物养护费用标准，进行同量纲比较分析。以该部门实际测量的作业面积为基数，确定相对合理的单位成本作为本次报告建议的标准成本。

成本标准成本确定过程：

①账面资料整理，在此基础上，分类整合成本核算对象根据账面核算情况细化可识别成本构成。②实际成本合理性分析，对每项成本要素进行合理性分析。③确定成本标准。结合该部门业务活动实际情况，参照可类比绿化养护费用标准对实际成本要素进行量纲分析，选定相应年度的成本数据，以实际测量作业面积为基数，确定本次报告建议的单位面积成本标准。

4. 绿化养护质量标准的确认

本次成本绩效评价工作参照《北京市园林绿化局关于城市绿地养护管理投资标准的意见》《北京城市绿化植物养护费用标准测算结果及分项说明》

《北京市公园维护管理费用指导标准》和《北京市公园分类分级管理办法》等文件的规定，结合廊坊市该部门绿化养护工作实际完成情况，按照确定的成本核算对象从城市道路绿化养护和公园管护两个方面进行质量标准确认。

5. **绿化养护的效益确认**

为有效衡量园林绿化养护成本绩效，评价工作组通过三年数据进行成本核算、对比分析，根据设定的城市道路绿化养护分级分类标准和公园绿化管护分级分类管理办法，进一步对园林绿化养护项目的绩效目标和效益指标进行分析，并结合成本核算内容进行细化。

6. **评价结果及应用**

通过对201A~201C年绿化养（管）护成本支出和相关业务数据的分析，经评价工作组对养（管）护质量的现场勘察及专家评议，在现有的养（管）护成本支出规模下，该部门在道路绿化养护、游园管护、公园管护方面取得了一定的社会效益和生态效益，但在管理方面仍存在临时用工制度缺失、成本核算基础薄弱、缺少养（管）护工作规范未确定分级分类质量标准、业务流程记录不完整等问题，建议该部门尽快建立健全相关的制度和质量标准，规范业务活动流程和监督检查，通过有效的制度约束提高用工效率、控制成本支出，充分发挥财政资金的效益。

7. **成本绩效评价工作的难点**

通过历史成本分析，初步尝试确定了质量标准和成本标准，从投入成本、产出质量、效益效果三个维度开展评价，但在推进成本绩效评价的过程中仍面临如下难点：一是行业作业定额、部门行业的业务规范、技术及质量标准不够充分可行，影响成本投入水平的合理性评价；二是部门和单位的成本核算基础薄弱，基础业务数据和业务流程对于合理的成本支出及支出结构的支撑不足，内部成本核算体系亟待加强；三是通过一次成本绩效评价工作，其评价结果很难准确反映成本、质量和效益之间的紧密对应关系；四是鉴于成本绩效评价工作体现的行业特点属性，对于一些行业特点突出的部门，亟待研究制定并细化成本绩效评价指标体系和质量标准体系。

参考文献

［1］ 苟燕楠，李金城．当代中国预算绩效管理：理论发展与实践探索［J］．求索，2019
（4）．

［2］ 财政部预算司．我国预算绩效管理工作取得积极进展［J］．预算管理与会计，2015
（7）．

［3］ 习近平．决胜全面建成小康社会　夺取新时代中国特色社会主义伟大胜利——在中国
共产党第十九次全国代表大会上的报告［N］.人民日报，2017-10-28（001）．

［4］ 李克强．政府工作报告：2019年3月5日在第十三届全国人民代表大会第二次会议上
［M］.北京：人民出版社，2019.

［5］ 曹堂哲.打好全面实施预算绩效管理的几场攻坚战［N］.中国财经报，2019-05-11
（007）．

［6］ 中共中央　国务院关于全面实施预算绩效管理的意见［EB/OL］.中央人民政府网
站，http：//www.gov.cn/zhengce/2018-09/25/content_5325315.htm，2018-09-25.

［7］ 齐小乎.用好预算绩效管理"指挥棒"——2019年预算绩效管理改革纪实［N］.中
国财经报，2020-01-08（004）．

［8］ 闫思宇.河北印发全面实施预算绩效管理的实施意见［EB/OL］.长城网，http：//
bd.hebei.com.cn/system/2019/01/24/019409895.shtml，2019-01-24.

［9］ 贡宪云.4300余项绩效指标标准管好政府"钱袋子"［N］.河北日报，2019-12-05（001）．

［10］ 贡宪云.河北省出台预算绩效管理新规［N］.河北日报，2019-12-09（002）．

［11］ 王学军.发挥第三方作用　推动预算绩效管理科学发展［EB/OL］.中国社会科学
网，http：//www.cssn.cn/glx/glx_gggl/201901/t20190103_4805794.shtml，2019-01-03.

［12］ 张照涛.预算支出绩效评价与审计和财政监督检查的比较分析［J］.现代经济信
息，2017（3）．

［13］ 郑方辉，谢良洲. 独立第三方评政府整体绩效与新型智库发展——"广东试验"十年审视［J］.中国行政管理，2017（7）.

［14］ 汪爱武. 全面预算绩效管理与第三方机构发展［J］.地方财政研究，2018（6）.

［15］ 石博. 政府采购评审专家绩效评价指标分析及激励［J］.时代经贸，2011（17）.

［16］ 姚欢洋. 提升预算绩效管理认识优化预算绩效管理水平［J］.大社会，2020（2）.

［17］ 马洪范. 政府预算绩效管理改革的重点与方向［R］.国会智库，2016-06-22.

［18］ 邵阳财政. 夯实基础 强化责任 全面实施预算绩效管理［EB/OL］.湖南省财政厅网站，https：//czj.shaoyang.gov.cn/syczj/czdtxx/202101/c5659615b88f48a39da32af4b5af29b5.shtml，2021-01-08.

［19］ 延安市财政局. 延安市财政局助推部门落实预算绩效管理主体责任努力提升部门绩效自评质量［EB/OL］.延安市人民政府网站，https：//czj.shaoyang.gov.cn/syczj/czdtxx/202101/c5659615b88f48a39da32af4b5af29b5，shtml，2018-05-03.

［20］ 预算绩效管理处预算绩效评价中心.夯实主体责任 形成监控合力 山东预算绩效运行监控工作再上新台阶［EB/OL］.搜狐，https：//www.sohu.com/a/436228915_120206529，2020-12-03.

［21］ 董碧娟. 充分发挥第三方机构在预算绩效管理中的作用 确保财政资金用在刀刃上［N］.经济日报，2019-06-13（007）.

［22］ 专家热议如何深化地方政府债务预算绩效管理［EB/OL］. 新华网，http：//www.xinhuanet.com/fortune/2020-12/23/c_1126896337.htm，2020-12-24.

［23］ 徐智涌. 预算绩效视角下地方政府债务管理研究［EB/OL］.PPP门户网站，2020-10-08.

［24］ 刘国永.实施地方专项债预算绩效管理以防范风险［EB/OL］.中国国债协会网站，2019-12-21.

［25］ 杨宝昆.PPP项目全过程绩效管理思考［J］.新理财：政府理财，2018（11）.

［26］ 全面实施预算绩效下政府采购管理展望及思考［EB/OL］.财政云，2020-07-20.

［27］ 万玉涛. 吉林：以绩效管理提升政采效率 规范政采管理［EB/OL］. 政府采购信息报/网，2018-07-31.

［28］ 崔卫卫. 制定五项指标 推进政府采购绩效管理［EB/OL］.政府采购信息网，2018-08-01.

后　记

利刃破冰显成效
——廊坊市预算绩效管理改革纪实

作为河北省全面实施预算绩效管理唯一设区市试点，廊坊市承担着为河北先行探路、积累经验的光荣使命。如何解除禁锢、破冰而出，在创新中完成这场"无声的革命"？廊坊财政人不断改变"重投入、轻管理、少问效"的粗放思维，有力打破预算分配固化格局，从试点破题到扩面增量，从单项突破到体系构建，初步建立起全方位、全过程、全覆盖的预算绩效管理模式，基本实现预算绩效一体化，全面提升财政资源配置效率和使用效益，预算绩效管理已经成为一把利刃，为廊坊财政工作注入新的灵魂，为经济社会高质量发展提供强大动力，为全省提供可资借鉴的"廊坊模式"。

磨砺锋刃　实现预算绩效一体化

2019年3月，廊坊市被确定为全省全面实施预算绩效管理设区市试点，任务艰巨，使命光荣。7月，廊坊市委、市政府成立全市预算绩效管理领导小组，并联名下发《致市直各部门关于全面实施预算绩效管理工作的一封信》，开启了这场预算绩效管理改革的破冰之旅。

经过一年多的探索与实践，廊坊市研究出台了《市级部门预算绩效管理办法》《廊坊市市级预算绩效目标管理办法》《廊坊市市级预算绩效结果应用管理办法》等15项制度，形成了"1+1+N"制度体系，为预算绩效管理的实施奠定了政策基石。同时，将预算绩效管理纳入市管领导班子和领导干部绩效管理考评内容，从制度入手，推动建成"管理对象全方位、贯穿预算全过程、财政资金全覆盖"的预算绩效管理体系，形成"预算新增有评估、预算申报有目标、预算执行有监控、预算终了有评价，评价结果有运用"的闭环监管体系。

在成功实施政策和项目预算绩效管理的基础上，2020年，廊坊市首次探索实施部门整体绩效管理，选取市场监督管理局、卫生健康委员会、生态环境局、农业农村局四个试点部门作为部门整体绩效管理试点，推动部门尽快建立全方位、全过程自主开展整体预算绩效管理的工作思路，逐步提高部门自主开展整体预算绩效管理的工作能力和工作水平。

全方位、全过程、全覆盖的预算绩效管理从根本上解决了预算、绩效"两张皮"的难题，将预算管理和绩效管理的主体、对象、过程、权责、信息等完全融为一体，以预算为纽带，以绩效为灵魂，使"花钱必问效、无效必问责"的理念深入人心，实现预算绩效一体化，着力提高财政资源配置效率和使用效益。

利刃出击　财政资金聚力增效

面对减税降费政策减收、经济下行压力等因素的影响，廊坊财政形势严峻。如何把有限的财政资金用在刀刃上，产生出更大的效益？如果说预算绩效管理是一把利刃，那么"事前绩效评估"就是利刃上的刀锋。

从预算绩效管理试点工作开始，市财政局就在预算投入较大的领域和项目中，探索开展预算事前绩效评估，并要求所有新增政策和新增项目全部开展事前绩效自评估，否则不予安排预算。截至目前，已完成658个政策和项目事前绩效评估，涉及资金21亿元，审减资金12.5亿元，审减率达60%，有效解决了财政资金缺口与低效、无效、闲置并存的突出矛盾。

与此同时，坚持市县一体推进，加强县级预算绩效管理指导督导。将所辖区县划分为南、北、中三个片区，每个片区打造一个绩效管理样板，示范带动薄弱地区加快补齐预算绩效管理短板。自实施预算绩效管理试点工作以来，县级层面，通过事前绩效评估，共计审减资金71亿元。

坚甲利刃　制度建设抵御风险

在守正中创新，在创新中守正。预算绩效管理不仅管好了政府的"钱袋子"，更扎好扎紧了制度的"笼子"。

预算绩效管理实施以来，廊坊财政大胆尝试将预算"内部审核"转变为"专家评审"，实现了从0到1的突破，通过公开招标建立30家规模覆盖京津沪浙的高规格中介机构库，两年面向社会公开征集270余名入库专家，财政部门只负责牵头程序性和组织性的工作，将评审权完全交由专业的评审专家和第三方中介机构，并着力打造政策库、文献库、案例库、制度库、指标和标准库，为工作开展提供了强有力的专业力量和智力支持。

对绩效目标实施程度和预算执行进度进行"双监控"，2019年选取138个重点项目，2020年选取201个重点项目，每月开展预算执行进度监控。2020年，共提请市委、市政府向未达到支出进度的32个市直部门发放督办卡，并对无法执行的1.7亿元预算资金坚决收回，统筹用于其他发展项目和民生亟须领域。

与此同时，将结果应用作为预算绩效管理的另一有力抓手，在专项项目自评和自评复核的基础上，深入开展财政绩效评价。2019年，选取资金量大、社会关注度高的11个重点项目开展财政重点绩效评价，并选择6个涉及美丽乡村建设、科技创新等重点领域的政策，对2015~2017年三年资金投入开展绩效评价；2020年，精心选取33个重大政策和项目开展重点绩效评价，涉及资金41亿元，把每个评价的绩效结果用好、用真。

利刃破冰　人民满意度大幅提升

用好"钱袋子"，打好"铁算盘"，预算绩效管理让公共财政的阳光普照京畿大地，民生更有温度，人民群众幸福感和满意度大幅提升。

"十年树木，百年树人"，教育始终是廊坊市预算绩效管理的重点领域。廊坊市财政局连续两年在教育领域开展竞争性分配，用公平竞争机制代替传统"平均主义"做法，建立了"多中选好，好中选优"的项目优选机制。2019年，经过层层筛选、环环把关，最终评选出"学生错题个性化纠错提升项目""人体科学馆建设项目"等7个项目，涉及资金2397万元单独安排资金予以保障。2020年，部门参与积极性更高、参评项目更多、项目更加倾向农村、突出软实力提升，本年竞争性分配申报范围覆盖市本级、安次区、广阳区共156所学校，最终40所学校的66个项目参与竞争，涉及资金约9016.12万元，通过竞争性评审会最终将立项必要性、可行性、预期效益较好的16个项目纳入项目库，立项依据不充分、实施方案不合理、不符合财政资金使用范围、预期产出及效益不足、投入经济性较差的项目坚决不予支持，部分项目直指教育短板，精准对接教育现实需求，有效提升财政资金使用效益，真正把来之不易的财力用在"刀刃"上，让更多的"真金白银"实实在在地用于教育教学一线以及教师和学生成长。

"农业领域关系千家万户"，2020年7~11月，廊坊市财政局委托第三方机构组成工作专班，对2021年度"廊坊市农业农村领域竞争性资金分配项目"开展申报评审工作。历时五个月，由51个项目筛选为10个项目进入正式评审，最终确定6个项目进行部分支持，申报金额为5409.37万元，支持金额为1655.77万元。

农业、环保、医疗……一笔笔财政资金通过预算绩效管理注入民生领域，廊坊财政交上了一份人民满意的民生答卷。

利刃出鞘所向披靡，破冰之举初显成效。凭借突出的改革工作成效，廊坊连续两年（2019年、2020年）获得河北省财政厅预算绩效考核优秀等次第一位的殊荣，所辖的多个县区进入优秀及良好等次，受到省财政厅通报表扬。

风劲潮涌，自当扬帆破浪，任重道远，更需策马加鞭！廊坊财政将持续推进预算绩效管理改革，向绩效要财力，向管理要效益，切实推动资金聚力增效，优化资源配置，助力打造高品质民生福祉，助推廊坊经济社会高质量发展。